古典文獻研究輯刊

三四編

潘美月・杜潔祥 主編

第 11 冊

續經義考・周易之部
（第六冊）

周懷文 著

國家圖書館出版品預行編目資料

續經義考‧周易之部（第六冊）／周懷文 著 -- 初版 -- 新北市：
花木蘭文化事業有限公司，2022〔民111〕
目 8+264 面；19×26 公分
（古典文獻研究輯刊 三四編；第 11 冊）
ISBN 978-986-518-866-5（精裝）
1.CST：易經 2.CST：研究考訂
011.08   110022682

ISBN-978-986-518-866-5

古典文獻研究輯刊
三四編 第十一冊   ISBN：978-986-518-866-5

續經義考‧周易之部（第六冊）

作　　　者　周懷文
主　　　編　潘美月、杜潔祥
總 編 輯　杜潔祥
副總編輯　楊嘉樂
編輯主任　許郁翎
編　　　輯　張雅淋、潘玟靜、劉子瑄　美術編輯　陳逸婷
出　　　版　花木蘭文化事業有限公司
發 行 人　高小娟
聯絡地址　235 新北市中和區中安街七二號十三樓
　　　　　　電話：02-2923-1455／傳真：02-2923-1452
網　　　址　http://www.huamulan.tw 信箱 service@huamulans.com
印　　　刷　普羅文化出版廣告事業
初　　　版　2022 年 3 月
定　　　價　三四編 51 冊（精裝）台幣 130,000 元

續經義考・周易之部
（第六冊）

周懷文　著

目

次

劉咸炘 讀易私記 一卷 存

民國成都尚友書塾刻雙流劉鑒泉先生遺書本

◎劉咸炘《推十書‧余力錄》：自甲寅失怙，從兄受業，始專力讀書。乙卯乃作劄記，積成二卷，其他批記書眉者亦有有之。又於其間成《讀易私記》、《讀禮記小箋》各一卷。至丁巳二月，遂多置紙冊，每讀一書，必有記錄一種，遂有《後劄》、《讀選詩小記》、《定庵文句義》、《詩箋》諸作，劄記浸廢。

◎劉咸炘（1896～1932），字鑒泉，號宥齋。四川成都純化街人。祖劉沅、父梖文均為蜀中名宿。又著有《內書》、《外書》，《左書》、《孟子章類》、《子疏》、《學變圖贊》、《誦老私記》、《莊子釋滯》、《呂氏春秋發微》、《右書》、《太史公書知意》、《後漢書知意》、《三國志知意》、《史學述林》、《學史散篇》、《翻史記》、《蜀誦》、《先河錄》、《續校讎通義》、《目錄學》、《校讎述林》、《校讎叢錄》、《內樓檢書記》、《舊書錄》、《舊書別錄》、《文心雕龍闡說》、《誦文選記》、《文學述林》、《文式》、《文說林》、《言學三舉》、《子篇撰要》、《古文要刪》，《文篇約品》、《簡摩集》、《理文百一錄》、《詩評綜》、《詩本教》、《詩人表》、《一飽集》、《從吾集》、《風骨集》、《風骨續集》、《三秀集》、《三真集》、《長短言讀》、《詞學肄言》、《讀曲錄》、《弄翰餘瀋》、《學略》、《淺書》、《書原》、《論學韻語》、《治記緒論》、《治史緒論》等。

劉咸炘 易傳廣錄 一卷 存

民國成都尚友書塾刻雙流劉鑒泉先生遺書本

劉庠 德堂易說 佚

◎劉聲木《桐城文學撰述考》卷二「劉庠撰述」：《儉德堂易說》、《說文諧聲表》、《後漢郡國職官表》、《唐藩鎮名氏表》、《通鑑校勘記》、《班許水道類記》、《意林補》、《文選小學》、《讀書隨筆》、《漢魏音補輯》、《周易詁》□卷、《說文校詁》□卷、《徐州府志》卷、《讀說文記》□卷、《說文蒙求》六卷。

◎劉庠，字慈民，號鈍叟。南豐人。咸豐辛亥舉人。官內閣中書。師事曾國藩。少好考證，篤嗜許書，晚復致力宋儒書。歷主雲龍、敦善、崇實等書院。

劉庠 周易詁 佚

◎劉聲木《桐城文學撰述考》卷二「劉庠撰述」:《儉德堂易說》、《說文諧聲表》、《後漢郡國職官表》、《唐藩鎮名氏表》、《通鑑校勘記》、《班許水道類記》、《意林補》、《文選小學》、《讀書隨筆》、《漢魏音補輯》、《周易詁》□卷、《說文校詁》□卷、《徐州府志》卷、《讀說文記》□卷、《說文蒙求》六卷。

劉象升 易翼與能 十卷 存

山東博物館藏嘉慶劉其旃鈔本（霍崔跋）

山東文獻集成第三輯影印山東博物館藏嘉慶劉其旃鈔本

◎象升或作象生。

◎封面有民國雲鶴手書跋語云:內容淵博精湛,洵為創作,堪與濰縣宋晉之先生所著之《周易要義》先後比美。惜未刊行,可謂潛藏幽光矣。

◎劉其旃序略謂:先生識悟逾人,從膠州法鏡野坤宏、昌樂閻懷庭循觀、濰縣韓公復夢周三先生遊,皆深器之。中年棄舉業,凡天文、地理、醫卜、星命之書,靡不殫心肆力,究其義蘊,久之乃能通其理。於易謂漢儒竅故實而疏於法象,宋儒主人道而略於天文,其蔽同歸於埽象。故其說易,則以天象求卦象,以天度求爻象,又讀光山胡曉滄煦撰《周易函書》中開圖之說,恍然有得,作《易翼與能》十卷。

◎《安丘劉氏族譜》卷三十二家傳:中年棄科舉之業,凡天文、地理、醫卜、星命之書靡不殫心肆力究其意蘊,久之乃能通其理於易,謂:漢儒核故實而疏於法相,宋儒主人道而略於天文,其弊同歸於掃象,故其說易則以天象求卦,象以天度求爻,又讀光山胡曉滄煦《周易函書開圖》之說,恍然有所得,作《易翼與能》十卷,一曰《發凡篇》,二曰《源流統論篇》,三曰《性道統論篇》,四曰《第一象篇》,五曰《第二象篇》,六曰《第三象第四象合篇》,七曰《上經傳注篇》,八曰《下經傳注篇》,九曰《大象序傳雜傳合篇》,十曰《古文篇》。其書篤信十翼,主於以傳釋經,不為方伎術數之說,至其見多創獲,別為異說,主持太過,十篇具在,應以俟知易者論定焉。（作者劉耀椿）

◎劉象升,字仲階。山東安丘人。諸生。劉其旃賣園氏為象升族叔。

劉旭 易經遵傳易簡錄 十卷 存

光緒二十二年（1896）刻本

◎卷目：凡例九則。易經圖。八卦圖說。卷一至卷八：六十四卦。卷九至卷十：繫辭傳、說卦傳、序卦傳、雜卦傳。

◎自序：易假卜筮垂教，萃羲、文、周、孔四大聖人之精，為五經之祖天地之奧，誠窮理盡性至命之書也。顧陰陽奇偶象變辭占，潔淨精微，神機難測，求其疏解推原，鉤元持要，足以發凡例、無毫髮之爽者，則推彖象諸傳為詳而明。秦漢以下，昧於沿流求源，或泥於技術而不知其非數之真也，或淪於虛無而不知其非理之妙也。穿鑿支離，而以前民用之旨，幾湮沒於天下。自宋儒出，闢其駁雜，歸於純粹。圖數則莫如邵子，義理則莫如程子，朱子則兼收而並採之，斯尤有得於觀象玩辭、觀變玩占之教，足為人事之勸懲，所以歷元明數百年來無敢異同。但易道廣大精微，極深研幾，蘊義日出。惟聖祖仁皇帝御纂一編，不苟同不立異，集歷代諸儒而折其中。自微義奧旨，以及訓詁句讀，悉以聖傳為據。大函細入，而考亭所云未暇整頓之書，更豁然一新矣。迨高宗仁皇帝御纂《述義》，取象則本於《說卦傳》，互卦即原於《雜卦傳》，尤有得於參伍錯綜之旨。斯皆所以羽翼經傳，承先啟後者也。旭以管窺蠡測，無當高深，何敢竊其緒餘，而以為已善。惟是國朝文教日隆，試士兼用五經，登堂講習之餘，諸同學或苦繁難。因約其微而顯者，畧為申說，錄以資便覽。其大旨以《本義》為宗，間或旁引他說，參以臆見。總求與聖傳相符，爰借《易簡》名目，額之曰《遵傳易簡錄》。非謂由易入難、執簡御繁，果堪問世也。乃諸友多見而喜之，謂擇精語詳，通經捷徑，莫便於此。於是共勸厥事，鑴之以為家藏云。道光七年，鄉進士前任雲南河陽縣知縣澄江曜初氏劉旭書於瓊南之溫泉學署。

◎劉捷序謂是書所陳義理多遵《周易折中》，所取象數多遵《周易述義》。而復參以成見，於不易、變易之義，往往能發前人所未發，以求歸於易簡。

◎咸豐九年（1859）歲次己未冬月男振安跋。

劉學寵輯 易〈〈靈圖 一卷 存

道光十五年（1835）朝邑劉氏刻青照堂叢書三編八十五種本

◎劉學寵，又著有《五經析疑》《春秋緯》《春秋孔演圖》《春秋說題辭》《諸經緯遺》《春秋合誠圖》等。

劉學寵輯 易洞林 一卷 存

道光十五年（1835）朝邑劉氏刻青照堂叢書三編八十五種本

◎晉郭璞原撰。

劉學寵輯 易飛候 一卷 存

道光十五年（1835）朝邑劉氏刻青照堂叢書三編八十五種本

劉學寵輯 易通卦驗 一卷 存

道光十五年（1835）朝邑劉氏刻青照堂叢書三編八十五種本

劉炎漢 易經衷旨 二卷 佚

◎乾隆《紹興府志‧經籍志》著錄。

◎劉炎漢，字明軒。浙江山陰人。

劉一明 道解周易 存

嘉慶二十四年（1819）常郡護國菴刻道書十二種本

上海江東書局 1914 年石印道書十二種本

上海集成書局 1925 年石印道書十二種本

金城出版社 2004 年洪贇校訂本

九州出版社 2011 年鍾友文整理本

◎鍾友文整理本為《周易闡真》《孔易闡真》《參同直指》《陰符經》合刊。

◎劉一明（1734～1821），號悟元子，別號素樸散人。山西平陽府曲沃縣（今山西聞喜縣東北）人。全真龍門派第十一代傳人。自述云：「年幼時習儒，年未二十，大病者三，幾乎殞命，因病有悟，遂而慕道。」又著有《象言破疑》等。

劉一明 孔易闡真 二卷 存

山東藏嘉慶四年（1799）李陽新、梁本中等榆中棲雲山刻嘉慶二十四年（1819）印本

嘉慶二十四年（1819）刻道書十二種本

浙江藏清孫明空刻本

劉一明 孔易注略 十三卷 首一卷 存

日本東北大學藏清刻本

山東藏清湟中張志遠刻本（十二卷）

劉一明 三易注略 二十卷 存

南開藏清鈔本

嘉慶四年（1799）刻本〔註46〕

中科院藏嘉慶十六年（1811）刻本（五卷）

◎楊芳燦《芙蓉山館全集‧文鈔》卷三《三易注略序》：余友洮陽吳松厓先生，儒林文人、仙都外史，蚤耽白業，晚嗜元言。遂精二氏之書，喜交方外之士。昔為余言：去金城一百許里，其山曰栖雲之山，丹崖百尺，翠壁萬尋，羲舒蔽虧，雯霞蔚駁。有悟元道人者，雋逸士也，葺宇山閒，閉戶靜習，瓊綱玉緯，靡書不觀。而夙心冥契，尤善易，言疊疊良談，時標勝理。余心慕之而未得見。庚午夏余改官曹郎，謁選北上，小住金城，道人弟子某持其所著《三易注略》一書謁余求序。余受而讀之，其書扶寸，共數十餘萬言，凡夫河圖洪範之精、八卦九疇之序、先天後天之秘、無極太極之原、蒼牙通靈昌之成、素王翼元公之蘊、苦縣漆園之邃奧、《參同》《抱朴》之隱深，莫不手探月窟、足躡天根。究其指歸，泯厥同異，攬之不見其極，索之彌覺其深。如水行地，各疏於源；如湯沃雪，胥歸於化。洵可謂宣聖之功臣，豈第為伯陽之益友哉。余去國千里，遊宦廿年，徒抱向平長往之心，難尋興公《遂初》之賦。陳桃入夢，悔三爻之未吞；管輅共談，愧九事之不解。讀道人此書，覺情冥言詮，意與道適，煙霞召我，泉石親人。緬塵外之孤蹤，想山中之樂事，悔不投簪釋紱，早事元廬，而髮容難待，精力就衰，望岫息心，撫鶴寄慨。生平舊遊如松厓輩，或復離散，或為異物。惠施既逝，莊周歎其質亡；輔嗣云遙，士衡難於索解。今昔之感，參歠奚極！道人殫精繫表，密契元攄，天人啟慧，情理兼遺。黃芽白雪之妙劑，璧檢金繩之寶書，坎離何以共濟？姤復何以相遭？二五妙凝，陰陽協變，知必有以異夫人之為之者。善易者何必不言易也？讀竟，為書數語於簡端。道人見之，亦知余有慨乎其言哉？

◎馬國翰《玉函山房藏書簿錄》：《三易略注》十七卷、《周易卦圖》三卷、《周易參斷》二卷、《總論》六卷（即在寫本），國朝劉一明撰。自稱悟元子，又號棲雲山人。分羲易、文易、孔易為三易而注之。於卦圖拆合處悉為提出，取先天舊圖，參其錯綜變化，出於自然。

〔註46〕五卷：羲易目錄讀法一卷三易讀法‧卦圖卷上羲易注略‧卦圖卷中羲易注略‧卦圖卷下羲易注略。

劉一明 義易注略 三卷 存

國圖藏清謝祥刻本

劉一明 象言破疑 無卷數 存

江西藏嘉慶二十一年（1816）刻本

山東藏光緒六年（1880）刻本

◎嘉慶二十一年（1816）刻本題悟道老人撰。

劉一明 易理闡真 存

嘉慶四年（1799）榆中棲雲山刻本

◎易理闡真序：丹經之由，始於後漢魏伯陽真人。真人成道後，憐世之學人惑於旁門邪說，不知聖賢大道，每多空空一世，到老無成，遂準易道而作《參同契》，以明性命源流、陰陽真假、修持法則、功夫次序。托物取象，譬語多端，以性命、陰陽、剛柔謂之藥物；以修持功夫次序謂之火候，以修持功夫不缺謂之鍛煉，以勇猛精進謂之武火，以從容漸入謂之文火，以陰陽、剛柔、中正謂之結丹，以陰陽混成、剛柔悉化謂之丹熟，以無聲無臭、神化不測謂之脫丹，其寓意亦如《周易》擬諸其形容象其物宜，始有金丹之名、丹法之說、修持性命之理。《參同》一出，詳明其備，大露天機矣。後之了道群真，皆祖《參同》譬象，各作丹經，發《參同》所未發，詳而又詳，明而又明，性命之理無餘蘊矣。其如書愈多，而人愈惑，後學之人不得真傳，直以譬象為真實，或以坎離為心腎，或以震兌為肺肝，或以屯蒙為子午抽添，或以復姤為心腎氣生，或以既濟為心腎交合，甚至以陰陽為男女，以彼我為采戰，以煅煉為爐火，以金丹為服食，以有為為搬運，以無為為空寂，皆認後天有形、有象之物，不知先天無形、無象之真，以一盲而引眾盲，埋沒古人度世之婆心矣。予自童子時即知有此一大事因緣，留心參學，所遇緇黃，皆不出上行議論，彼時亦以為然，不敢非之，後遇龕谷老人，即分邪正，復遇仙留丈人，群疑盡失，始知丹道即易道、聖道即仙道，《易》非卜筮之書，乃窮理盡性至命之學也。予不敢自私，爰於《三易注略》之後，體二師之旨，述伯陽之意，盡將丹法寓於《周易》圖卦繫辭之中，略譬象而就實義，去奧語而取常言，直指何者為藥物、何者為火候、何者為進陽、何者為退陰、何者為下手、何者為止足、何者為煅煉、何者為溫養、何者為結丹、何者為脫丹、何者為先

天、何者為後天、何者為有為、何者為無為、何者為逆運、何者為順行，其圖象、卦象、爻象，細為分析，通部分作二股，一進陽，一退陰，承上起下，一氣貫串，使學者易於閱看。至於十翼，乃宣聖直言其理，學者自能推求，故餘不及注，惟取《大象傳》《雜卦傳》略釋數語，以備參考。其中重複語，亦如《周易》重複象，雖有重複語，並無重複意。書成之後，名曰《易理闡真》，乃闡其修持性命之真耳。夫易廣矣大矣，以言其遠則不禦，以言其邇則靜而正，以言其天地之間則備矣，所以開物成務，通天下之志，定天下之業，斷天下之疑，無所不包，無所不該，詎可就一事而論哉！然其歸根處總以窮理盡性至命為學。闡真者，即闡其窮理之真、盡性之真、至命之真。先窮性命之理，後了性命之功，性命俱了、渾然天理後見本來面目。在儒，則謂之明善復初，在道則謂之還原返本。再加向上功夫，陰陽混化，無聲無臭，在儒則謂義精仁熟、至誠如神，在道則為九還七返、形神俱妙。金丹之道盡，性命之功畢。予之意如是，古來群真之意亦如是，即伯陽《參同》之意亦無不如是也。時大清嘉慶三年歲次戊午春王正月元宵節，素樸散人悟元子劉一明自序於自在窩中。

劉一明 周易參斷 二卷 存

山東藏清謝祥、張志遠刻本

國圖藏清刻本

劉一明 周易闡真 四卷 存

山東藏嘉慶四年（1799）李陽新、梁本中等榆中棲雲山刻本

嘉慶二十四年（1819）刻本

日本東北大學藏道光十八年（1838）羊城玉皇閣重刻本

上海江東書局 1913 年石印精印道書十二種本

清東昌誠善堂刻本（日本椙山女學園大學藏）

三秦出版社 1990 年張玉良點校本

九州出版社 2011 年鍾友文整理本

◎周易闡真序：自秦焚典策，惟《易》以卜筮之書僅得不毀。漢除挾書之律，《易經》始置博士，而焦、京、田、孟之屬大多以灼撲占驗為能，遂使聖神授受、三古奧奇，或與風角鳥情視為小說家言，而《易》流為卜筮之書。逮後伯陽魏氏，始合三易，作《參同契》一書，抉羲、農、姬，孔之義蘊，衍

河、洛圖象之精深，人劂以天察之道而愈明，物性其情，驗之身而益著，然其稱物罕譬，寄寓窅深，後賢不察，又或以私意相揣，遂致異說蜂起，爭以黃白吐納為事，而《易》又流為煉度之書。悟元道人者，金城棲雲山之肥遁士也。其生平著述《三易注略》若干卷，余既序而傳之矣。茲復出其《周易闡真》一編，索余為識其著書之由。蓋道人以盛年始學，隱跡黃冠，神解超超，道心夙契。後遇龕穀老人，彌分邪正之源。又值仙留丈，盡抉元真之秘，以為丹道即易道也、聖道即仙道也，《易》非卜筮煉度之書，實皆窮理盡性至命之學也。於是述伯陽之遺義、參神聖之蘊奇，取其龍蛇鉛汞之法、驗以爻繫圖象之說，別其劣歧，歸於宗主，其辭約、其義繁、其文淺、其指深，取類極邇而見道甚遠，其身心性命之功殆不謬乎吾儒之為之者。嗚呼！若道人者庶可與言易哉！易曰：「成性存存，道義之門」，又曰：「一陰一陽之謂道，繼之者善也，成之者性也。仁者見之謂之仁，智者見之謂之智，百姓日用而不知，故君子之道鮮矣。」今以道人之書觀之，元微杳邈，與道大適，不必標奇領異而已，得易之簡能之妙。所謂苟非其人道不虛行，彼執金堤水防之言，務熊經鳥伸之術，其於伯陽氏之書，猶未升其堂而嚌其胾也，何足以盡易之蘊乎！昔唐道士王遠知，著有《易總》，忽一日雷電晦冥，似有神物取去。今道人此書，當敏慎護持，勿盡泄造化之秘藏，致煩丁甲也。嘉慶庚申夏，梁溪楊芳燦序。

◎周易闡真卷首：河圖、洛書、圖書合一、先天橫圖、先天方圓圖、文王後天八卦、先天八卦合一、圖書先後天合一、中圖、金丹圖、爐鼎藥物火候全圖、陽火陰符六陰六陽全圖。

劉一明 周易注略 十二卷 首一卷 存

山東藏清謝祥、張志遠刻本
山東藏清謝祥、張志遠刻本（八卷）

劉一明 周易注略卦圖 二卷 存

清刻本

劉以貴 周易古本 十六卷 佚

◎民國《濰縣志稿》卷三十七《藝文》：《周易古本》，劉以貴撰。

◎劉以貴，字滄嵐。山東濰縣（今濰坊）人。進士，康熙三十五年任蒼梧縣知縣。又著有《春秋解》九卷、《古文尚書》五卷、《三傳公案》、《尚書集

解》五十八卷、《三禮通解》、《滄嵐辨真文》二卷、《初學正鵠》一卷、《正命錄》、《蒼梧縣志》、《萊州名賢志》、《文法真傳》、《萊州府志》十六卷、《藜乘初集》一卷《二集》二卷。

劉以貴 周易本義析疑 二十卷 存

山東藏清鈔本（不分卷。鄭時、王獻唐跋）

山東文獻集成第二輯影印山東藏清鈔本

◎孫葆田《山東通志》卷百二十七《藝文志》第十：二書見韓騰所撰傳。《府志》「析疑」上有「本義」二字。從之。傳論云：經說皆未行，若得有力者刊布之，洋洋乎可以備儒林之盛矣。

劉以貴 周易探原 十卷 佚

◎《山東通志》卷百七十七本傳著錄。

◎民國《濰縣志稿》卷三十七《藝文》著錄作八卷。

劉蔭樞 大易蓄疑 七卷 存

武漢藏清鈔本

◎自序〔註47〕略謂：余至黔，不揣固陋，為《春秋／大易蓄疑》二作，欲蓄疑而待問也。其《春秋》一作，為好事者刊刻成集。惟《大易》稿尚未理，改換塗抹至於字畫不辨。余處口外，無可消遣，思另行清謄一過，以便考正，乃地困天寒，不能成字，從容延挨而已。

◎四庫提要：是編用王弼之本，但有六十四卦而無《繫辭》以下，其說多用朱子《本義》而小變之，然措語蹇滯，多格格不能自達其意。

◎劉蔭樞（1637～1723），字相斗，別字喬（矯）南，晚自號秉燭子。陝西韓城潭馬村人。康熙十五年（1676）進士。官至河南蘭陽知縣、江西按察使、雲南按察使、廣東布政使、貴州巡撫、雲南巡撫、刑科給事中。

劉蔭樞 易經解 二卷 佚

◎錢儀吉《衍石齋記事彙》卷八《故資政大夫貴州巡撫劉公事狀》：著《春秋蓄疑》四卷、《易經解》二卷、《宜夏軒雜著》二卷，德州孫勷刊行之。又有《梧垣奏議》若干篇。

〔註47〕原文殘缺。

劉瑩 全易題說 佚

◎道光《博平縣志》本傳：尤精於易，著有《全易題說》。

◎劉瑩，字晶白。山東博平人。諸生。順治三年（1646）以薦入太學。

劉瑩 易擬 佚

◎孫葆田《山東通志》卷百二十七《藝文志》第十：是書見《縣志》。

劉應標 簡貫易引 八卷 存

鈔本

◎民國中州文獻徵輯處徵輯有鈔本八冊，見《第一期徵輯書目》。《中州藝文錄》《河南通志藝文志稿》亦著錄。

◎自序謂署館之暇，讀易有得，因以書記，以學者苦於幽深而難於淺顯，艱於繁衍而急於簡切，故淺為引之、約以通之，且於其繁難者因以簡之，於其枝節者有以貫之。欲使象象相貫，六爻相貫，並期六十四卦三百八十四爻，其理互相引貫。

◎張諧之《讀書記疑》卷二：咸豐初，齋教盛行，肇自湖北而蔓延於各省。其教以食素為入門，以放生為功行，以靜坐調息為工夫，大抵本《參同契》之末流，而牽引《大學》《中庸》《周易》諸書以附會而穿鑿之。其說膚淺庸陋，本不足辨，而劉紫巖孝廉深溺其說。光緒丙子，渠計偕入都，以《周易簡貫》呈袁文誠公求正。余時客公所，得讀其書，知其陷溺於異學也。因擇其露手足處，辨錄如右，其他皆拋閃出沒，不肯分明招認。要之，本原既差，餘亦無足辨者。頃從書篋得之，慨年歲之既往，懼學問之無成，並識其後。光緒壬辰八月敬齋書。

◎民國《陝縣志》卷二十《藝文》：《讀書記疑》四卷，張諧之著。一讀袁保慶《自艾瑣言》，二讀劉應標之《簡貫易引》，三讀王守恭之《冬巢錄》，四讀王子涵之《闇修記》，多有闡發糾正之處。

◎劉應標（？～1903），字紫巖。河南確山人。同治十二年（1873）舉人。《確山縣志》有傳。沉潛經史，深有造詣。又著有《折中參義》一卷、《書經解》、《春秋解》、《四書解》、《曲禮月令解》、《訓俗輯說》等。

劉應標 窺原易補 四卷 存

新鄉藏光緒二年（1876）稿本

◎自序：易之為道，不外理象二字，而理為主，象為輔。象固不可外，而亦不可執也。象有可取而取者，即象以求理正，因象以明其所應有之理，非必窮象而姑為支離之說也。故易本言理，舍象別无所稽。是以伏羲氏，俯仰於上下天地間，察乎萬物交感之際，而因其有象之物，以畫為爻之連斷，以為陰陽、動靜、剛柔之象。而易始有其畫，易遂積一成兩，積兩成三，又重之而得六，始分為八卦，六十四卦之象爻，而易之名義以立。繼以文王象彖、周公象爻、孔子象辭，皆因象以為說，而實以禮為本，非象無以傳之也。後世疏易者數百家，而各執一見，究未洽其本旨。漢儒多泥象，未免有穿鑿之痕，而於理未能周浹。宋儒多主理，而有或脫象之議，而於事涉於空衍。均非聖人之旨。至宋，邵、陳大倡厥論，至極為窮造化、括世宙，欲以易道含古今萬有之物。象非不精極，而於人事涉於闊遠。瞿塘執為錯互之法，欲一得聖人，間取象義之用，而未免為糾纏太過，可示人以作易之術，而非所以彰明大道之理。以為人倫常易行之事，詎知易為中庸之道，非為隱怪而設。故言周官、周禮，為天理爛熟之書。理本幽而特闡以明之，道本深而特淺以揭之。使人易知易行，廣示人人，以孝忠仁義，進止得中之路，以期進於純粹之諧而已。此四聖人作易，為天下後世之實用，特設為此理以彰之，始假像以附會之耳，非徒執象以為卦也。故易理本空空洞洞，無可執著，周流六虛之中，而不可執為典要。未作易以前，直是一團虛空，天理無形跡可指。至庖羲始畫一爻而有象，遂因象而成為卦，生為數，擬為龍、為君、為飛、為躍，而色色俱備，成為天地間至動至賾繁亂之易書矣。是亦如造化之始，撮虛空而為大塊，因恍然而有天理萬物之形，復粉碎而為虛空，至天地毀萬物盡，而仍一空洞無物之象，故易本始原終，惟一理耳。可化為三百八十四爻之跡，為六十四卦，總六十四為八，總八為三，合之為一，而仍渾一太極為無極也。是故取象之理，皆擬一中庸之道，一爻有一，中庸六爻即六中庸之道，六十四卦六十四中庸，三百八十四爻即三百八十四中庸也。合此則吉，悖此則凶，是故乾初以潛為得中，二以見為中，三以惕為中，四以躍、五以飛而上，戒以亢也。夫取易象，不廢錯變互綜之說者，聖人造易之法也；微顯闡幽者，聖人明易之道也。孔子繫爻辭，多為致戒者，聖人為萬世無敝之心也。是故於出征之爻必曰以正邦，於侵伐之象必曰征不服。否則黃裳之吉，南蒯猶以致叛；龍戰之象，安知不為玄黃之凶？然後知四聖人之心，其仁愛天下後世者，正在乎此，而孔子尤為至焉者也。故學易者取以明理，宋儒為切；藉以取象，漢儒

為長。取以概古今之大，邵說為最。取以互變，來說為精。兼而賅之，自於其中得其一是矣。愚此著《窺原易補》者，此八易草也。首部本八，顏曰《簡貫易引》。合荊獻注為一編次，因而附以圖解為十本，此七易草增抄，仍為八本。三草四本，四草集解，合為二十本。共五解而合為一編。五草六草一取簡易便蒙，一取簡明，以易解為目，為開端指要耳。茲名《窺原》者，稍有見於理象之原，兼取並悟，無義不搜，益補前諸解未發之注，奇正錯出，理取其正，義取其達，字字有據，無渾湖語。吉凶悔吝，屬咎指廣，各義有據有說，曲屈透達，斯無勝義、無餘蘊，而猶虞其一未能也。然亦足補前七易草之缺，洞發古人未發之愚。而不憚妄言之，總期不失乎正，得少近前聖人之心法，以為祈向焉耳。故諸圖傳解各具，茲不以贅。

劉有恒 易經解義 二十八卷 佚

◎道光《安邱新志》卷十七《儒林傳》：尤精易理，每為人講說，達旦忘倦。兩舉鄉飲大賓，輿論翕服。所輯有《易經解義》二十八卷。

◎《道光甲辰恩科山東鄉試同年齒錄》安丘劉杲履歷：太高祖有恆著《四書解義》《易經解義》。

◎劉有恒，字完真。山東安丘人。增廣生。著有《易經解義》二十八卷。

劉餘清 太極圖說 佚

◎康熙《安慶府志》卷十七《理學傳》：所著有《易問》《太極圖說》《西銘解》《正字》《山居梅花》等。

◎乾隆《太平府志》卷二十三《名宦志》下：著有《越游集》《易問》《太極圖說》《西銘解》《朱陸異同》諸書，江南理學之士多宗焉。

◎民國《蕪湖縣志》卷四十四《名宦志・名宦》：所著有《越遊集》《易問》《太極說》《西銘解》《朱陸異同》諸書行世，江南理學之士多宗焉。

◎劉餘清，字不疑，號濲溪。安徽懷寧籍潛山人。順治九年歲貢，順治十四年任蕪湖訓導。在任三年，引疾歸。沉潛理學，隨父若實侍方大鎮、吳應賓之門。

劉餘清 易問 佚

◎康熙《安慶府志》卷十七《理學傳》：所著有《易問》《太極圖說》《西銘解》《正字》《山居梅花》等。

◎乾隆《太平府志》卷二十三《名宦志》下：著有《越游集》《易問》《太極圖說》《西銘解》《朱陸異同》諸書，江南理學之士多宗焉。

劉遇奇 義經體要 佚

◎民國《吉安縣志》卷三十五《人物志·儒林》、民國《盧陵縣志》卷十九上《耆獻志》：所著有《慎餘堂集》《義經體要》《評註四家詩選》。

◎民國《吉安縣志》卷四十六《藝文志》：劉遇奇《易經體要》（唐志作《易經注疏》）。

◎光緒《江西通志》卷九十九《藝文略》一《國朝》：《易經體要》，劉遇奇撰（《盧陵縣志》）。

◎劉遇奇，字崛脣，號翁盧、東崖山人。江西盧陵澧田人。崇禎十五年舉人，順治十六年進士。以親老歸養，會施閏章為湖西道講學青原，遇奇偕邑人建景賢書院，又興復西原會館以廣明王時槐、陳嘉謨之學。康熙六年知河南息縣。其《慎其餘堂詩文集》有毛奇齡序載於民國《吉安縣志》卷四十七《藝文志》、民國《盧陵縣志》卷二十七《藝文志》。

劉毓崧 周易舊疏考正 一卷 存

國圖藏清鈔本

山東藏光緒十四年（1888）南菁書院刻皇清經解續編本

山東藏臺北成文出版社 1976 年無求備齋易經集成影印光緒十四年（1888）刻皇清經解續編本

續四庫影印光緒十四年（1888）南菁書院刻皇清經解續編本

◎劉毓崧（1818～1867），字伯山。江蘇儀徵人。劉文淇子。道光二十年優貢生。從父受經，長益致力於學。以文淇故，治《左氏》續述先業，成《春秋左氏傳大義》二卷。以文淇考證《左傳》舊疏，因承其義例，著《周易／尚書／毛詩／禮記舊疏考正》各一卷。又著有《史乘》四卷、《諸子通義》四卷、《經傳通義》十卷、《王船山先生年譜》二卷、《彭城獻徵錄》十卷《舊德錄》一卷、《通義堂筆記》十六卷、《通義堂集》二卷、《通義堂文集》十六卷《詩集》一卷、《伯山文集》不分卷、《克復金陵勳德記》一卷、《程可山先生七十壽序》一卷、《輿地紀勝》二百卷補闕十卷校勘記五十二卷。《通義堂集》卷一有《周易履霜履讀為禮解》上下篇、《莧陸當作莧睦解》上下篇，卷二有《書易緯通卦驗鄭注後》上下篇可參。

劉元傑 易經正解 佚

◎光緒《江西通志》卷九十九《藝文略》一《國朝》：《易經正解》，劉元傑撰（《南昌縣志》）。

◎劉元傑，江西南昌人。著有《易經正解》。

劉元龍 先天易貫 五卷 存

日本東北大學藏康熙五十三年（1714）晉陵門人刻浣易齋印本（三卷首一卷）

遼寧藏雍正居易齋刻本

遼寧藏乾隆四年（1739）居易齋刻本（增有德沛序）

山東藏清居易齋刻道光二十年（1840）常鳳翔等增修本

◎三卷本校閱門人姓氏：許維義仲介（武進）、侯葵毓昌（靖江）、朱克恭敬容（武進）、李鵬振遠（武進）、張煒景倉（武進）、許汝敬承宗（武進）、謝幹貞來（武進）、蔣世慶仲山（丹徒）、沈貞栢山（武進）、鞠復天心（靖江）、陸時霖潤菴（靖江）、謝朋修其（興化）、惲鍾琳靜書（武進）、董僖福綱孫（武進）、莊學贊敬予（武進）、劉枀迪臣（武進）、湯自章雲卓（武進）、高昱明暉（江陰）、李應龍大來（武進）、董豫福誠孫（武進）、董璿衡孫（武進）、屠嘉覲永瞻（武進）、孫鳴九復皋（武進）、嚴天錫毓奇（靖江）、居易師白（靖江）、侯晉墀升九（靖江）、鄭楷濟遠（武進）、嚴八元堯臣（靖江）、嚴賓虞舜臣（靖江）、毛祚芳廷襄（靖江）、孫應榴子房（武進）、倪治賡俞（靖江）、鄭照旦初（靖江）、岳萬年長人（武進）、汪永泰二和（丹陽）、倪鎮坤逸少（靖江）、陳菽學中（江陰）、趙德麟聖徵（無錫）、周子駿文翰（武進）、張輅一公（江寧）、馬雲階召錫（武進）、虞鳳鳴岱臣（武進）、馮金西亭（山陰）、尤時茂舜嘉（靖江）、鄭琦景韓（歙縣）、楊完璞若虛（武進）、侯廷墫登陛（靖江）、黃鵠崑翔（靖江）、鄭鰲坤載（靖江）、鞠燦天彩（靖江）。男玉麟、含書全校。

◎目錄（三卷本）：

上卷〔註48〕：提綱。河圖（繫辭二章）：因數成象，因象成位，即象窮理（以上俱解繫辭），三五以變繫辭解，河圖畫卦，生數易源，人身河圖。洛書（繫辭二條）：洛書尚中，河洛相資，河洛五十。（附）二五妙合圖（繫辭一條，周子說），參天兩地繫辭解，二五妙合圖說，妙合而凝說五行陰陽太極貫。

〔註48〕周按：卷首有《先天易學集說》，未列於目。

中卷：提綱。伏羲畫卦圖（繫辭一條）。太極圖（繫辭一節，周子圖說）：闔戶謂之坤繫辭解，周子圖說解，合易說，太極河圖貫，盡人合天說。兩儀圖（繫辭二條）：乾坤其易之門繫辭解，乾坤其易之縕繫辭解，兩儀說。四象圖：四象說。伏羲八卦圖（繫辭二條）：天地定位繫辭解，天尊地卑繫辭解，八卦本太極。伏羲六十四卦圖（繫辭二條）：《易》之為書也廣大悉備繫辭解，昔者聖人之作易也繫辭解，八卦變六十四卦說。八卦相錯變六十四卦圖（繫辭一條）：八卦成列繫辭解，八卦錯變說。大方圖（繫辭一條，邵子詩）：雷以動之繫辭解，邵子詩解，大方圖說一，大方圖說二。大圓圖（繫辭一條，邵子詩）：數往者順繫辭解，邵子詩解，大圓圖對待，大圓圖流行。（附）易貫圖，易貫圖說，易貫說。

下卷：提綱。文王卦變圖（繫辭一條）：乾天也繫辭解，易歸身內。文王八卦圖（繫辭二條）：先天變後天象，變卦流行說、義文象數分說、義文象數合說、義文卦圖貫、變卦本河圖，易源。文王上下經綜卦圖（繫辭二條）：日往月來繫辭解，《易》之為書也不可遠繫辭解，錯綜說，數歸四九，義文錯綜說。（附）格物致知圖，格物致知圖說，格物致知說，格物致知廣說，原理。

◎目錄（五卷本）：

卷第一：提綱。河圖。繫辭二章：十數成象解（附或問三則），五位相得解（附或問一則），而各有合解（附或問二則），成變化而行鬼神解（附或問一則），三五以變繫辭解（附或問二則），人身河圖（附或問五則），生數易原，河圖一二。洛書。繫辭三句：河出圖繫辭解、河洛尚中（附或問一則），河洛相資，河洛五十（附或問三則），貴陽賤陰說。二五妙合圖。繫辭一節。附虞書一節：參天兩地繫辭（附或問三則），人心惟危解（附或問二則），二五妙合圖說，存養說（附或問三則），省察說（附或問三則），妙合而凝說（附或問二則），水屬，火屬，木屬，金屬，土屬，陽統，陰統，太極貫（附或問二則）。

卷第二：提綱。伏羲畫卦圖。繫辭一節：易有太極繫辭解（附或問一則）。太極圖。繫辭一節。附周子太極圖說：闔戶謂之坤繫辭解（附或問一則），周子太極圖說解（附或問十五則），合易說，太極河圖貫（附或問一則），盡人合天說。兩儀圖。繫辭三章：乾坤其易之門繫辭解（附或問一則，並原理一篇），夫乾天下繫辭解，兩儀說（附或問一則）。四象圖。繫辭一章：天地貞觀繫辭解，四象說。伏羲八卦圖。繫辭四章：古者包犧繫辭解，天地定位繫辭解，八卦相錯解，雷以動之繫辭解，神也者妙繫辭解（附或問一則），八卦本太極。伏羲六十

四卦圖。繫辭二章：《易》之為書繫辭解，昔者聖人繫辭解，八卦變六十四卦說。八卦相錯變六十四卦圖。繫辭一章：八卦成列繫辭解，八卦錯變說（附或問二則）。伏羲大圓圖。繫辭一節。附邵子詩：數往者順繫辭解（附或問一則），邵子詩解，大圓圖對待，大圓圖流行。易貫圖。繫辭四章：易與天地繫辭解（附或問一則），一陰一陽繫辭解，天尊地卑繫辭解，夫易廣矣繫辭解，易貫圖說（附或問二則）。

　　卷第三：提綱。文王卦變圖。繫辭一章：乾天也繫辭解（附或問三則），易歸身內說。文王八卦圖。繫辭二章：帝出乎震繫辭解，易其至矣繫辭解，變卦本河圖、變卦流行說、羲文象數分說、羲文象數合說、羲文錯綜貫、易源說（附或問一則）。文王綜卦圖。繫辭一章：《易》之為書繫辭解（附或問一則），錯綜說，羲文象數錯綜說。格物致知圖。繫辭一章。附張子西銘：日往則月繫辭解，張子西銘解（附或問一則），太極十二月卦貫，格物致知圖說，格物致知說，格物致知廣說（附或問一則）。

　　卷第四：提綱。乾為天。象辭：象辭解（附或問二則），錯卦一義。坤為地。象辭：象辭解（附或問三則），錯卦一義。天風姤。象辭：象辭解（附引釋一則），互錯二義。地雷復。象辭：象辭解（附引釋一則），互錯二義。天山遯。象辭：象辭解，互錯二義。地澤臨。象辭：象辭解，互錯二義。天地否。象辭：象辭解，互錯二義。地天泰。象辭：象辭解（附引釋一則），互錯二義。風地觀。象辭：象辭解（附引釋一則），互錯二義。雷天大壯。象辭：象辭解，互錯二義。山地剝。象辭：象辭解，互錯二義。澤天夬。象辭：象辭解，互錯二義。火地晉。象辭：象辭解，互錯二義。水天需。象辭：象辭解，互錯二義。火天大有。象辭：象辭解，互錯二義。水地比（此以上十四卦從乾坤相錯而來，故下十四卦亦相錯）。象辭：象辭解，互錯二義。兌為澤。象辭：象辭解，互錯二義。艮為山。象辭：象辭解（附引釋一則，或問一則），互錯二義。澤水困。象辭：象辭解（附引釋一則），互錯二義。山火賁。象辭：象辭解（附引釋一則），互錯二義。澤地萃。象辭：象辭解，互錯二義。山天大畜。象辭：象辭解，互錯二義。澤山咸。象辭：象辭解，互錯二義。水山蹇。象辭：象辭解（附引釋一則），互錯二義。火澤睽。象辭：象辭解（附引釋一則），互錯二義。地山謙。象辭：象辭解，互錯二義。天澤履。象辭：象辭解，互錯二義。雷山小過。象辭：象辭解（附引釋一則），互錯二義。風澤中孚。象辭：象辭解（附引釋一則），互錯二義。雷澤歸妹。象辭：象辭解（附引釋一則），互錯二義。風山漸（此以上十

四卦從兌艮相錯而來，故下十四卦亦相錯）。象辭：象辭解，互錯二義。

卷第五：提綱。離為火。象辭：象辭解（附引釋二則），錯卦二義。坎為水。象辭：象辭解（附或問二則），錯卦二義。火山旅。象辭：象辭解，互錯二義。水澤節。象辭：象辭解（附引釋一則），互錯二義。火風鼎。象辭：象辭解，互錯二義。水雷屯。象辭：象辭解，互錯二義。火水未濟。象辭：象辭解，互錯二義。水火既濟。象辭：象辭解，互錯二義。山水蒙。象辭：象辭解，互錯二義。澤火革。象辭：象辭解，互錯二義。風水渙。象辭：象辭解，互錯二義。雷火豐。象辭：象辭解，互錯二義。天水訟。象辭：象辭解，互錯二義。地火明夷。象辭：象辭解（附引釋一則），互錯二義。天火同人。象辭：象辭解，互錯二義。地水師（此以上十四卦從離坎相錯而來，故下十四卦亦相錯）。象辭：象辭解，互錯二義。震為雷。象辭：象辭解，互錯二義。巽為風。象辭：象辭解（附引釋一則），互錯二義。雷地豫。象辭：象辭解，互錯二義。風天小畜。象辭：象辭解（附引釋一則），互錯二義。雷水解。象辭：象辭解，互錯二義。風火家人。象辭：象辭解（附引釋二則），互錯二義。雷風恆。象辭：象辭解（附引釋一則），互錯二義。風雷益。象辭：象辭解（附引釋一則），互錯二義。地風升。象辭：象辭解（附引釋一則），互錯二義。天雷无妄。象辭：象辭解，互錯二義。水風井。象辭：象辭解，互錯二義。火雷噬嗑。象辭：象辭解，互錯二義。澤風大過。象辭：象辭解，互錯二義。山雷頤。象辭：象辭解，互錯二義。澤雷隨。象辭：象辭解（附或問二則），互錯二義。山風蠱（此以上十四卦從震巽相錯而來，故下十四卦亦相錯）。象辭：象辭解，互錯二義。

◎凡例（三卷本）：

一、河洛圖書載於易首，諸家註解大抵語焉不詳、擇焉不精，今先生一一解說，處處貫通，合之天地，準之聖賢，驗之身心，學者欲學後天，當先從此入手。

一、先生著是書，體羲皇仰觀俯察、外窺內考之功，凡五歷寒暑，數易稿而始告成。閱者亦必用觀察窺考之功，格得天地萬物透，然後識得此書真。

一、是書即陰陽之物而窮其不離不雜之理，聖學之指南也。閱者必先即物窮理，如何是離陰陽，如何是雜陰陽，如何是不離不雜中和之理，辨得分明方可以知是書。

一、是書發明天道，印證身心，悉本聖經賢傳，初非臆說，且不掇藻摛華，止為近情切理之言，務期人人共曉而止，初無求工字句之心。

一、凡講閱是書，必須南向，所以尊聖經，且不失圖象方位也。

一、閱是書者須將河洛太極諸圖隨時隨地體之於心，到體得純熟時，有不知我之為易、易之為我者。

一、聖人繫辭，原有段落，而此書撮其要而疏解之，以其說之有合於圖象也，確有至理，非敢妄為割裂。

一、此書止論先天圖象，未及後天爻辭者，以先天圖象絕學無傳，故亟為講貫，後天爻辭註解已多，方將精選數家，摘其英華，彙輯一書，公諸同好，但未告成，嗣後付梓問世。

門人同識。

◎凡例（五卷本）：

一、《易》，象數書也，伏羲之易尚象，文周之易尚數，孔子兼象數而作傳，今之見行於世者，文周之數也。至於羲皇繼天立極之象，久矣無傳焉。今先生從從周經探出羲畫，從言數中索出言象，從言吉凶卜筮之內闡出聖人繼天立極之實理，直使伏羲之象明如指掌，天人性命無不昭著，是誠三代而後未有之書也，有學有識者自知之。

一、先生著是書，用仰觀俯察、外窺內攷之功，直窮伏羲作易之原，見得未畫之前原有天地自然之易，所以能識羲文之圖象、辨周孔之微言，明《繫》解圖，而成是書。閱者亦必用觀察窺攷之功，見得天地自然之易明，然後識得此書真。

一、是書言象書也。凡道德仁義、天人性命、象數理氣、太極一貫、明德明命、死生鬼神、一本萬殊、萬殊一本，莫不有象，莫不呈象於目前，可以坐而言、起而行，非若他經空言理道者比。

一、是書身心性命書也。如果有得，直與上下天地同流，古今聖賢一心，不覺己大物小、內重外輕。雖錦衣玉食，不覺其榮。即簞瓢陋巷，不改其樂。如有大節所在，生死攸關，未有不捨生取義、處之裕如者。

一、是書直窮道原，心接四聖。五經之本，四書之原，性理諸書所由出也。凡有打不開關頭、不明白道理，直於此內求之，無不明白了當。

一、入德之門有二，一自誠而明，堯舜性之，由一本以貫萬殊，天道也。一自明而誠，湯武反之，由萬殊以復一本，人道也。人道入德，天下皆知；而天道入德，天下未之或知也。故先生述羲、文、周、孔之經，以明天道，見人道之可以入德而天道亦可以入德也。彼執人道而不信天道者，可以返矣；以

聖人為生知安行而無待於學力者，亦可以悟矣。

一、儒者之入於楊墨、歸於釋道、雜於權謀術數者，道學不明故也。如果從先天易而得義、文、周、孔之心傳，人欲退而天理見，義非為我，仁非兼愛，言陰陽而不滯於形氣，說道德而不落於空虛，智以仁用，旁行而下流，數以理窮，樂天知命而無憂。雖有異端邪說之教，豈能惑哉？使不能得聖賢之心以勝異端，只徒以口舌相爭，寧有益乎？是故學者有志維正學而黜異端，必從先天易始。

一、人之論易，維變所適，未有定則，不知易有交易變易之易，自有不易之易。如果見得未畫前不易之易，可以辨。圖不可妄圖，言不可妄言，可以知古今圖畫之是與非，亦可以知古今之論圖畫者之是與非也。蓋不易之易非他，天地之道也。夫易無定而天地之道亦無定乎？是故學者欲明交易變易之易，必先明此天地之道，不然妄圖妄論，難免識者之譏。

一、是書言道書也。道有萬殊，總歸一本。如太極兩儀四象八卦河圖洛書以至文王諸卦圖，名目雖甚紛繁，其實總歸一道。道者非他，陰陽一太極也。書內處處言陰陽、說太極，是其歸一處，非重複處也。

一、先生是書不過解經說傳，任筆直書，達意而止，非同吟詩作賦、掇藻摘華者比。

一、是書言象不言數。上下《繫》中有言象者，有言數者，有先言象而後及數，有先言數而後及象，並無一例。今先生獨闡伏羲之象，未及文周之數，故於《繫傳》中之象數兼言者，不得不棄數而取象，所謂「摘繫法」也。邵子《皇極經世》、朱子《易學啟蒙》亦有此法，並非割裂聖經。

一、是書非是伏羲而非文周，但文周之數行世，伏羲之象失傳，故於行世者不講，而失傳者極為表著耳。況邵子《皇極經世》、朱子《易學啟蒙》則亦獨表羲經之書也。先生之書不但準之古聖，即與宋儒亦有合焉。

一、是書動言天地，輒稱聖人，往往以道自任，似乎近狂。不知非也，道之所在有不得不然者。後之見者倘以狂非先生，請限於天地之道、四聖之經，並漢唐以來諸儒之傳一一講究，方知先生之苦心，方知先生之大力。

一、是書雖出於先生，非先生書也，乃四聖書也；非四聖書也，乃天地書也。試看先生之所繫解者，有一圖一畫不從天地看出邪？有一言一句不本之聖經賢傳耶？有泛言雜說不體之身心、驗之事物耶？夫既無之，自是四聖書也、天地書也。而先生不過為之編集註解之爾。後之閱者，自不得

艸艸看過。

一、是書發明天道，學者苟能體而行之，三月一小變，五月一大變，期年有成，至於義精仁熟，確乎不拔。亦視乎人之自勉。

一、是書字有三種，大字乃聖經賢傳；中字乃先生解經傳者；小字乃先生子玉麟含書氏解先生者。同門公議。

◎序（三卷本）：粵自庖犧氏以卦象示人，初無文字，周、孔心心相印，易道大明。至宋儒各以意見互相闡發，遂有異同。嗣後章句之士附會前人，各滋臆說，詞愈多，理愈晦矣。余宦楚後閉戶窮經垂二十載，於先天河洛之原，探之頗測其端，叩之而能言其故。嘗思得一深於易者共相訂證。而凝焉劉先生適自恆山來遊吾郡，挹其議論丰采，恍坐春風。及談法象卦爻，精義微言，益復豁人心目。所著《易貫》一編，如揖羲、文、周、孔於一堂，而後知心學之不終絕於世也。夫不知易者雖日談易，無當於易；知易者不必言易，渾身是易，滿眼是易，周六合無非易，但能潛心體認，直下承當，則造化在我，所謂不離日用飲食，直造先天，未畫前真資始以上生涯，寧復肯作雲雨流行以後活計，是《易貫》一書，實將千聖心傳揭如日月，且可使六經註我，而又烏知其與諸儒之語同乎否也？！昔東坡註易，自稱有易以來無此書，吾於是編亦云。康熙五十三年十一月，三楚督學使者毘陵岳宏譽書。

◎序：六經之中最難窮者，其易乎？先天後天，象數理氣之間，各守師說而不能相通，蓋易道之晦也久矣。恆山劉子凝菴有憂之，作《先天易貫》一書，三十餘年而始成。其說以為伏羲尚象、周文尚數、孔子兼象數作傳，後人改象為數，而今乃從數復象，其卷一即數以言理，首河圖，次洛書，附以妙合而凝之圖，而河與洛一以貫之矣。其卷二即象以言理，首畫卦圖，次太極圖，次儀象卦與錯變圖、大圓圖，附以易貫圖，而伏羲之易一以貫之矣。其卷三即氣以言理，首變卦圖，次八卦圖、綜卦圖，附以致知格物圖，而文王諸圖與河洛太極諸圖一以貫之矣。其卷四五即六十四卦以言理，提出伏羲大象孔子大象傳，而以錯變圖為序，而羲孔之易一以貫之矣。至于五位相得而各有合，以相得為天一地六生成之義，以有合為一六水與四九金合、二七火與三八木合、五土合木火、十土合金水。「神也者，妙萬物而為言」章作伏羲八卦、「乾天也」章作文王卦變圖，皆從觀察玩索中體驗而出，故說似異于前人，而實皆符于先聖，可謂抉經之心以懸諸日月者也。其自序以為從數取象、從周經探出羲皇，從言吉凶卜筮之內闡出聖人盡性至命之實，言雖大而非夸矣。然

則凝菴是書亦因流而溯源，而眾儒乃狗流而忘源也。故予謂凝菴之闡義實凝菴之宗孔；其從數取象，實即象窮理。惟其宗孔以窮理，故能貫源流而一之。慨自鄭、王諸儒聚訟以來，易學如長夜，何幸至今日而煥然一明哉。使後學識所津梁而不歎易道之難窮者，其在是書也夫？因撮其大旨著于簡端。雍正二年歲次甲辰孟冬穀旦，婁水王掞序。

◎序：《易》之為書，所以明理，凡圖象文辭皆其理之著焉耳。聖人繫易，括精粗而該微顯，何其言簡而義深也。後世言易，穿鑿附會，妄意增損，百家雜出，而太極之旨、八卦之理日以晦矣。恆山劉先生，北方之學者，少研思庖羲之畫，常過淮南訪異人，於先天之學口講而心有會焉。吉凶悔吝，數之所一定，皆其理之所必然。循乎天地自然之理，則皆吉；悖之則皆凶，不待趨利而避害，心之思、耳目之視聽、手足之持行，若予之以繩墨而自然中節者。然北溪有云：「太極只以理言，總天地萬物之理，到此湊合。散而為天地為人物，無少虧欠。卦爻紛紜，象辭變化，數有萬千，不離乎一而已矣。」人習恆山之說，晦蔽者導其聰明，隱怪者歸於正直，聖人神道設教之義，於是顯明，雲霧開而日月朗，星辰昭天，所以常運；地所以寧人物，所以生生不息，由此道也。爰拜手而書其卷末。康熙歲在庚子仲冬月，嘉定張大受跋。

◎序：吾邑郭于官甌為余道常山劉凝焉先生，殆深於易者。余頷之，然私念絜靜精微易教也，自漢以來，言易者何啻數千百家，絜靜者不精微，精微者不絜靜，幸《折衷》出而羣喙可息。凝焉即深於易，當亦仁者見仁智者見智而已。居無何，辱先生過從，出示《先天一貫錄》，溯河洛之源，發二五之妙，月窟天根，心解神會，殆不泥乎語言文字之間。先生其深於易者歟？第所云言象不言數者，則心竊疑之。《繫詞傳》曰：「吉凶者失得之象也，悔吝者憂虞之象也。」象即呈其數，數即具于象。若舍數言象，則不用卜筮，竊恐六十四卦三百八十四爻所謂吉凶悔吝皆無著落，不惟與朱子齟齬，抑且與文周窒礙矣。遂相與往復辨論歷二年，不敢出一言以為之序。一日，先生謂曰：「如以卜筮言，則溫嶠曹莽吉乎凶乎？」余曰：「易固不為小人謀也。」先生頷之，徐曰：「既不為小人謀，則君子正其誼不謀其利，明其道不計其功，又何問吉凶悔吝之紛紛乎哉？」先生去，余長夜不能寐，枕上誦夫子所言「作易者其有憂患乎」？其哀世之意耶，其當殷之末世耶？其言曲，其事隱，其詞危，蓋因貳以濟民行耳。天地之道不貳，至誠之道亦不貳。不貳又焉用卜筮為哉？然則以卜筮言者，正為小人謀，聖人不得已之苦衷也。卓識正論，

以為絜靜則絜靜之至，以為精微則精微之至，先生其誠深于易者歟？于是焚膏喝凍，既參訂其魚魯，而竝為序之如此。涇陽同學弟王承烈拜。

　　◎序：昔橫渠張子居鳳翔郿縣之橫渠鎮，一室危坐，左右簡編，俯而讀，仰而思，有得即識之，或中夜起坐，取燭以書，其志道精思未始須臾息，亦未始須臾忘也，故其所著之書如《東西銘》《正蒙》《理窟》《語錄》，其言皆與前聖合，而實開前此之所未有。出其《正蒙》以示門人曰：「此書余歷年致思之所得也。」然則橫渠先生所以成其學者何如哉？以余觀於今之世，若劉子凝焉者，其居真定饒陽之恆山，其學專精潛玩於易，其書積歲月而所得，日以深推之，有源引之、有緒擴之而無所不包。以故學者之稱張子尊之以其地曰橫渠，而今之稱劉子者亦直曰恆山，亦以劉子志道精思庶幾有似於橫渠者歟？其論易專主伏羲之先天圖象，然體正而用行，古今萬化萬事皆根於此。文王、周、孔所繫之辭有不一以貫之者耶？余諦詳其說，固多先儒所已言，亦有先儒所未言者，要之皆其所自得。即前此周、邵、程、朱諸大儒之言，皆引以證我之所得，非襲取其說以為說也。至遇其得意，以為有自然之妙，不知我之為易與易之為我者，則其冥心妙契、用功純熟，非如橫渠之歷年致思，何以得此？劉子嘗與余論易，而知其平生學易真，未始須臾息須臾忘者也。雖然，使其說不出於正，則如劉牧之以圖為書、以書為圖，顛倒易置，雖其理未始不相為經緯，終非圖書之本然。又如麻衣《心易》，亦尊先天，謂當於羲皇心地上馳騁，莫如周、孔腳跡下盤旋，其說多怪妄不經，非若恆山之一出於正，皆以太極陰陽五行，上體之天地、中體之身心、下體之民物而得其切實之理也。抑吾嘉劉子之言必本於庭訓，尤不忘屬續之語，與夫母氏述其先子之告誡者，其家伯季又能力持門戶，以恣劉子習學於家、游學於四方而益感激奮勵，以底於有成如此。則君之於孝弟篤矣。豈非其得之先天者優，而於後天之學其本原無不合者哉？於其《易貫》之書成，為之序以弁諸首。康熙六十年臘月朔日，東吳同學弟樸村張雲章書於潞河書院。

　　◎序：伏羲先天易，邵子布圖以明義，諸儒觀象而演其說，未有獨成一書者。劉先生憫絕學之不傳，冥搜遠紹，合圖書八卦、二氣五行、萬事萬理，一以貫之。所謂放之則彌六合、斂之則退藏於密，使天下知易道之本源，而非止卜筮之書也。余於易理不能窺其微妙，然讀先生之書，獨抒己見，補先儒所未備，其理精邃，其言平實，嘉惠來學者深矣。華亭沈宗敬識庚子冬得晤恆山凝焉劉先生於京邸，相對之間，渾金璞玉，霽月光風，予一見而心折

其為人。及出其所著《先天易貫》讀之，而益嘆其有德者必有言，非深於易者不能也。蓋易之為道潔淨精微，一切蕪雜之論、膚末之見無所用之。今先生之為是書也，溯羲皇之奧旨，會周、孔之微言，深者入黃泉，高者出蒼天，大者含元氣，細者入無間，蓋合理義象數而兼貫之，分肌劈理，詳審宣暢，俾四聖人萬年未竟之緒，昭昭乎若日月之經天而江河之行地，於以藏之名山傳之其人，其所以嘉惠後學者豈有既耶？予是以讀其書益欽其人，而又以恨相見之晚云。涮水管式龍敬跋。

◎序：搜索理數，通徹陰陽，天地人物，變化生成，如指諸掌。天予此聰明，我盡此心力，真傑出千古，直使羲、軒擊節，周、孔快心。是古今前後低一等學問，第一等好書。當俎豆其人於河洛關閩之間。癸巳姚江八十七叟谷音合真謹跋。

◎自序：《易》者，陰陽之理，變化之原，前賢往聖之心，而開物成務之書也。先天卦象畫自羲皇，後天卦位變自文王，爻辭出於周公，繫傳成於孔子。孔子沒後易道失傳，千有餘載。至宋濂溪周子說太極圖、康節邵子闡大圓圖，而明道程子受業濂溪，雅善康節，故心通其說。厥後三傳至紫陽朱子，纂輯《啟蒙》，實宗周邵。是數子者，皆倡明先天之學，而上接歷聖之心傳者也。自數子沒，而先天易道又晦盲否塞矣。龍少年學易，嘗竊患之，繼而體驗，實有會心。仰觀俯察，外窺內攷，幾二十年。既幸天心之啟我，又憂絕學之無傳。不揣愚昧，上祖羲、文、周、孔之經，下述周、邵諸儒之傳，講圖說象，務以孔子《大傳》為宗，著為《易貫》一書，意欲發明先天之易，俾河洛卦圖洞然一貫，盡為吾儒身心性命之實學，而未嘗師心自用焉。特懼管豹之見，不敢自信，是用奔走四方，就正有道。倘不以為鄙妄，而進而教之，則先天易道晦盲者於以復明，否塞者於以復行，豈惟龍之幸哉，亦世道人心之幸也。康熙歲次壬辰春王穀旦，恆山後學劉元龍凝焉氏撰。

◎補序：伏羲畫卦，傳至唐虞，以迄夏商，原以正性命之理，非僅為卜筮教也。卜筮之教，啟於文周，亦羲畫中之一事，未足以盡其蘊藏。是故孔子於象傳之後，申明大象，實闡羲畫，所以補文周之未盡者，存古易於天下後世也。但後人忘本逐末，並於《大象傳》亦為卜筮解之。噫！是以古易無聞，而孔子作傳之心亦泯矣。龍所著《先天易貫》，江南及門諸子，分上中下三卷刊刻問世，歷今十載，細閱上下《繫傳》中，凡有發明先天諸圖，遺而未繫者，今集解申說，以補繫前三卷之內。至於六十四卦大象與孔子傳是象者，

遵伏羲之尚象，以《錯變圖》為序，亦為之集解申說，另作二卷，以續前三卷之後。至於互卦錯卦二義，前此皆以之言數，而龍體羲皇、孔子之心，獨言修齊治平之理，以還先天之蘊。其於先天之易，庶幾其稍備矣。竊欲發明伏羲以後、孔子以前言理而不言數之易，使天下後世之學者，知《易》之為書原以窮理而盡性命，非僅為卜筮教也。但其道理精微，似非鄙見所能盡，並其所補者亦以質之高明。若夫《連山》《歸藏》二易，亦指圖傳心、即卦窮理，豈若後人附會之說哉。雍正元年歲次癸卯正月元旦後五日，元龍補序。

◎總論：《易》之為書，有象有數，有象中數，有數中象，講易者不可不分也。蓋河圖、洛書、太極、兩儀、四象、八卦、六十四卦以及文王諸卦圖，易之象也；六十四卦之彖辭、三百八十四爻之爻辭，易之數也。河圖洛書、文王諸卦圖蓋取象於天地，為格物致知之理而言，雖數亦象，故曰象中數也。如彖經乾稱龍坤稱牝馬，乾爻辭名潛龍、見龍之類，蓋取象於物事，為卜筮而設，雖象亦數，故曰數中象也。至伏羲之尚象、文周之尚數、孔子之兼象數作傳，與夫後人之改象為數，並龍之從數復象，其所由來亦不可不辨。伏羲之立象何為乎？蓋見夫天地者萬物之父母，故示人以崇效卑法、繼天立極之象，所謂正誼不謀利，明道不計功，自誠而明，堯舜性之，安而行之，天道也。文周之變數何為乎？蓋見夫殷紂之末世，人非功利不勸，因貳以濟民行，天下之人，雖不肯為善，未嘗不樂吉祥，雖敢於作惡，未嘗不畏災禍。故示天下以趨吉避凶之道，自明而誠，湯武反之，利而行之，人道也。孔子見夫天道人道皆為入德之門，故於伏羲之象，或引古經，或出己傳，凡有一圖，必有一圖之繫辭；有一卦，必有一卦之象傳。所謂明伏羲之象以教天下之賢智者，萬古之常經也。孔子周人，《周易》，時王之制也。彖經之後申以彖傳，爻辭之後解以象辭，六十四卦三百八十四爻莫不有傳，所謂明文周之數以引天下之庸愚者，聖人之權詞，濟常經之未逮也。夫象數之設，天道人道之教，四聖之為天下後世謀也，至矣盡矣，雖有聖人出，豈容變易於其間哉？周之末世，五霸迭興，七雄並立，悉以功利為上，而楊朱墨翟又以異學爭鳴，天下之人心，不死於功利則死於異學，是故費直、鄭康成、京房、楊雄、郭璞輩，亦闡明易教，或雜以天象，或入以地理，或參以虛無寂滅，或出以權謀術數，各自為說。雖以講易為名，而實為易之蟊賊。自此後易象不行於世，行於世者易數而已。凡圖傳中有講易象者，悉改為易數。至於河洛諸圖概置不載。而孔子傳是圖者，亦以為無圖可繫，置之上下《繫傳》中。至宋華山陳摶圖南者

出，乃返之於易，以傳濂溪周子、康節邵子以及程朱，自此後易首始載河洛諸圖，並孔子傳是圖者，亦繫一二於圖後，而天下始知有易象之名、先天之說。惜其不能引經擄古，分象別數，以復羲、文、周、孔之舊。此所以明之於前，而不能不晦之於後也。試以見行之《周易》論之，以河圖洛書皆為畫卦而設，太極八卦亦為生卦而言，迨究其所以成六十四卦者，則曰為卜筮教也。嗚呼！大《易》一書豈言利之書哉，羲、文、周、孔豈僅趨吉避凶之人哉！枯木朽骨，自古聖人果倚之而無餘事哉！夫歸之於數，而數明猶且不可，況歸之於數而數晦，如之何而可哉？蓋易象本也，易數末也，豈有本既亡而末有不顛者哉？是以三代而後鮮有能明數者，皆由於易象失傳故也。康節邵子不言易數，而卜亦神，蓋有得乎先天故也。《易傳》曰：「聖人以此洗心，退藏於密，以前民用，神以知來，智以藏往。」蓋易數之神，得易理而神也。彼夫以象入數，不知者，以為羲孔之罪人、文周之功臣；其知者，不但為羲孔之罪人，而更為文周之罪人也。龍今竊取周、邵、程、朱之遺，以體羲、文、周、孔之舊，仰觀俯察，外窺內攷，前後三十載，始成此書。大抵從數取象，從周經探出羲畫，從言吉凶卜筮之內闡出聖人盡性至命之實。如河圖洛書，《周易》僅以之畫卦，而龍更言以格物致知、立極尚中之理。如太極兩儀四象八卦，《周易》亦以之生卦，而龍更發以天人一貫、主靜立極、通神明而類萬物之道。如六十四卦、文王諸卦圖，《周易》未有不以卜筮教者，而龍亦以六十四卦為發伏羲之象，文王諸卦圖亦以為闡明先天之理，故一一作解，復入易象中。至於互卦錯卦二義，先儒皆以之言數，而龍獨取之以言修齊治平之理，亦為易象之一助。使天下後世之學者，知有易數又知有易象，知易有趨吉避凶之卜筮，又知易有盡性至命之實理，知易有自明而誠、利而行之之人道，又知易有自誠而明、安而行之之天道，二義並明，經權互施，庶幾於聖人立象變數之意、帝王化民善俗之心不大誤云。或曰：「易象既闡，易數不講，終為易病。」龍曰：易象既明，易數自神。深知易者不言數，專言數者不知數。余贅此數語於序末，後有深於易者出，必有以知我矣。雍正二年歲次甲辰二月二日，元龍總論。

　　◎跋（三卷本）：三才之道，易以貫之。易何以貫？親到方知。洗心退藏于密，不須外索妄思。藏天地於一身，主靜而立人極，所以先天而天弗違，後天而奉天時，惟妙合而凝一語，吾知先生之得力其在于斯。毗陵學弟惲鶴生敬題。

◎跋（三卷本）：易學有先天有後天，後天之學，卦畫既興，於人事為近，諸儒之說綦詳；先天自羲皇一畫、夫子繫傳之後，惟周子太極圖、邵子大圓圖剖晰秘奧。晦庵表章太極而河洛諸圖止存其大概，蓋亦天道不可得聞，引而未發，而因以俟學者之心悟。恆山劉凝焉先生，研窮易理二十餘年，心會神解，作《易貫》一編，發明先天河洛之蘊、無極太極陰陽妙合之理，不越吾人身心內外日用動靜間。凡起居服習、行止呼吸莫不具有太極，會而通之，圖與書合、道與器合、理與數合、天道與人事合，不襲前人之語，而往往啟前人所未發。揆之於理，無不合者。程子曰：「易理不可執一」，若一爻止一事，三百八十四爻只三百八十四事便止，然則有一說不妨，又有一說旁推交通，斯盡易道之變。彼好翻前說以樹奇及舉成說而不克貫通者，奚足稱神悟？而抑豈有當於變易無方之旨哉？夫學易者會之於心而體之於身，先生理晰天人而舉止質直，啟牖後學，亹亹不倦，接之者如坐春風而沾化雨，夫非體易理於身心而成己成物之驗歟？學者讀是編而有得焉，更循先生所教操存涵養之法，馴至於變化氣質，旁通事理，見人心中之本極，而一一措諸實用焉，庶不負先生以《易貫》示人之意矣。毘陵教弟惲德柄敬跋。

◎先天易貫後跋（三／五卷本）：天之所以分造化、聖之所以覺羣蒙，互萬古而不易者，一中而已矣。顧執中之文雖啟自虞書，而尚中之道實原於羲畫，故先天易象列六經首，為後天文字之祖。彼序卦而繫辭、探爻而析義、合卦與爻而作之翼，此文王、周公、孔子之易。辭出乎象者也，後天也。至若河出圖洛出書，是天地自然之易，八卦畫而重卦立，是伏羲氏法天之易，象含乎辭者也，先天也。惟是文王既衍象辭，而卦變諸圖亦復以象顯。第河洛之蘊奧，卦圖之統紀列聖無辭，未有發明，獨孔子既傳後天之易而言其分，兼闡先天之易而言其合，其文具在，可考而知也。誠以先天易象乃天地消息、列聖心法，以通神明之德，以類萬物之情，原本一中而昭明萬理，故曰六經有文，原於河洛、本於卦圖，此先天之易所由重於萬世也。然顏曾既遠，商卜云亡，逮後千年，幾成絕響。秦漢以來，河洛不分，卦圖莫辨，羲皇治心之法吾儒既失其傳，而方外者流反竊之以為丹竈留形之術陰相付受，而儒者莫之究。至宋處士陳希夷乃反之於易，然聞者猶創見而不之信。閱數傳至濂溪周子說《太極圖》、康節邵子闡《大圓圖》，而先天易道既絕于往聖者，于是乎復繼；不傳于來學者于是乎復開。明道程子師事濂溪，友善康節，德能中和，幾從容而中道，故朱子獨稱三子為先天易學，上接洙泗千載之統，下啟河洛百

世之傳，其言蓋可徵矣。自諸賢既沒迄今垂數百年，其間學先天易學者繁豈無人？考諸史傳，闡微發幽，未見其的，良以先天心髓，諸賢慎秘，不盡暢明，故奕世而下莫永其傳。惟我恆山夫子，好古敏求，精思神會，得心法于圖書卦象之間，上考聖經，下參賢傳，發前哲之精蘊，為後學之津梁，著書數卷，名曰《先天易貫》。自先天易貫之道明而羲畫周經可以體之於身、會之於心，大而天地，廣而萬物，在在貫通，學易為有本矣。方今運會昌明，人文蔚起，恭遇聖朝弘開易館、廣詔名儒、講求至道，而是書適成，廣心學之淵源，俾河洛卦圖燦如星日。學易者咸議大中之理，以希聖而希天，則是書之所裨益，豈淺鮮哉？獨是心學久湮，知希是慨，人知鳳之協律，疇審其音；知璞之藏玉，孰名其實？是所望於當世之好學深思心知其意者。敬書數言謹附于後。驩沙門人鄭熊識。

◎先天易貫後跋（三卷本）：世之以學奔走利祿，不啻如鶩矣。恆少貧失怙，幾至廢學，不知所以自力。然聞記載尚論古之賢豪，輒慷慨欣慕，中夜為之起舞。年弱冠廼遊學於外，訪古蘇門，追風鄭谷，跨谿越嶺，寥廓杳渺之區，靡不負笈而歷蹤跡乎其人之廬。如是者亦有年矣。而求所為學者，浩浩乎，茫茫乎，仍莫知其津涯，莫知其畔岍也，然卒不敢以自棄。一日者遇恆山先生於道旅間，先生方正襟危坐，披圖玩易。恆竊異之，而躬叩其旨，先生因極論圖書太極之理，指示天人性命之原，雖極深研幾，語語皆歸實地。始知盈天地間者，莫非陰陽，則莫非易也。而恍然前此之沿流逐末，殆龐雜而非正也，遂卒請學焉。歲庚寅，延師歸驩江，設帳桐陰深處浣易齋中，每論易學，輒竟夜不倦。於是請筆之書，以啟來學。師然予言，夜而思，旦而作，五歷寒暑，易數十紙而書始備。每一脫藁，暨諸同門晨夕參定，析疑辨難，未敢或懈，因是知先生闡易大旨悉本尼山大傳。書成未名，恆因進曰：「凡先天之易，河洛卦圖無不於此書貫之，是宜名曰《先天易貫》。」師復然予言，遂以名書。嗟乎！使恆而為奔走利祿計也，雖遇先生，亦覿面千里矣；使恆而非朝夕親炙於先生之且久也，雖獲讀先生之書，亦恐惝怳而難憑矣。雖然，以恆之愚，學先生之學，尚龘有得也，豈無什百於予者哉？知是書出，為學易之指南，是舉世而坐之春風中矣。不揣荒謬，陳其梗槩，示不忘所學於吾師者。驩沙門人張恆易謹識。

◎先天易貫後跋（三卷本）：《易》之為書，發明天人一致之原者也。是故圖書者天地之法象，卦畫繫辭者聖人敎天下後世盡人合天之道也。無如後

之談易者往往多謬以圖書為非古，不知易以卜筮之書，未經秦火，河洛為作易之原，其陰陽對待流行之妙，誠有非人力安排者。疑為非古，此一謬也。夫易固為卜筮之書，然吾人自朝至暮、自少至老，凡日用飲食、出入起居，何莫非易？人特為體驗耳，徒以之占驗休咎，謂易止於是，此亦謬也。即有知其不僅為卜筮之書者，又泥於語言圖象之間，而不能晰言外之微、剖象外之蘊，乃研精殫思，今日解之，明日圖之，不知多一解正多一障矣，增一圖又增一惑矣。此尤謬也。亦有知易理之精微非徒可索之語言圖象之間者，然以之養氣修形，而置民物於度外，則天地亦虛生是人，此尤大謬也。要之，高視者之過、淺視者之不及，究無補於身心、無益於民物，豈有當於天地聖人以易道教人之意哉？幸賴有宋諸儒出，繼往開來，各有成書以垂於後，而易道始得復明於世。然求其親切著明，將先天河洛卦圖在在貫通，盡引而歸之於身心之內，以吾儒之實學闢異學之虛無，振俗學之卑陋，一洗諸家之謬，誠未有如吾恆山先生《易貫》一書者也。其龍自蚤歲先君子即授以易，繼而受業南樓楊先生，承示《闡義》等書。因於請益之餘，定《四聖本易》一篇，惜乎先師已遊道山，無所折衷。今幸恆山先生講易於雲溪書屋，其龍得親炙而卒業焉。先生授以茲編，捧讀之頃，不覺悲喜交集。見夫自河洛而羲、文有條而有理也，所載諸圖象不雜而不支也，所引諸繫辭非附會亦非割裂也，所列諸解說辯論，皆示人以即物窮理、變化氣質而為胞與民物之本也。無非發明天人一致之原，而盡人合天之學端不外此而無事他求矣。善學者玩索體究而有得焉，則朱子所云提挈綱維、開示蘊奧者於是乎在，程子所云放之則彌六合、卷之則退藏於密者於是乎在。而且由一經而貫之，凡聖經賢傳皆歸實地，諸子百史皆歸有用。而且本一理而貫之，則返之一心，五性自此而全；修之一身，五倫自此而盡。推之家國天下，則齊治均平之道、參贊經綸之業，自此而出。然則先生是書，體天地聖人之心，不得已而有作者也。知斯意也，雖以為與日月爭光可也。校讐既畢，附識於後，以質之當世理學宗工焉。晉陵門人黃其龍謹書。

◎先天易貫後跋（三／五卷本）：恆山先生授易於驥江閱數載矣，歲甲午，我邑同人禮迎先生講學於云溪書屋，楨與執經之末焉。一日弟子環侍，先生詔之曰：「學以變化氣質為先，惟氣質變化而理義昭著，即遺大投艱，無不處之裕如。故必勵志而前，方不虛生於天地、不虛淹乎歲月。吁嗟乎！是予之所以勗二三子者，即吾親之所以勗予者，而予轉為二三子勗也。予一日之間，

先子之教、北堂之訓，未嘗不三復往來於懷。予年雖少長，敢自暇逸乎哉？二三子其毋怠！」言竟，泫然泣下，少閒復曰：「予世居恆山之饒陽，即漢之所謂武隧也。家世業儒，重樸誠，毋敢華尚。至先子賓皇公，於鄉黨中益以孝悌聞。予母張孺人生伯兄曰元勳、季曰元杰，及予仲而三。予少耿介，時與俗違。一日先子進而教之曰：『不合今人，必合古人，古今不合即是廢人，汝其自方與古何若。』又曰：『學古必志堅，第勵爾志，慎毋貽父母戚！』故予之知學，庭訓之益良多。遂癸酉，先子不懌，彌留之際召母與兄曰：『吾將逝矣。家計茹貧，素位以行，無足憂也。兄弟雍睦，同炊比屋，無可慮也。惟次子性戇而行剛，故不諧於俗。然觀其志量，當令其遊學四方，毋以家事累之。』遂命予曰：『天下有生而死者，亦有死而生者，碌碌無所短長，同草木榮落，雖長處宇宙間，生亦奚補？若夫振絕德於時，垂休光於後，則死且不朽。吾今已矣，齎志以沒世矣。然自今以後，成吾志者，非汝而誰？汝其勉之！』語訖溘焉而逝。余感先子垂沒之教，心竊銘之。因勵志正學，獨與古期，毋敢或懈。服既闋，余母與兄遵先子遺命，勉予遊學。時友人張輯五壯予之遊，傾以囊橐，乃之京師，落落寡偶，客底少閒，玩索於易並《太極圖說》，因而體認主靜之學，忽於先天易學之原恍然若有所得，乃知變化氣質之方，端不外是矣。斯時廼憶先子之教，輒益自勵。厥後自京師歸省，未及一載，母進予訓之曰：『汝之學果可以告先子而無慚乎？今何晏然也？汝朝夕侍吾，固吾所願，然父命之謂何？聞養志者不獨口體為也。且汝兄弟具在，汝正可志先子之志以復遊，不然塊然長守吾未亡之軀，亦奚益哉。』於是復促裝以南遊。同里韓子毓奇相勗偕行。甫望岱而韓子以事返，予遂獨遊洙、泗、伊、洛間，以歷於淮。阻淮而疾，幾瀕於死。因念身者道之輿也，身死而道復何求，於是將所得先天易學之理、變化氣質之方筆之於書，亦聊示志焉，非敢遽自信也。庚寅渡江南而訪學吳地，以及於常，得與二三子從容講論，反覆訂正，卒成是書，顧不有天歟？然予非凜先子之教、北堂之訓、昆弟之誼，俾得卒勵志於學，顧欲與二三子遊也，得乎？予今者將歸省而北，殆有終焉志矣，故不禁以吾親之所以勗予者，更轉為二三子勗也，二三子尚勉旃哉！」楨退而誌之，越日舉示諸同學，僉曰：「是書也，可以見先生庭訓之嚴，可以見先生友于之篤，可以見先生砥礪吾黨之深，宜附諸《易貫》書後。」楨不敢辭，遂附卷末。蓋先生之書，同學序述頗詳，茲不復贅。時乙未仲春八日，晉陵門人葉楨謹識。

◎先天易貫後跋（三／五卷本）：先生是書，明往聖已晦之心，發前賢未闡之旨，難以悉述，姑舉《繫辭》一二以明之：其曰「天地變化，聖人效之」，學者終不知如何變如何化如何效也，今讀是書而自知之；其曰「河出圖洛出書，聖人則之」，學者終不知河圖如何洛書如何而則之者又如何也，今讀是書而自知之；其曰「庖犧氏始畫八卦，以通神明之德，以類萬物之情」，學者終不知八卦如何畫、神明之德如何通、萬物之情如何類也，今讀是書而自知之。他若象數理氣之分，無不明如指掌、朗如列星，聖道賴此而昌明，絕學由是而繼續。昔人謂孟子之功不在禹下，復於先生是書亦云。驪沙門人鞠復謹識。

◎先天易貫後跋（五卷本）：《先天易貫》何書也？孝子之書也。蓋人既稟天地之氣以成形，即受天地之中以成性，故先儒謂人身一小天地、天地一大父母，而吾與民物共之者也。第自心學失傳，天下之人有人心而無道心，雖終日戴天，而不知天之關於我者何在；終日履地，而不知地之屬於我者奚存。求其視無形而聽無聲以事其親，吾知其必不能矣，又安望其仁天下之民而愛天下之物也哉？間有一二學者亦知乾父坤母、民吾胞而物吾與，然試究其天人之何以一體、物我之何以同原、吾人之心何以合之天地而無間，蓋未嘗不茫然也。夫人日事父母，而不知父母之心，即謂之不孝；人日事天地，而不知天地之心，庸得謂之維肖乎？獨先生自幼以孝聞於鄉，以體父母之心者體天地之心，仰觀俯察，外窺內考，歷三十載始成是書，明羲、文、周、孔之心傳，補周、邵、程、朱之未逮，凡天人相與之際，靡不提其要而鈎其元，真見夫天地即我我即天地而一體同原之實，無不著之目前，俾天下後世之學者知夫天人一貫之理、內聖外王之道只在乎尋常日用間，彼異端虛無寂滅之教、權謀術數之說不待辭而闢。是先生之心即天地之心也，先生豈非天地之肖子哉？《詩》云：「孝子不匱，永賜爾類」，《孝經》云：「立身行道，揚名於後世以顯父母，孝之終也。」雍正癸卯詔舉孝廉方正，饒陽、安平兩邑紳衿耆民咸敘先生文行呈請於縣，因先生力辭，故未題請，於是邑人益重先生。此先生為善而貽父母以令名，先生之孝也而未足以盡先生之孝。今先生成是書，以繼往聖開來學為天地之肖子，乃先生之所以孝其親也，治故曰《先天易貫》孝子之書也。江陰門人鄧治謹跋。

◎摘錄卷五末：《先天易貫》何為而作哉？為心學失傳而作也。蓋天生人而興之以心，所以別於物而成其為人也。然有道心即有人心，是以帝王設傳

心殿，聖人立傳心法。雖有是心，又必學之而始成其為心也。學之則其心存，為傑士、為君子、為聖賢，必能建功以立業；不學則其心亡，為庸人、為小人、為禽獸，則必敗國而亡家。桀紂之人，至惡者也，非其人惡，乃其心惡也。其所以心惡者，不學故也。堯舜，至善者也，非其人善，乃其心善也。其所以心善者，能學故也。堯舜不學而心亡，則為桀紂；桀紂能學而心存，則為堯舜。蓋同者人也，不同者心也；同者心也，而不同者學不學也。自古及今，自天子以至於庶人，未有不以得心學而興、亡心學而亡者也。昌黎韓子云：「堯以是傳之舜，舜以是傳之禹，禹以是傳之湯，湯以是傳之文武周公，文武周公傳之孔子，孔子傳之孟軻，孟軻死，而道失其傳。」是道也，何道也？傳心之道也。夫傳心之道非啟于堯舜而啟于伏羲，古易尚可考也。心學失傳，雖失于孟子，又見于宋儒，性理非其證乎？是以家大人先生著《先天易貫》，以伏羲繼天立極起，以至有宋諸儒止。其間雖有古今出處之不同、隱見大小之各異，凡有得乎心學之傳者，或明載，或暗引，無不貫于其內，以見古今無二道、聖賢無兩心也。倘後有有志者出而曰：「古人也，我亦人也。吾何為不及古人哉？」然必求其所以及古人者，非心學不為功也。必求其心學，一以貫之，而無他岐之惑，直達古聖之域而無難者，舍先天易又奚屬哉？此《先天易貫》之所以作也，此由今復古之津梁也，此繼往開來之正路也，非僅以語言文字為務者也。奈何後人，內無口傳心受之功，外無身體力行之道，而直欲與古聖同列而並稱也，烏可得哉？！烏可得哉？！男玉麟百拜識。

◎四庫提要：是編前有康熙壬辰自序，又有雍正癸卯補序，蓋其書先成三卷，刊於江南，後又續增二卷，故兩序也。元龍自稱歷三十年乃成書。其首卷即數以言理，首河圖，次洛書，附以《妙合而凝之圖》。次卷即象以言理，首《畫卦圖》，次《太極圖》，次《儀象卦爻錯變圖》，附以《易貫圖》。三卷即氣以言理，首《變卦圖》，次《八卦圖》、《綜卦圖》，附以《致知格物圖》。四卷、五卷即六十四卦以言理，標舉伏羲《大象》、孔子《大象傳》，附以錯卦、互卦之解。蓋惟講陳、邵之學者也。其謂易不為卜筮而作，所言似高而實不然。夫聖人立教，隨時寓義，初不遺於一事一物。三代以上無鄙棄一切、空談理氣之學問也。故《詩》之教理性情、明勸戒，其道至大，而謂《詩》非樂則不可。《春秋》之教存天理、明王政，其道亦至大，而謂《春秋》非史則不可。聖人準天道以明人事，乃作易以牖民，理無跡，寓以象，象無定，準以數，數至博而不可紀，求其端於卜筮，而吉凶悔吝進退存亡於是見之，用以垂訓示

戒。曰蓍曰龜，經有明文；曰揲曰扐，傳亦有成法。豈取盡性至命之書而褻而玩之哉！俗儒但見拋玦擲錢之為卜筮，又見夫方技之流置義理而談趨避，遂以為侮我聖經，乃務恢其說，欲離卜筮而談易。然則四聖人中周公居一，公作《周官》，以三易掌之太卜，無乃先不知易乎？是猶觀優伶歌曲，而謂聖人必不作樂；觀小說傳奇，而謂聖人必不作史也。

◎乾隆《饒陽縣志》卷下：篤志經學積二十餘年，成《先天易貫》一書。

◎劉元龍（1668～1736），字凝焉，門人私諡純靜先生。河北饒陽南關人。鍵戶凡二十年，雍正元年（1728）詔舉孝廉方正不就。曾南遊江淮，講學三吳，震澤、毘陵，問學者比肩下，朔望率弟子講易不輟。

劉元燮 周易解誼 佚

◎光緒《湘潭縣志》卷十《藝文》：《周易解誼》（劉元燮撰。元燮有傳）。

◎劉元燮（1701～1768），字孟調，一字理齋。湖南湘潭人。雍正八年（1730）進士，選庶吉士，授編修，改山西道御史，典試浙江、四川。出為蒼梧道，旋謫南丹州吏目。復以事被劾，謫戍黔州安置。乾隆二十七年（1762）任嶽麓書院山長。博學多才，癖於吟詠。又著有《耨學齋稿》、《梅槎吟》、《寒香草堂集》四卷。

劉源淥 周易解評 佚

◎孫葆田《山東通志》卷百二十七《藝文志》第十：是書見《府志》。

◎道光《安邱新志・藝文考》題《周易解》。

◎劉源淥，字崑石，學者稱直齋先生。山東安邱人。明諸生。

劉沅 周易恒解 五卷 首一卷 存

山東、天津藏嘉慶二十五年（1820）豫誠堂刻本

咸豐至民國刻槐軒全書本

上海藏同治三年（1864）竹陰齋重刻本

北大藏光緒三十一年（1905）北京道德學社刻本

上海藏 1922 年致福樓重刻本（題晚年定本易經恆解）

南京藏北京道德學社 1922 年鉛印本

南京藏西充鮮于氏特園 1930 年刻本

◎各卷卷首題：雙江劉沅註釋。

◎卷首一卷為《周易恒解圖說》〔註49〕、八卦取象歌、上下經卦名次序歌、分宮卦象次序（國史館本傳本書題六卷，當是數卷首計之）。

◎義例：

一、《周禮》太卜掌三易之灋，一曰《連山》，二曰《歸藏》，三曰《周易》。其經卦皆八，其別皆六十有四。則六十四卦皆伏羲所定無疑，孔子繫辭明言「因而重之，爻在其中矣」，而後世誤解「始作八卦」句，遂紛紛異論。鄭康成等以為神農重卦，孫盛以為夏禹重卦，史遷等以為文王重卦，其言夏禹、文王者，案《繫辭》神農之時已有，蓋取諸益與噬嗑，以此論之，不攻自破。其言神農重卦，亦無確據。王輔嗣以為伏羲重卦，自程朱皆從之，近世猶有為異說者，不必置議可也。

一、三易《連山》首艮、《歸藏》首坤。艮，止也。天地之化不止則不能蓄生機，人心之神不止則不能養元德。文王繫詞「艮其背，不獲其身；行其庭，不見其人」，而夫子傳之曰：「時止則止，時行則行。動靜不失其時，其道光明」，正謂此也。首坤者，萬物皆致養於坤土，天地之元亦惟中黃胎育，是一二者皆示人天人合一之義，未為不可也。然特以其致功之要言之，實則天地未嘗有為，而以人合天，靜存動察，內外本末之功亦非二卦所可盡也。故文王首乾坤而夫子從之。《連山》《歸藏》，其名亦只就艮、坤取義。周則國名，以別於二易也。康成既鑿解不通，而《世譜》等書又以神農一曰連山氏、黃帝一曰歸藏氏，尤屬傅會不可信。

一、卦詞文王所作，爻詞周公所作，馬融、陸績等竝同此說，宋儒因之。其或只言三聖，以子統於父也。按之經文脗合，無庸異議。

一、古《周易》經傳各分，自費氏始以《彖》《象》《文言》雜入卦中。王弼以象本釋經，宜相附近，分爻之象辭各附當爻。宋儒攻之者甚眾，而最著莫如朱子、呂伯恭。然聖人訓教，後世惟恐其不明，左氏分傳附經，取其易曉，輔嗣亦然，無大害義，當從之以便學者，不必執古可也。

一、《詩》道性情，《書》紀政事，《禮》經人倫，《樂》和天地，《春秋》存善惡是非之公以經理王道，而要皆不出易之範圍，故易者聖德王功之全、天人萬物之理，約其歸則時中二字而已。象數理氣，不可偏廢，要在學者神

〔註49〕圖目：易有太極圖、兩儀圖、兩儀生四象圖、四象生八卦圖、八卦生六十四卦圖、伏羲八卦圖、文王八卦圖、伏羲大圓圓方圖、河圖、洛書、六十四卦反對變不變圖。

而明之、變而通之，不失聖人之意乃可也。

一、卜筮為易之大端，然聖人本意欲人知吉凶生於善惡，而天人本無二理，吉凶悔吝生乎動，由一念之發以及於百為，所謂動也。爻象之動又其理氣之感，有相因而致者，君子觀象玩占，要在慎動脩身。平昔講明義理，臨事而有不決，則卜筮以叩於神明。神明者天地之迹，秉理以司功化者也。有其事之顯然判是非者，有其事之似是而非者，亦有其事皆是而為之先後宜別者，此際慎擇而行，即精義之學在是。術數家不知此理，概以利害決去就，則理當為而無利者亦不肯為，五倫之道裂矣。歷代言易者大半皆偏於術數，王輔嗣始專以理言，厥功甚偉。程朱皆衍其說，不可非之。第見其多滯，不能即聖人之言究其精微，而旁牽別緒，故不足為典要耳。愚於諸家皆折衷以聖人，去取無成心，學者詳味聖人，博考諸說，然後知愚言之不謬耳。

一、程朱《易傳》《本義》，學者所遵，謂其優於前賢也。然其瑕疵亦復不少，不可概為附會。今亦折衷取之，學者若無窮理盡性之功而但求諸文字，其不穿鑿矯勉而失真者幾希。

一、《易》之為書廣大悉備，四聖人發揮盡致，只須詳味聖言，得其同中之異、異中之同，返諸吾身，合於天地，則一名一象一動一靜以暨於經世理物、微顯闡幽，無不有恰好道理。象不可廢亦不可泥，數不可無亦不可拘，理散於萬象，象統於一理。朱子曰：「聖人作易，本是使人卜筮以決所行之可否，而因以教人為善，似說倒了。聖人自是以善教人，因愚民百姓不能盡明善以誠身，特假象數以昭理，則惟其理介兩可而不能決者，則卜筮決之，非謂平日不講究窮理功夫，專恃卜筮以定指歸也。故曰卜以決疑，不疑何卜？」又曰：「易為君子謀，不為小人謀。歷代習術數者多神異，然其歸不本於忠孝節義，反懼殃咎，皆舍理求象之過，此最不可不察也。」

一、蓍龜定天下之吉凶，成天下之亹亹，為其質諸鬼神，本天理以正人心也。後世龜卜之法不傳，惟筮猶是古法，然占者又往往不本經義，以曲說便其私傳，去聖愈遠。朱子《啟蒙》及應代儒者推究著數，沾沾於奇耦變化，以此窮陰陽之數而明占卜之神，雖亦不為無理，然於聖人教人之意，已為逐末。故今不復列筮儀於卷端，以知之者多，且非學易所重也。孔子曰：「引而伸之，觸類而長之，天下之能事畢」，言乎引伸觸類不可拘於所言也。又曰：「顯道神德行，是故可與酬酢，可與佑神」，言乎道德內具於身，而以此顯之神之，故可與酬酢以盡人倫，可與佑神以合天命也，而豈區區以蓍龜

定天下哉。

一、卦變之法，本之焦延壽，以一卦變為六十四卦，六十四卦通變四千九十六卦，而卦變之次本之文王序卦，且如以乾為本卦，其變首坤，次屯蒙，以至未濟；又如以末一卦未濟為本卦，其變亦首乾，次坤屯，以至既濟，每一卦變六十三卦，通成六十四卦。朱子以爻變多寡順而列之以定一卦所變之序，又以乾卦所變之次，引而伸之為六十四卦所變相承之序，較焦氏尤密。然六十四卦縱橫順逆皆可成卦，占變之法以動為占，以理為斷，必一一而比合之，反不足以盡神明變化之用。存其說而不必鑿其義可也。

一、卦序文王所定，序之之意，孔子《序卦傳》已詳。然易道統於乾坤，而乾坤之功用在坎離。坎離不交則乾坤亦為死物，故上經首乾坤而終坎離，以明天地之體用也；下經首咸恆而終既未濟，以明人道之陰陽也。天地以坎離為功用，而太極之理氣自全；人道以坎離為生化，而陰陽之真不固。女之終、男之窮，夫子已慨乎其言之矣。學易者法天地之渾然者以致其中，法天地之流行者以致其和，則六十四卦統於太極，而成位乎其中矣。然此豈文字所可傳耶！

一、孔子十翼發明易道已盡，歷代儒者或不盡通其意而多別為他說，豈知能將孔子本文意義一一得其指歸，則已無餘蘊，何俟別生枝節？故愚各就本文語義詳解，俾讀者瞭然，則諸說之非不攻自破，其必為之串解附解者，以語意必相承而後明，餘義必詳辨而始盡，非好煩也。

一、算法音律等數皆起於圖書，然聖人作易本旨不在於此，故今略之，以免學者逐其流而失其源。

一、朱子曰：「《易》不比《詩》《書》，他是說盡天下後世無窮盡底事理，只一兩個字便是一個道理。人須是經歷天下許多事變，讀易方知各有一理。」此言極妙。後世星卜占歷執一說以為易，而不究極人倫典則，其於術愈工，其於道愈遠。朱子所謂「靠定象去看便滋味長」者，此也。但象不可執，須見得道理活潑潑的無處非是始佳。

一、六經經孔子刪定，便將天地萬物之理、前聖許多經綸制作都該括盡，何況易為夫子韋編三絕之學，萬理之原，誠窮極精微，直是一字增損不得。後世如揚子雲作《太玄》以準易、關子明擬《元洞極經》、司馬溫公之《潛虛》、蔡九峰之《星極八十一名數》，其精心結撰，非不各有義理，然皆域於象數，且不能出易之範圍。子曰「述而不作」，誠以有無待於作者也，則諸賢之書不

為贅乎？故茲編悉不具論。

一、先天後天小圓圖及大方圓圖相傳出於陳希夷，而邵子演之，其義廣大精微，自非聖人不能作，特希夷始表章之耳。邵子《皇極經世》以日月、星辰、水火、土石、暑寒、晝夜、飛走、草木分隸於八卦，推生生化化之數，較諸儒為精。然實已該於八卦之中，而特衍為推測耳。其以日為元、月為會、星為運、辰為世，元會運世，始終往來，以測治亂興廢，謂皆不能逃乎數，而極之近事小物，其成敗吉凶亦然。尤而效之，則聖賢所云一念聖狂、義利舜跖、克復脩身、承天立命之學，全用不著，故亦無足取也。

一、註經之法，取其簡要。郭象註《莊》，前人以為至妙。然此特為智者言耳，愚意欲令下愚皆曉，故不以簡直元妙之語求悅高明，而避詞費以滋眾疑焉。

一、自漢魏以下說易者何止千餘家，今《四庫全書》所收已五百餘種，其於易不無發明，然醇疵詳略亦錯出矣。今擇其有當者入註，或義有可採而語不無疵，或一二言足錄而全篇不稱，故無專引之條，因不便直據為某某之說，蓋薈萃而採擇之，不能如前人諸集引某某曰之文，非掠美也。

一、聖人已往，其言具存。即其心存，必將其立言之意理及詞氣之輕重抑揚得之，則如親晤聖人矣。故經文虛字神理毫不可忽，前人或以己意武斷經文，而不顧前後語脈之通塞。如在天為元亨利貞，在人為仁義禮智，及用九用六、得朋喪朋等語，相沿習之，並不知文王、孔子之意何所指矣。愚於此等處，必再三申辨，務使聖人之心曉然，不敢避違眾之嫌也。

一、古者筮之辭多用音和，以便人之玩誦。其體不始於文王，文王彖辭間有用韻者，然已無多。蓋意主於教人義理，不專向吉凶趨避避上立論矣。周公爻辭用韻處較文王為多，至孔子象辭則通用韻，然所用之韻乃古韻，非今世所尚沈休文韻也。顧炎武言之甚詳，其說以唐韻為正，義頗優於前賢。然聖人本意，恐人以為純言義理，不喜誦習，故多用韻以誘之，蓋亦不得已之苦心。而今世古音已晦，學者勉強求叶，必至遷就義理以就音韻，其失轉甚，故茲集於韻略之。雙流劉沅識。

◎周易恒解序：一理也而天地人物莫不由之，故曰道。其散為萬殊者，其歸於一本者也。人為萬物之靈，其氣得陰陽之正，而其性即天地之理，窮理盡性以至於命，則人一天地而凡萬事萬物悉有以得其中和，顧其功非易致，徑尤多岐，不有以標其極，則天人合一之旨不明，而民生日用之倫不著也。

庖犧以前非無神聖，然狉獉初啟，禮制未詳，氣運所區，勢難驟備。天洩圖書以開聖人之智，聖法天地而立卦爻之文。於是萬象咸包、萬理咸具，而天下後世性命倫常之事、幽明始終之情，莫不畢範於斯矣。六十四卦特陰陽動靜之所推，然其窮幽達顯、占變知來，大之極乎天地之高明，小之盡乎物情之纖細，以一爻通於千萬爻，以一卦通於無窮卦，分之則事事各有其宜，合之則萬變歸於一是。辨其異，求其同，同中之異，異中之同，四聖人各有其意，四聖人實無二意，拘而求之、鑿而益之，皆非能讀易者也。夫禮樂教化，唐虞三代之法已詳，而伏羲以前尚無規範，易之設卦觀象，固為彼世發其蒙也。《詩》《書》名象，悉由繼起；窮神知化，必有心源。易故為文字之祖、王功聖德之全。而歷代諸儒或僅貌玄虛，或徒求術數，即言理之家，亦每舍經而從傳、顧此而失彼。聖人之教不其隱乎？愚讛陋無文，非敢以註易自明也，顧嘗深求其旨，極之於天地、準之於人倫，以孔子為宗，而折衷前人之緒論，不敢雷同，不敢好異，要以平心酌理，無失乎天地之常經、聖人之軌則。雖詞多訓詁，不免為有識所軒渠，然鄙意竊欲人人皆曉而不使視為畏途也，故顏曰《恆解》，以俟將來云。嘉慶庚辰年九月初一日，雙流劉沅敘。

　　◎摘錄《周易恒解圖說》末：孔子曰：「易有太極，是生兩儀，兩儀生四象，四象生八卦，八卦定吉凶，吉凶生大業」，又曰：「八卦成列，象在其中矣。因而重之，爻在其中矣」，又曰：「庖羲氏始作八卦」，而下文歷舉蓋取諸云云，所以明太極之理流行散布有自然之理象，而聖人因則圖書以為卦，因八卦而重為六十四卦，皆伏羲所作。其止言作八卦而不言作六十四卦者，以六十四卦不外於八卦，故上言作八卦，而下文歷舉十三卦，錯文以見意也。前人拘泥不通，乃謂伏羲第作八卦，文王始重為六十四卦，而於是異說紛起，為古河洛圖者有之、為古伏羲圖者有之。衍之為象數，推之為占歷，其說愈多，其義愈末，使後之學者視易學為畏途而不得其向方，深堪悼矣。夫聖人作易固將使天下之人同歸於大道，大道之實不離日用倫常，日用倫常根極於性命而原於天地，天地之理數著於萬事萬物，物物各有一理，萬理歸於一理。《易》之為書，言此而已。乾坤生六子，八卦生六十四卦，皆自然而然，不假絲毫造作，何有於銖銖而積之、寸寸而析之也哉？即銖積寸析，亦非無與於道，而所以然者不在焉，故弗貴耳。吾蜀矣鮮於易甚勤，惜其學未至，所列諸圖多不免純駁之互見，惟反對變不變圖簡易明白，實勝前人，今特錄之。而凡昔人所謂互卦、變卦等說，皆可類推，學者不必沾沾求合於傳註，惟期不

謬於聖人則得矣。雙江劉沅撰。

◎鐘瑞廷《槐軒書屋呈劉止唐詩》：儒宗繼起邁前賢，手訂成書百萬篇。住世神仙將九十，及門弟子已三千。恒言直令朱程服（師著有《五經恒解》），道脈真從孔孟傳。更喜盈階森桂樹，一枝親見榜高懸（師長君梓橋壬子舉人）……請業曾依絳帳前，不才真個受恩偏。後堂雅樂攜同聽，大學遺書許代傳（師著《大學古本質言》余刊印進行）。一字親承知太極，半身虛過悔當年。也期入室方無愧，美富窺來苦未全。

◎周按：劉氏《又問》：「恒，常也，久也，天地之常經，古今之通義，人道之當然，人人可以知，可以能，亙古而不朽者也。」可知其命書之意。

◎劉沅（1768～1855），字止唐，一字訥如，號清陽（居士）。四川省雙流縣人。道光五年（1825）授文職正二品資政大夫，六年選授湖北天門縣知縣，不願外任，改國子監典簿，尋乞假歸，遂隱居教授，人稱川西夫子。又著有《槐軒約言》、《拾餘四種》二卷、《尋常語》、《正譌》、《子問》、《又問》、《下學梯航》、《自敍示子》、《性命微言》、《蒙訓》、《明良志略》、《俗言》、《壎篪集》、《史存》十六卷、《醫理大概約說》、《法言會纂》、《法言外集》、《參同秘解》、《悟真玄要》、《赤鳳髓丹旨》、《槐軒文集》四卷、《槐軒詩集》二卷、《槐軒雜著》、《約言》一卷。

劉遠綸 周易本義求是錄 四卷 存

湖南社科院、湖北藏同治十一年（1872）刻本

◎劉遠綸，生平不詳。

劉雲開 河洛圖說 二卷 佚

◎民國《宿松縣志》卷三十三上《藝文志》三：《河洛圖說》二卷，劉雲開著（石編《書目》）。開多材藝，經部譔述已著於錄。兼愛博嗜奇，遊心方伎術略，並偶及道書。是編與婺源江永《河洛精蘊》、歙縣周元誠《河圖洛書》兩論方軌並駕，皆根極理要之言，而象數位乎其中焉。圖尤鮮明，以入於儒家類數，故其所也。即援據邵康節置諸術數家流，亦若咸宜，斯兼之者歟！

◎民國《宿松縣志》卷四十《文苑》：著有《爾雅注釋》《河洛圖說》《鎮山雜記》共若干卷。

◎劉雲開，字琢玉。安徽宿松人。嚴毅多才略，刻苦礪學，不慕時榮。晚遊心諸家。網羅散失，攟摭成集。著有《爾雅注釋》《河洛圖說》《鎮山雜記》。

劉之藩 河圖難對 十卷 佚

◎同治《永新縣志》卷十七《人物志》：晚著《河圖難對》十卷。

◎同治《永新縣志》卷二十一《藝文志》：《河圖難對》，劉之藩撰。

◎劉之藩，字西翰，號牧者。江西永新人。康熙癸巳禮經魁。六上春官不第。又著有《西林吟》《瀟湘吟》《讀史吟》《閒居吟》等。

劉之基 易經解 佚

◎同治《長沙縣志》卷三十五《藝文》：《易經解》（劉之基著。之基又著有《四書解》。有傳）。

◎同治《長沙縣志》卷十九《人物》：著有《四書解》《易經解》、制藝千篇、詩詞雜著數萬言。

◎劉之基，字子肇。湖南長沙人。貢生。著有《易經解》《四書解》。

劉之蘭 易經講義 佚

◎同治《永新縣志》卷二十一《藝文志》：《周易講義》，劉之蘭撰（見《吉安盧志》）。

◎光緒《江西通志》卷九十九《藝文略》一《國朝》：《易經講義》，劉之蘭撰（《吉安府志》）。

◎劉之蘭，江西永新人。劉之藩兄。恩貢。又著有《四書家課》。

劉中理 易纂一說曉 九卷 末一卷 存

南京、四川、山東、中科院藏咸豐三年（1853）四川蒼溪竹橋齋刻本

◎咸豐《黔江縣志》卷三《藝文》：潛心易理，著有《易經一說曉》未刻，其《青賽經注》已刻行世。

◎劉中理，四川保寧府閬中人。乙酉科拔貢。乾隆五十四年教諭。品端學正。

劉仲舒 周易集說 佚

◎《中州藝文錄》二七著錄。

◎劉仲舒，字漢一，號正山。河南伊陽（今汝陽）縣人。嘉慶十二年舉人，歷官考城訓導、上蔡教諭。性耽經史，尤通周易。為文有法度，一時碑版多出其手。主紫羅書院，多所成就。又著有《羣雅堂文集》。

劉祖啟 易經存俟 佚

◎民國《東莞縣志》卷八十三《藝文畧》一：《易經存俟》（國朝劉祖啟撰。周《志》）。

◎劉祖啟，廣東東莞人。著有《易經存俟》。

柳東居士 義經考異 一卷 存

上海藏鈔本

◎周按：江蘇太倉王宸（1720～1797），字子（紫）凝，一字子冰，號蓬心（薪），又號蓬樵，晚署老蓬仙、蓬樵老、瀟湘翁、柳東居士、蓮柳居士，自稱蒙叟、玉虎山樵、退官衲子。王原祁曾孫，善畫，與王玖、王愫、王昱合稱小四王，著有《繪林伐材》、《蓬心詩鈔》。不知即此人否。

柳蓬良 易考 無卷數 佚

◎《書目答問補正》著錄。

柳舒 讀易心解 六卷 佚

◎同治《長沙縣志》卷三十五《藝文》：《讀易心解》六卷（柳舒著）。

◎柳舒，湖南長沙人。著有《讀易心解》六卷。

柳興恩 易卦值日用事 八卷 佚

◎民國《續丹徒縣志》卷十八《藝文》：柳興恩《周易卦氣補》四卷、《易卦值日用事》八卷、《詩譜考佚》一卷、《賈孔疏義異同評》二卷（並《縣志摭餘》）。

◎民國《續丹徒縣志》卷十三《人物五》：又著《虞氏逸象考證》二卷、《周易卦氣補》四卷、《易卦值日用事》八卷、《尚書篇目考》二卷、《詩譜考佚》一卷、《續詩地理考》二卷、《爾雅釋功宮考》二卷、《羣經異義》四卷、《賈孔疏義異同評》二卷、《說文校勘記》十四卷、《史記校勘記》三十卷、《兩漢書校勘記》六十卷、《南齊書校勘記》十五卷、《劉向年譜》二卷、《達心齋詩文集》、《壹宿齋詩文集》、《率土徵獻錄》、《待旌錄》諸書，經亂多散失。

◎戴望《謫麐堂遺集》文卷一《與曾相國論薦柳興宗書》：遭亂之後，神明不衰，唯所為書以兵燹佚亡其半。

◎柳興恩，字賓叔。道光十年舉人。蕭山湯文端得其文，歎為樸學士。與當時耆碩如旌德姚配中、涇縣包慎言、江都凌曙皆交好，蓋亦海內經師之望也。選句容學教諭，未赴任。

柳興恩 周易卦氣補 四卷 佚

◎民國《續丹徒縣志》卷十八《藝文》著錄。

龍紹儉 周易圖說 二卷 佚

◎道光《龍氏家乘迪光錄》卷二《邅園居士傳》：有《周易圖說》二卷、《全黔人鑒》一卷、《廣義》四卷、《詩古文》八卷、《聲律易簡》二卷、《黎平府志》十五卷，無力付剞劂，藏諸篋笥。

◎龍紹儉（1707～1780），字禹夫，號邅園居士。貴州錦屏亮司人。苗族。龍沛子。雍正七年（1729）襲亮寨司長首職，諳軍事。乾隆三十三年（1768）病休卸職。三十六年（1771）因揭發黎平知府王勛索賄下獄。三十七年（1772）遷安徽安慶。又著有《全黔人鑒》一卷、《廣義》四卷、《聲律易簡》二卷、《黎平府志》十五卷、詩文八卷。

龍師昌 讀易詳義 二卷 存

廈門藏 1933 年湘鄉沄市大同書局印本

◎龍師昌，字滌谷。湖南湘鄉人。

龍萬育 周易詁要 不分卷 存

山東、四川藏道光四年（1824）成都龍萬育敷文閣刻本

湖北藏道光二年（1822）敷文閣刻尚友堂印本

山東藏民國初孟鄰年鈔本（存繫辭、說卦、序卦、雜卦傳）

◎馬國翰《玉函山房藏書簿錄》：《周易詁要》三卷（敷文閣龍氏塾本），國朝安徽儲糧道成都龍萬育燮堂撰。採先儒說，句疏字詁體例皆宗《本義》。

◎龍萬育，字燮堂。四川成都人。又著有《詩經詁要》六卷、《尚書詁要》四卷。

龍釗 易經揣摩 三卷 佚

◎民國《順德縣志》卷十四《藝文略》：《易經揣摩》三卷（國朝龍釗撰。

《採訪冊》)。

◎龍釗，字劍生。廣東順德大良人。諸生。著有《易經揣摩》三卷。

樓卜瀍 易例 四十卷 佚

◎光緒《諸暨縣志》卷四十六《經籍志》:《易例》四十卷，樓卜瀍撰。卜瀍字西濱。乾隆庚辰舉人。事蹟詳列傳。書未見。

◎樓卜瀍（1714～1784），字西濱，號虛白。浙江諸暨人。乾隆二十五年舉人，二十六年掌教毓秀書院。乾隆三十一年就吏部試，以揀選知縣需次，四十六年赴禮部試，欽賜國子監典簿。又著有《書傳口旨》四卷、《毛詩訂疑》二十卷、《禮圖約編》八卷、《春秋三傳錄要》十二卷、《經義緯》十卷、《史貫》一百二十卷、《孔子年譜》十卷、《諸暨縣志》四十四卷、《虛白文稿》一卷、《楊鐵崖古樂府注》十卷、《詠詩史注》八卷、《逸詩注》八卷、《鳳山草》。

樓春 周易拾義 不分卷 存

浙江藏清鈔本

◎樓春，生平不詳。

樓上層 周易拾遺 佚

◎道光《東陽縣志》卷二十五《廣文志》三:《周易拾遺》（樓上層著）。

◎樓上層，浙江東陽人。著有《周易拾遺》。

盧芳林 易學入門 七卷 首一卷 存

上海藏光緒二十四年（1898）澄邁縣署刻本

臺中文聽閣圖書有限公司 2011 年晚清四部叢刊第一編影印光緒二十四年（1898）澄邁縣署刻本

◎盧芳林，雲南會澤人。由舉人捐同知銜。光緒二十四年任澄邁知縣。

盧宏勳 易義參史 五卷 佚

◎光緒《江西通志》卷九十九《藝文略》一《國朝》:《易義參史》五卷，盧宏勳撰（《武寧縣志》)。

◎盧宏勳，江西武寧人。著有《易義參史》五卷。

盧見曾 讀易便解 二卷 存

山東藏稿本

南京藏鈔本（不分卷）

續四庫影印山東藏稿本

山東文獻集成第一輯影印山東藏稿本

◎盧見曾（1690～1768），字抱孫，號澹園，別號雅雨山人。世河北涞水人，明初遷山東德州。幼承家學，康熙五十年（1711）舉人、六十年（1721）進士。雍正三年（1725）出知四川洪雅縣，四年（1726）以憂歸。服闋，九年（1731）補安徽蒙城縣知縣，遷六安州知州。十二年（1734）調知亳州。十三年（1735）擢江南江寧府知府，未逾月調安徽潁州府。又官兩淮鹽運使。所至以興學造士為先，先後創雅江、敬勝、問津諸書院。家有雅雨堂藏書十萬餘卷，皆為籍沒家產時所毀。又著有《雅雨堂詩文集》、《出塞集》、《雅江新政》、《焦山詩》等。刻《雅雨堂叢書》十四種，又補刊朱彝尊《經義考》。又輯《山左詩抄》六十卷。

盧金鏡 周易外傳 四卷 存

中科院藏乾隆五十一年（1786）高雲堂刻本

四庫未收書輯刊影印乾隆五十一年（1786）高雲堂刻本

◎例言：

一、讀易有數端，曰理曰數曰象曰占，而其用總歸於趨吉避凶。徵吉凶者，事也。即以事解經，惟欲明顯易理會耳，安敢謂易在是乎？故稱《外傳》，蓋曰此特外見之一斑也。

一、易文奇奧，句讀疏解從無一定。《程傳》過於煩，《本義》過於簡，而諸家注疏多精確出《傳》《義》右者，御纂《周易折中》多采用之。又《折中》所案論，更多發前人說未發，信屬易學正宗，足以範圍天下而不過。凡書中不合《傳》《義》處，則皆恪遵《折中》者也。

一、引書率斷章取義，如克施有政即進之曰是亦為政之類是也。此書所引皆依經取事，惟欲傅會，不敢支吾，特患未能盡合耳。

一、引事釋經，意境囫圇，隱躍須理會而後得之，經旨尚未明暢也。因加按論以斷經旨，其中辭意不無援引湊合成一段說話者，非敢剽掠前人，特集腋成裘，未能一一標注姓氏，亦勢使然與！

一、事取正合，不敢牽強。間有以反對見義者，如匪其彭无咎，本言九四有逼五之象，因是處柔而非極其盛者，故无咎。乃引霍氏侈僭事為傳，則正是對照法也。

一、應諱字樣悉遵部頒代字填寫，雖襲引史集，不敢不敬謹云。

時皇清乾隆五十一年丙午歲夏六月既望日，武寧盧秋水謹識。

◎光緒《江西通志》卷九十九《藝文略》一《國朝》：《周易外傳》，盧金鏡撰（《武寧縣志》）。

◎周按：此書引史事以釋易證易。

◎盧金鏡，字秋水，號藥墅。江西武寧人。又著有《鑑略新語》。

盧鵬飛 易義詳解 佚

◎民國《重修莒志·藝文》及本傳著錄。

◎盧鵬飛，山東莒州人。嘉度乙亥歲貢。

盧樸 易象一得圖說 一卷 存

廣東省中山圖書館藏 1921 年盧溪盧氏景星堂刻本

◎盧樸，字作周。廣東新會人。又著有《元運發微》。

盧人鴻 太極圖正誤 一卷 佚

◎道光《東陽縣志》卷二十五《廣文志》三：《周易觀象》十卷、《太極圖正誤》一卷（盧人鴻著）。

◎盧人鴻，浙江東陽人。著有《周易觀象》十卷、《太極圖正誤》一卷。

盧人鴻 周易觀象 十卷 佚

◎道光《東陽縣志》卷二十五《廣文志》三：《周易觀象》十卷、《太極圖正誤》一卷（盧人鴻著）。

盧士夔 圖說 三卷 佚

◎道光《東陽縣志》卷二十五《廣文志》三：《易解》（盧士夔著），《圖說》三卷（並盧同著。見《奎華詩錄》）。

◎盧士夔，浙江東陽人。著有《易解》。

盧士夒　易解　佚

◎道光《東陽縣志》卷二十五《廣文志》三：《易解》（盧士夒著），《圖說》三卷（並盧同著。見《奎華詩錄》）。

盧維時　周易盧氏學　八卷　附困學始末記　一卷　存

山東大學藏天津文嵐簃 1939 年鉛印本

臺灣文聽閣圖書有限公司 2009 年林慶彰主編民國時期經學叢書本

◎是書於《彖／爻／繫傳》則漢宋兼收，折以己見；至《說卦》《雜卦》則多用己意，鮮採舊說。

◎盧維時，字蘊生。遼寧海城盧家屯人。肄業奉天法政學堂，曾任吉林濱江縣知事。

盧文弨　易經注疏校正　一卷　存

光緒十五年（1889）會稽徐氏鑄學齋刻紹興先正遺書本

民國影印乾隆嘉慶直隸書局刻抱經堂叢書‧群書拾補本

◎一名《周易注疏校正》。

◎盧文弨（1717～1795），字召（紹）弓，號磯漁，又號檠齋、抱經，晚更號弓父，人稱抱經先生。浙江仁和（今杭州）人，或謂原籍餘姚後遷仁和。盧存心子。乾隆十七年（1752）進士，授翰林院編修、上書房行走，歷官左春坊左中允、翰林院侍讀學士、廣東鄉試正考官、提督湖南學政等職。三十四年乞養歸里，歷主江浙各地書院二十餘年，與戴震、段玉裁交善。以校勘名世。輯印《抱經堂叢書》十七種、《群書拾補》。著有《抱經堂集》三十四卷、《禮儀注疏詳校》十七卷、《鐘山劄記》四卷、《龍城劄記》三卷、《廣雅釋天以下注》二卷。

盧文弨　周易略例校正　一卷　存

乾隆五十六年（1791）刻羣書拾補本

山東藏乾隆嘉慶刻抱經堂叢書本

光緒十五年（1889）會稽徐氏鑄學齋刻紹興先正遺書本

山東藏臺北成文出版社 1976 年無求備齋易經集成影印乾隆五十六年（1791）刻群書拾補本

◎翁方綱《復初齋文集》卷十四《祭盧學士文》：嗚呼，楊園學脈，暢於

餘山，近於先生，薈其大全。須友之堂，闡析儒言。先生博綜，諸家訂刪。蓋以校讐，貫洽傳箋。兼之訓詁，疏壅救偏。自官薇省，入直禁垣。持衡楚粵，篋笥簡編。晉陽、暨陽，講肄遞傳。毗陵、金陵，著錄日刊。大江南北，通儒後賢。胥來就正，鍾呂鏗宣。泮宮懷舊，垂六十年。白髮經師，靈光巋然。出處無憾，夙夜無愆。粹白真醇，以完其天。讀公書者，日積攷研。炯炯精神，公在卷端。湖山浩氣，長雲迴旋。鑒此一觴，永式幾筵。尚饗。

盧文弨 周易音義考證 二卷 存

乾隆嘉慶刻抱經堂叢書本

山東藏臺北成文出版社 1976 年無求備齋易經集成影印乾隆五十六年（1791）刻抱經堂叢書本

盧文弨 周易註疏輯正 二卷 未見

◎盧文弨《抱經堂文集》卷七《周易註疏輯正題辭》（辛丑）：余有志欲校經書之誤，蓋三十年於茲矣。乾隆己亥，友人示余日本國人山井鼎所為《七經孟子考文》遺書，歎彼海外小邦猶有能讀書者，頗得吾中國舊本及宋代梓本、前明公私所梓復三四本，合以參校，其議論亦有可採。然猶憾其於古本、宋本之訛誤者不能盡加別擇，因始發憤為之刪訂。先自《周易》始，亦既有成編矣。庚子之秋，在京師又見嘉善浦氏鏜所纂《十三經注疏正字》八十一卷，於同年大興翁祕校覃溪所假歸讀之，喜不自禁。誠不意垂老之年忽得見此大觀，更喜吾中國之有人，其見聞更廣，其智慮更周，自不患不遠出乎其上。雖然，彼亦何可廢也？！余欲兼取所長，略其所短，乃復取吾所校《周易》，重為整頓以成此書，名之曰《周易注疏輯正》。《正字》從郭京、范諤昌之說，亦有取焉。余謂其皆出於私智，穿鑿而無所用，故一切刊去。若漢以來諸儒傳授之本，字句各異，已見於《釋文》者今亦不錄，惟《釋文》本有與此書異者著焉。唐宋人語之近理者，雖於注疏未盡合，亦閒見一二焉。如欲考經文之異同，則自有前明何氏楷所著《古周易訂詁》在，學者自求之可耳。毛氏汲古閣所梓大抵多善本，而《周易》一書獨於《正義》破碎割裂條繫於有注之下，致有大謬戾者。蓋《正義》本自為一書，後人始附於經注之下，故毛氏標書名曰《周易兼義》，明乎向者之未嘗兼也。此亦當出自宋人，而未免失之鹵莽。《正字》亦未見宋時佳本，故語亦不能全是。此則今之官本為近古也。《周易》舊本獨不載《釋文》，於經注閒可無竄易遷就之弊。今就通志堂梓本併為校之，

輔嗣《略例》余案頭祇有官本，亦就校之。噫！余非敢自謂所見出《正字》《考文》上也，既覯兩家之美，合之而美始完。其有未及，更以愚管參之。夫校書以正誤也，而粗略者或反以不誤為誤。《考文》於古本、宋本之異同，不擇是非而盡載之，此在少知文義者或不肎如此。然今讀之，往往有義似難通，而前後參證不覺渙然者，則正以其不持擇之故，乃得留其本真於後世也。既再脫稿，遂書其端云。

盧文起　易經講義　五卷　佚

◎光緒《香山縣志》卷二十一《藝文》：《易經講義》五卷，國朝盧文起撰。

◎盧文起，字深潮。廣東香山上柵人。受知學使惠士奇。乾隆十三年進士，謁選得湖南臨湘令，調貴州仁懷縣，又改教授。又著有《四書纂要》十卷。

盧兆鰲　周易輯義初編　四卷　存

國圖、上海、天津、遼寧、中科院藏道光八年（1828）刻本

齊齊哈爾藏道光十四年（1834）正文堂刻本

四庫未收書輯刊影印道光八年（1828）刻本

◎周易輯義初編敘：《易》之為書也，其言曲而中，其事肆而隱，欲得訓詁精醇，允宜奉《程傳》及《本義》為正宗，而先儒緒論所傳，足與朱程相發明者，亦未始不為博學詳說所取資。惟是觀變于陰陽而立卦，發揮于剛柔而生爻，倘非引伸觸類，知全經中變動不居莫不各有脈絡條理相為貫通之故，即奚以匯羣議而折其衷？此固知言窮理之大端矣。若乃聲音之道，感人最深，故六經皆有韻之文，而三百篇外，《周易》尤最為活變最為精密，雖五方風土各殊，通轉又隨時代屢易，然天籟所發，達之古今，天下有同。然但使審聲知音，因集中已引其端，更細按言之長短、聲之高下，任長歌赴節、密詠恬唫，總各隨天籟，通之以讀三百篇之例，安見優而游之有以自求饜而飫之，有以自趣，不轉與意蘊相深于不盡矣乎。故諧其音節，備述舊聞，正宜一以貫之，第未許擇焉而未精、語焉而未詳者，詡為能事已畢，則補闕拾遺，期不失朱、程遺意，尚俟續編嗣出，將與粹于羲經者細加考訂云爾。晢道光七年歲次丁亥孟春月，湘南盧兆鰲桐坡氏書於瓊南萬安書院。

◎跋：易與天地準，天地設位而易行乎其中，聖人於是體天地之撰，通

神明之德，於是參天兩地而倚數，觀變於陰陽而立卦，發揮於剛柔而生爻，夫然後和順於道德而理於義，故義理原從象數中出，如或專主象數或專主義理，即未免失之偏。瓊郡四面環巨浸，真乃天池奧區，桐坡師以湘南名士來牧萬安，多歷年所，既政通人和，乃博采輿言，並取仲翔虞氏、瞿塘來氏註，曲暢旁通，廣其義例，而謙光所溢，更與友人丁鏡人、郭喜堂重加商訂，然後授梓。不弔敘，弔敘非古也；不弁例言，例即具見註中也。雖然，苟非其人，道不虛行，是故歲月奚以極悠閒，或斯文未喪之關夫天意，心胥因而盪雲海。又大觀無際之引以地靈于以快吐其小天下于登衡峯七二空芥蒂于吞雲夢八九之勝概奇情洶無足怪，惟是泊乎寡營、沖然恬適、肅然閎深之儀範，信非天機清妙、沈浸醲郁于潔淨精微之教最為深湛者不能，而廉能所至，有聲棠蔭無處不垂，令人不敢目儒術為迂疎，又其餘事矣。昌黎曰：「根之深者其實遂，膏之渥者其光華」，《戴記》曰：「觀其器而知其工之巧，觀其發而知其人之智」，蓋默而成之，不言而信，存乎德行。然則儻未能于牝牡驪黃外，賞識有真，又惡知夫讀《輯義》一編果宜作何如觀耶？道光八年仲秋月，受業唐煥章樸齋氏謹跋。

◎盧兆鼇，字桐坡。湖南安仁人。嘉慶六年（1801）進士。嘉慶十八年至二十五年（1813～1820）任平遠知縣，修《平遠縣志》。後升萬州、化州知州，署潮州府同知。

盧兆鼇　周易輯義三刻　四卷　未見

◎孔廣陶《三十有三萬卷堂書目畧》經部易類著錄道光刻本。

盧兆鼇　周易輯義續編　四卷　存

山東藏道光十二年（1832）芥子園三刻本（唐煥章校閱）

中科院藏道光十四年（1834）正文堂四刻本（唐煥章校閱）

四庫未收書輯刊影印道光十四年（1834）正文堂刻本

◎重刻周易輯義續編序：漢魏去古未遠，詮易家皆淵源有自。降及後代，人各異說，古意浸衰。將繼此以往，安所得居安樂玩確有涯涘可循乎？予自衡麓擁寒氊攻舉子業，早以學易為專經，凡遇先儒緒論深切著明，必隨時備錄；或愚迂之見，間獲一知半解，亦以次彙收；又或以己意融暢先儒之意，更引先儒借抒己意。義例雖似偶創，要匪直自為怡悅已也。邇來蹟滯粵東，聞丁鏡人、郭喜堂好學深思，于羲經為邃，欣然造訪，相見如舊識。由是析疑辨

難，往復商明。盖從來連城之至寶，猶樂就磨礲；合抱之名才，亦端資斧藻。語云：「良工不視人目樸」，《戴記》曰：「觀其器而知其工之巧，觀其發而知其人之智，君子慎其所以與人者」，是故致鉤深佳境，易寒暄而屢闢；類情通德，清機隨閱歷似俱新。而水不厭深山不厭高，非得知心好友，不吝不驕，相與講去其非而趨是，又安能疊劂棗梨，如剝蕉心如軸繭緒，俾燈青五夜、草綠三書之成勞始終賴以勿廢，雖謂常情，可與諧今，難為道古，則得失洵屬寸心之事，持贈果待誰何之心，然而翠柏蒼松，冠雲巒而杳渺；鶴汀鳧渚，環煙海以迷離，究惡知水長山高外，不將更有如鏡人、喜堂輩，淹愽好古，雅量謙沖，孚契乎心理之同然者，猶庶幾旦暮遇之也歟！旹道光甲午年孟夏月，湘南盧兆鰲桐坡氏題于穗垣公廨。

◎輯義續編原敘：易以道陰陽，而一陰一陽之謂道，陰陽不測之謂神，神也者，於穆不已、變化無為，蓋是萬為一、一實萬分，莫非羲、文、周、孔將萬斯年遞傳不易之心法實然矣。第由孔子而來至于今，一變而為害仁義之楊墨，再變而為尚虛玄之老、莊，又再變而為清靜寂滅之緇流，降及後代，左道旁門，禍機尤烈。然則道術之為天下裂也，裂於不知有維聖法天大亨以正之天命，遂無怪其然也。桐坡師之憂天下來世也，其至矣。念正道昌明，左道即不攻而自破，著《周易輯義續表章》一書，開天之大極，為全經綱領。既因體天地之撰、類萬物之情必于象數中尋取義理；又因通其變遂成天下之文，極其數遂定天下之象，即于義理中未肯放過象數。維象數彌昭，故義理彌粹，即一切膚末之臆說、似是而非之腐譚，與當名辨物、正言斷辭、為道屢遷、變動不居之所以然，無弗包掃殆盡，蓋致遠鉤深、悅心研慮，莫非以經解經，已為數千百年來說易家別開生面矣。寒暄久閱，更定為多，以次收存，續付諸梓，其續而又更屢更屢續，總懸以有待。章奉命重加校閱，乃穆然深思、罣然高望而遠志焉。砌草自青青也，胡然觀生意焉；川流誠灝灝也，胡然得會心焉。何處臺無月，誰家樹不春？自今以始，吾黨咸知夫卦之數六十有四、爻之數三百八十有四，言天下之至動而不可亂也，言天下之至賾而不可惡也。踏破鐵鞋無覓處，得來全不費工夫，即謂億萬斯年文運天開，重開于陰陽合德。一畫開天之真面目，于今為烈，炳若日星，無乎不可矣。然則天地設位，易即行乎其中，藉曰生物不測，非統諸？為物不貳，各正保合，非統諸？立天之道曰陰與陽，天之未喪斯文也，請速還以質諸知變化之道，其知神之所為者，將以為然乎？抑以為不然乎？瓊南受業唐煥章樸齋氏謹識。

盧浙 邵子易卦次序橫圖辨 一卷 存

國圖藏道光刻周易說約附本

◎盧浙（1760～1830），字讓瀾，號容荽（庵）。江西武寧長樂鄉人。乾隆五十三年（1788）鄉試中式，嘉慶元年（1796）舉孝廉方正不就。嘉慶四年（1799）進士，授戶部主事，又曾任河南督學。道光二年（1822）疏請湯斌從祀孔廟。道光四年（1824）遷內閣侍讀學士，歷通政司副使，晉太僕寺卿。曾為白鹿洞主，以明經衛道為己任。又官新疆多年，著有《西域記》八卷，「誠有功邊陲之書也」。又著有《春秋三傳評注》、《三芝山房讀史隨筆》二卷、《奏疏存稿》一卷、《三惜齋散體文》五卷、《三惜齋詩文》、《為學須知》一卷、《制藝》一卷。

盧浙 筮策訂誤 一卷 存

國圖藏道光刻周易說約附本

盧浙 周易經義審 七卷 首一卷 存

上海藏乾隆五十七年（1792）刻本

北大、首都圖書館藏乾隆六十年（1795）錫環堂刻本

國圖、北大、上海、南京、山東、湖北、中科院藏嘉慶十七年（1812）武寧盧氏三芝山房刻本

上海藏清歸邑葉氏刻本

四庫未收書輯刊影印嘉慶十七年（1812）武寧盧氏三芝山房刻本

◎目錄：卷首凡例、辨誤、繫辭傳四要語、讀易四要、伊川先生易序、伊川先生易傳序、先儒讀易綱領、圖六（並說）分宮卦象（並說）。卷一上經乾坤二卦。卷二自屯至否。卷三自同人至坎、離。卷四下經自咸至井。卷五自革至未濟。卷六繫辭上傳、繫辭下傳。卷七說卦傳、序卦傳、雜卦傳，附朱子筮儀。

◎凡例：

一、書名《周易經義審》，何也？蓋經之有傳，所以明經即所以亂經。《周易》之蘊廣大精深，本難窺測，自秦以還二千年間，言象數莫盛於漢，言義理莫盛於宋，晉唐元明，其著者亦先後不乏，而得失參焉。我朝御纂《折中》一書，以《本義》《程傳》為主，而博採眾說，辨其是非，詳著為案，頒行天下。服古窮經之士，固已曉然於易學指歸之所在矣。然其所取，於義理最詳，於

象數微眇，故今上御纂《述義》一書復採漢儒象數之說之合於經旨者，彙而錄之，於是《周易》之書義理象數粲然皆備而無不出於正矣。愚受讀二書，參觀互繹，乃敬取其說，合而輯之，並師其意，以斟酌二千年以來諸家之異同者，而一斷於經。其不合於經者，雖義理甚精、象數甚確，皆屏不錄，蓋取傳以明經，而即本經以求傳，故曰《周易經義審》。

一、伏羲作易，本天道以明人事；文周繫辭，託爻象以言義理，故象數與義理二者原不相離。漢儒如焦延壽世應、飛伏、積舍、納甲之說，其非經義，豈顧問哉。其他則天地水火陰陽剛柔之類固象也，而龍馬龜貝口耳股腹之類，如《說卦》所陳，亦象也。盈虛消長、七日八月之類固數也，而三年十年與乾一兌二天九地十之類亦數也。是故漢儒之說，其以反對、互體言象數、釋經義者，此皆於經有明文，於義無乖戾，說經者所當詳及，不可盡廢。如謙之五六爻言侵伐、言行師，以互師也；否泰剝復之言往來，以反對也；噬嗑之言耳、損益之言龜，以互坎離也；睽卦爻辭言牛馬、言輿戈、言天且劓，以至見豕負塗、載鬼一車、張弧脫弧，恢詭之至，苟不以互體求義，則聖人之言何以憑空結撰如此？是書之所取者，此類是也。皆御纂《述義》之意也。若夫天地水火、盈虛消長之類，則即專言義理者，固莫有外焉。

一、互體有二，有三畫之互，有五畫之互。如噬嗑、睽之互坎，需之互離，此三畫者也；謙之互師，損益之互離，此五畫者也，此外如震之互離為貝、大壯之疊兌為羊，其取象又有不同者，不可以一說泥也。書中於諸象亦有不詳及者，以詞義甚明，不必詳也。且詳者既多則不詳者固可推見矣。

一、夫子作《彖傳》所以釋彖辭，作《小象》所以釋爻辭，作《大象》則多於彖辭之外別立一義，而亦有與彖相發明者。在聖人自存謙退，不敢直附文周之辭，而彙列其後，固有然矣。而後之學者，尊崇聖傳，取其釋彖辭者附於彖後，取其釋爻辭者附於爻後，取其《大象》附列於爻象之間，使之經傳相合、珠聯璧暎，義理既可易詳，詖邪亦無所出，豈非時義之至當而學者之所大便哉。故自漢末諸家之學皆微，而費氏獨相傳不絕，未必不由諸此也。有宋晁氏矜言復古而不達時義之宜，乃盡取而離析之，彼以為聖人之本意原不敢附於文周之次，不知自後人尊之，固無不可也。且聖人之傳尚不敢附於經，則後人之說經者，又何敢舍聖人之傳而自附其傳於經也？亦可怪矣。尤可慮者，三聖人之經傳既離，則說者之支離易起。故此書遠追費氏，近法程子，復取而合之，而其中乾坤屯大畜四卦，彖辭象傳詳畧不同，則猶照《程傳》分

釋；此外六十卦，則彖辭之後皆不施注釋，即繫以彖傳，而統於彖傳之下，合而釋之；爻辭《小象》則惟乾卦分釋，餘皆不分，間有分者，一二而已。蓋所以尊聖傳也、掃羣紛也、便學者也，變古云乎哉。

一、《小象》舉爻辭，有但舉下文者，則上文或兼釋在內，或不兼釋在內；若舉上文者，則皆兼下文在內。《程傳》云爾，不可不知。

一、朱子有言：「看易須先見得象數的當下落方說理不走作，不然事無實證則虛理易差。」至哉言也，千古莫易矣。考其《本義》，其立言精覈處，誠有獨得者。但以《易》為卜筮之書，以元亨利貞為占辭，於每卦每爻之下必曰占者何如，又曰此某事之占，則非也。故凡所取《本義》之說，於此等處皆刪之，說見後《辨誤》中。

一、凡所載御纂《折中》、御纂《述義》之說，其出於先儒之舊者，但紀名氏，不復識別。唯其所自為說辨別是非及發先儒所未發者，則必敬謹標識，分別擡寫。

一、先儒之說，凡所專取者，則別其名氏；若參考眾說而為一說者，皆不復識別。至鄙意所商訂，若前載先儒之說，則後以按字別之，否亦不概。

一、額上小註多指點是非、分析條理之語，言簡而義甚明。又徐氏退山以評經為事，亦有功於經，何也？文意既明，則義理自得。爰取其切要者，並摘附焉。

一、卦爻者，象也；辭，從象出者也。然象之存乎卦爻者，或以時，或以德，或以位，或以承乘比應，其象不一矣。聖人繫辭，則有取有不取，蓋必有其關於義理之要、得失之數者，而後取之以明義而垂教也，故言卦爻之象必因辭考卦，如程子之論。其非聖人之辭所及者，雖其象未始非卦爻之象，而不可以釋聖人之辭；非其義未始非卦爻之義，而是非得失，非聖人豈足以定其歸？後知學者，亦惟守聖人之辭、考聖辭之象，以為觀象玩辭、觀變玩占之要可也。紛紛臆度之說，固無取焉。

一、龜卜之法，今已不傳。至於揲蓍，則《繫辭》中猶有可考者，而《周易》之書亦所不廢。其法則朱子所定筮儀而已。但以奇扐之數定奇耦，微有未合，謹重為參訂以附經後。

◎周易經義審序：漢儒傳易者有施、孟、梁邱京費諸家，而費直不為章句，以《彖》《象》《文言》解釋上下經，善乎費氏之言易也。《易》為聖人言性與天道之書，儒者玩吉凶悔吝無咎之詞，而天地之所在與人事性命之終始

皆可探索而得之，聖人所以讀易而無大過者，未嘗外於十翼也。武寧盧讓瀾
戶部，少為易學程氏傳，宗觀象玩辭之旨，推闡大義，得於遺經，又以太極先
天之說足以詿誤來者，遂詞而闢之，卓然蔚然，成一家言。因為《周易經義
審》凡七卷，能於淆亂繆輟之餘，見其指歸，實事求是，刪除雜說，獨標名
理，知其致力良已深矣。然余讀讓瀾之書，而竊有疑者，則以貶斥《本義》之
已過也。朱子以卜筮亦言易之一端，遂作《本義》《啟蒙》之書以專言卜筮，
而非謂易之理卜筮盡之也。且程子者正朱子之道之所從出也，於程子之所已
言，遂署而不詳。《本義》之作，以補程子所未備，使謂考亭之編定必變伊川
之傳習，其于古人或有未諒乎！且聞象數義理，自古所言偏舉一端，誠非善
易。然康節之象數，其師承恍惚，猶然無據之言也。惟京氏之積算乃歲策之
所自生、鄭君爻辰斯律呂之所由出，此周秦以來相傳之精理，皆起於六十四
變，而不同緯候占驗之凌雜。以讓瀾之沈思偉慮，悉綜貫而條理之，則能事
正未有已也。讓瀾之弟幼眉亦有志經術，持此書以來，問序於余。余善其得
讀經文十翼之法與漢之費氏略相附近，遂推廣而為之序焉。嘉慶十七年歲在
涒灘斗建午之月，宛平陳預撰。

◎周易經義審序：《易》為卜筮之書，而天德王道備焉，則非徒卜筮之用
而已。體之為德行，發之為事業，上可勉希夫聖賢，下亦不失為寡過，故觀象
翫辭之功為弗可以已也。武寧盧生洵與余有文字契，曾以其兄讓瀾《周易經
義審》七卷來索序。其書沿用註疏本而奉御纂《折中》《述義》為準的，且於
《程傳》《本義》及先儒之違反者多所是正，間亦出己見為按語。如據《春秋
傳》執事順成為臧逆為否解師否臧凶，《詩》不遑寧處解比不寧方來，《爾雅》
疏貜犍豬、《埤雅》以杙繫豕謂之牙解大畜豶豕之牙，《國語》陽癉憤盈土氣
震發解豫雷出地奮，《禮》崇坫康圭、《書》康濟小民解晉康侯疾猶慚德、解明
夷不可疾貞，《說文》株木根徐鍇省注在土上曰株解困臲困於株木，《詩》從
其羣醜離獲匪其醜解漸離羣醜，《禮》男子三十而娶女子二十而嫁解歸妹說以
動，旅九三喪其童僕證九二得童僕為句、四營成易證乾之策坤之策非過揲，
皆得以經解經之法。至如闢邵子諸圖之謬，以為剝復否泰損益姤復豈是先天
八卦相重乃有六十四，斷非三生四、四生五、五生六之說，尤為精當不移。蓋
讓瀾是書，不尚新奇，不膠成見，不因王弼之說而廢漢儒之言象，不因京房
之數而厭宋儒之言理，審其指歸，易不僅為卜筮之書，欲學者由觀象翫辭而
得義、文之所用，庶乎體之為德行、發之為事業，實有益于身心而不至為聖

賢之所棄也。讓瀾近登進士第，方從事於部務，以經術之明應廊廟之選，嚮之觀象翫辭、密探其義蘊者，茲將見諸施行，務有以驗夫天理流行與時措之之妙，斯為學易而善於用易者也夫！讓瀾名浙，偕其弟沈潛好學，素孚士論。故樂為之序云。嘉慶庚申孟冬，臨海通家教弟黃河清頓首拜譔。

◎周易經義審自序：於戲！易豈易言哉！易者上該天道下浹人事，羲皇衍策，倚圖數、假蓍卦以發其神明，而天地之撰、萬物之情由是而備。文周繫辭，本爻象、辨吉凶以著其義理，而治平之大、進修之全于此焉。考一奇一耦之往來即陰陽之消息，一剛一柔之進退即羣動之機宜，此古之聖人所以開天明道以垂教者也。然其為書也，非特羲皇之畫非聖人不能明，即文周之辭非聖人不能識，故自我夫子韋編三絕，著為十翼以大發其奧，而後世之學者乃得有所藉以紬繹其緒，而言易者輩興，自漢唐以至今日，蓋已累數百十家矣，然言者愈多而亂者即愈出。夫易之書，象數義理二者而已。象數者何？消長剝復，近取遠取，如經之七日八月之類，上《繫》第二篇及《說卦》篇所言皆是也。義理者何？則象數所從出，而進退存亡是非得失之所以為道者也。言象數而不要歸於義理，則流為方術而不可為聖人之經；言義理而不推考於象數，則昧所憑依而不免有懸揣之失。故自推步占候參同契之說出而象數亂矣，自老、莊空寂勉強附會之私出而義理亂矣。漢氏以還千餘年間，惟有宋程子，其學足以接乎聖人之傳，其所著《易傳》十卷，雖畧於象數而專詳義理未必無差，而要無大失。當其時，有邵氏康節以先天之學明天下，志廣才奇，探元造物，其學本以數為主，而能以數附經，又能援經入數，議論為淵博無涯涘。程子與之生同時、居同方，莫能相一。程子與康節相與二十年，天下事無不言，獨不言易數。康節每以數學傳程子，而程子終不應。嘻！其可知也已。乃朱子繼出，尊而信之，謂易本為卜筮而作，又謂康節先天之說得作易之原，伊川言理甚備，於象數猶有闕，於是作《本義》則兼程邵二說，作《啟蒙》則全用其說。一二精覈處亦誠有過於《程傳》者矣，而其釋卦爻辭必注曰此某事之占，又必曰占者何如，則是聖人明道設教之書竟成卜筮之滯本，而所謂象數者乃徒為推算之數、卜筮之象耳。此邵子之貽誤也。果爾則夫子所云居安樂玩、擬言動議者，其殆非與？又曰假我數年，五十以學易，將以卜筮而學之者與？雖聖人《繫辭》中亦有專言卜筮者，要是推原作易之始，以羲易言，非謂《周易》也。何也？倚數生蓍是羲易之所本，然亦不過曰倚焉云爾，顧以是為《周易》之本義，其可乎哉？伏讀我朝御纂《折中》《述義》二書，

其言以《程傳》《本義》為主，而博採漢唐宋明以來諸家之說，互有是非，《折中》折義理之中，《述義》又折象數之中，義理象數由是粹然一出於正，此誠聖人以是非公天下萬世之大道，不以一人一家之說隘聖人之經，而亦不以一人一家之學囿天下學者以耳目心思之用也。浙取二書參觀互繹，謹彙而合之以觀其會通，即間以己意附為參訂，其取舍進退則一斷以文、周、孔三聖人之辭。苟於三聖人之辭意一有不合者即不敢錄，故揭其名為《周易經義審》，而著為凡例並辨誤若干條列於編首，以俟後世之識者詳而教之。夫易不易言，而浙敢於言者，何也？古云：「鐫金石者難為功，摧枯朽者易為力」，其時然也。若夫觀象玩辭、觀變玩占之要，則夫子有言矣：「書不盡言言不盡意」，聖人立象以盡意、繫辭焉以盡言，於戲至矣。其後王輔嗣有云：「忘象者乃得意者也，忘言者乃得象者也。」以愚思之，竊不謂然。蓋必謂之忘，此王氏所以不免於老、莊之誚者也。愚以謂卦爻者象也，辭亦象也。得言而以存諸象，得象而以存諸意，得意而仍存諸言，則既不失所守於三聖人之辭，而亦可盡其變於羲皇之畫，此則愚讀易之大旨也。弁書以俟質焉。乾隆五十七年仲夏十日，武寧盧浙讓瀾甫書於饒州陳氏之敦樂堂。

◎光緒《江西通志》卷九十九《藝文略》一《國朝》：《周易精義審》八卷，盧浙撰（武寧縣志）。

盧浙 周易說約 一卷 存

國圖藏清刻本（有朱筆圈點）

山東藏嘉慶刻本

國圖藏道光刻本（附筮策訂誤邵子易卦橫圖辨）

◎尚鎔《太僕寺卿盧公家傳》〔註50〕：為學邃於易，少授徒饒州，著《周易經義審》……而君自少至老學無虛日，所著有《周易說約》《春秋三傳評注》《讀史隨筆》《三惜齋詩文》與《周易經義審》共數十卷行於世。

盧祖潢 讀易要義 佚

◎張文虎《舒藝室雜箸》乙編卷下《文學盧君墓志銘》：箸《讀易要義》《書／詩／春秋三傳要旨》《三禮彙說》《十三經臆說》《讀史信筆》《香草編》《蓀塘偶筆》、詩文集凡若干卷。

〔註50〕摘自繆荃孫《續碑傳集》卷十六。

　　◎盧祖潢（1750～1822），字申濤，號蒏塘，門人私謚文肅先生。世籍范陽，再遷至松江之張堰鎮。自未冠補博士弟子員，十應鄉舉不得志，乃絕意進取，閉戶著述，視榮祿利達蔑如也，竟卒以老。

魯曾煜　讀易輯參　六卷　佚

　　◎乾隆《紹興府志‧經籍志》著錄。

　　◎《兩浙輶軒錄》卷十四：朱文藻曰：魯曾煜所著《秋塍文鈔》十二卷、《三州詩鈔》四卷。謹按：欽定《四庫全書》錄入存目，其文一百二十一篇，中多考證之作，目列《易本末論》六十四篇、《易纂例》八十篇，又《廣東》《祥符》二志凡例，皆有錄無書。

　　◎魯曾煜（？～1753），字啟人，號秋塍（嚴）。浙江會稽（今紹興）人。康熙六十年（1721）進士。改庶吉士。壬申掌教鼇峯書院。邃於經術。又著有《三州詩鈔》四卷、《秋塍文鈔》十二卷。

魯晉　周易微言　四卷　佚

　　◎民國《懷寧縣志》卷十一《文藝》：魯晉《周易微言》四卷。

　　◎民國《懷寧縣志》卷十八《仕業》：著《周易微言》四卷、《養素齋古文》一卷、《詩鈔》二卷、《寅谷四書文》一卷。

　　◎魯晉，字距疆。安徽懷寧人。乾隆乙丑進士，署福建惠安知縣。奏補松溪知縣，以母老改鎮江府教授。

魯九皋　山木先生周易注　十二卷　存

　　國圖藏嘉慶十五年（1810）石竹山房刻本

　　◎一名《周易讀本》。

　　◎陳用光序〔註51〕：近人治《周易》者，因李鼎祚《集解》所列三十餘家，而推求其宗系，闡荀、虞之緒緼，釋爻變之指歸、升降消息推而至于歸魂、世變，其於漢儒之說可謂明且該矣。然欲藉之以求合於夫子學易寡過之旨，則茫乎莫得其歸宿。然則治易而欲有益於學者之身心，舍宋儒之道無由也。余嘗謂王輔嗣注易明于人事，首變漢儒之法，雖言理精密不及宋儒，蓋其學未有以副之。然循其說以立身行己，亦足以發明剛柔進退義利公私之辨

〔註51〕又見於《太乙舟文集》卷六。

矣。故程子言治易，使人先讀王氏注，誠有取爾也。夫王氏且不可廢，況程朱乎？國初治程朱之易者莫善於安溪李氏，余舅氏山木先生嘗亟稱之。戊申、己酉間，與諸生徒講貫四聖人立教之本，因為此注。其說本程朱及旁采安溪者為多。蓋非以著書也，欲使學者知觀象玩辭之要而已。然余每讀一過，輒于日用動靜之間有所警發焉。因取以課諸子，而謹序其緣起如此。余嘗見程魚門先生自序其易注，其說與山木先生合，顧但見其序而已，未見其書也。夫學者治易，誠欲以淑其身心，而非以為名，則由安溪以溯程朱，其於山木先生之言固必有合也夫！

◎續繕三分四庫全書關總校欽賜舉人候補光祿寺署正受業甥陳煦《皇清賜進士出身山西夏縣知縣魯山木先生行狀》：其海內賢士大夫，若北平朱石君先生、翁覃溪先生，仁和胡豫堂先生，青浦王述菴先生，桐城姚姬傳先生，嘉定王西莊先生，長洲彭尺木先生，濰縣韓理堂先生，皆雅知先生。先生亦於歲首一一致書存問，且以商論其學業焉……先生之著作，所刻以行世者，有《山木居士外集》四卷，宰夏縣時有《翠巖雜稿》三卷。其未梓者，尚有文千餘篇。其於諸經，《周易》《春秋》皆有編次論述，於選事有《唐宋八大家古文選》，皆存於家塾。

◎翁方綱《復初齋文集》卷十《易漢學宋學說答陳碩士》：碩士為《山木易注序》，以山木治易本於程朱，謂今人因資州《集解》以演測荀、虞，不如求諸程朱。此固然已。然此論不惟不足以屬演測漢學者之心也，抑且愈以張演測漢學之說。何以言之？凡今言易欲演測荀、虞者，豈其欲求適於聖人之道歟？特嗜博以炫於人而已。今謂其不及程朱之入理，彼將曰漢學自有深祕，奚理學之云哉。且荀、虞諸家徵實處亦實有宋儒所未及者。昔常熟毛氏錄諸經注疏，序之者乃謂儒林與道學分而傳注箋疏無復遺種，是誠欲判漢學、宋學為二途矣。彙梓經說者於《易》則資州李氏，於《春秋》則江陽杜氏，於《禮》則崑山衛氏。蓋古經說多賴以存者。杜之於《春秋》則偶系以己意，衛則於《禮》皆據前言也。李雖於《易》亦有附己意者，而每同一簡中二說岐出，特並存以供採擇焉爾。夫理至宋儒而益明，訓辭至宋儒而益密，然而古訓故有必不可改者，宋儒自恃理明而徑改之，是則授議者以攻辨之端矣。然荀、虞之於《易》又非毛、鄭之於《詩》可例觀也。古訓故則有必不可改者。若荀、虞非訓故比也，此當就王弼之舍象變與漢儒之執象變平心擇之。亦實有荀、虞摭据極當者，王注不及知，即程、朱亦未及詳也。若此類者吾嘗取其

一二條，竟當寶漢學如球圖矣。惟其然也，然後合諸宋儒之說理以問津於入聖之路，則質諸東山堂室，孰為得其要歟？此則不待煩言而千古之指歸定矣。是故欲伸朱子傳義者必先知古注之不可輕廢，又必詳攷某條實朱子未定之論，不泥不滯，而後其說長也。然而《程傳》之過泥大象與《朱傳》之過信先天方位，又焉得不謹記之？慎於尊程朱乃所以能尊程朱也。山木之於易猶是時文家言耳。昔嘗與其仲子言，而茲不具贅云。

◎陳用光《太乙舟文集》卷五《與伯芝書》（摘錄）：戊申、己酉之間，山木先生嘗與用光言註經之難，唐人義疏，辭繁而不了當，使讀者易生厭棄，若深於文事者，以高古簡質之筆為出之，斯不朽之盛業也。時讀易，因即為《易註》。山木素熟於御纂《周易折中》，因取純皇帝《周易述義》參用之。山木既謝世，吾昨為刊行此註，室如囊此注多采安溪，不若刻山木文集，更足以見山木之學。吾囊時亦喜室如議論之高矣。昨為兒輩講易，因取山木注重讀之，於吾言行意見大有警發。其取資於《折中》《述義》皆約其旨而融洽之。因憶山木囊時之言，蓋其時山木正與姬傳先生論說經文字意，固以此說經也，說經而有益於人身心，視徒以記誦該洽自詡相去遠矣。室如議論高而不得其實，囊時謂瑟荏先生刻試牘，而不刻江慎修《儀禮》，亦與此說同為賢者之過。

◎陳用光《太乙舟文集》卷六《魯習之文稿序》：習之為古文，承其家學。後乃益傅以翁覃溪、姚姬傳兩先生之講授。覃溪，君所從舉拔貢師也，初得拔貢時嘗居試院，日侍師為攷證學。兩遊京師，所業益進。其為文則守姚先生之矩矱而傑然欲自成其體，顧不及多作，今所刻者多少日，文後所附益僅數篇而已。君所為校正《禮記》《爾雅》《說文》諸書中多覃溪先生商榷語，然皆未成書。余初未之見也，余兄子蘭祥為裒集以歸其兩子。余索之於其子，乃錄副本而將俟他日別刻之。蓋君之博核精當，與賓之文筆之俊傑廉悍，皆非余所及。余後君死，而姚、魯二氏之家法，余皆未有以衍其緒也。君文而痛，君亦彌以誌余之媿也。辛卯八月，陳用光序。

◎受業門人陳希祖《賜進士出身山西夏縣知縣魯山木先生墓誌銘》：黎水之濱，篤生偉人。湛深經術，楷模人倫。大用未展，哲人遽傾。遺書俱在，貽厥有聲。我銘斯藏，涕泗交橫。

◎魯九皋（1732～1794），榜名仕驥，字絜非（潔騑），號山木，又號樂廬，晚更名九皋。江西新城（今黎川）人。乾隆三十年（1765）拔貢，三十五

年（1770）中恩科鄉舉，次年中進士。後任山西夏縣知縣，積勞成疾，卒於任所。年十八受業於陳道（凝齋），因得與海寧祝淦（人齋）、新建夏之瀚（檀園）質疑問難。又受業同邑南池涂登。後至福建建寧訪朱仕琇，得其器重，傳古文文法。又師事方苞弟子寧化雷鋐，深受器重。又與李大儒、姚鼐深交。其學期於有用，姚鼐以為「新城古文之學日盛，其源自君也。」又著有《山木居士集》十二卷外集二卷。

魯松峯　周易大傳釋圖二注　五卷　存

山東藏乾隆六十年（1795）羊城魯氏觀德書屋刻本

◎魯松峯，生平不詳。

魯松峯　周易卦象位義三注　八卷　存

山東藏乾隆六十年（1795）羊城魯氏觀德書屋刻本

魯聞　易曉　三卷　佚

◎同治《貴溪縣志》卷八《人物志》：力學窮經，於易尤得所授。著有《易曉》三卷，推原《本義》，參互《來註》。嘗論象象爻變非中爻不備之旨，一本于簡易，聽者無不豁然。

◎光緒《江西通志》卷九十九《藝文略》一《國朝》：《易曉》三卷，魯聞撰（《貴溪縣志》）。

◎光緒《江西通志》卷一百五十九《列傳》二十六：力學窮經，有得於易。著《易曉》三卷，發揮易非中爻不備之義。

◎魯聞，字鶴汀。江西貴溪上清人。廩膳生。不求榮利，怡然一編，學者稱之。

魯毓聖　易解薪傳　佚

◎《江西古今書目》著錄作魯毓《易解新傳》。

◎光緒《江西通志》卷九十九《藝文略》一：《易解薪傳》，魯毓聖撰（《新城縣志》）。

◎魯毓聖，字孕文，號澹菴。江西新城人。康熙十一年（1672）歲貢。任豐城訓導。後入祀鄉賢。

魯載慎 先天圖說 存

江西、四川藏 1937 年鉛印本

◎或題魯載幬。

◎魯載慎，生平不詳。

陸曾禹 易鏡 二卷 存

華南師大藏稿本

◎卷首題：西湖陸曾禹汝諧氏纂。

◎陸曾禹，字汝諧。浙江仁和（今杭州）人。乾隆國子生。又著有《巢青閣學言》、《救饑譜》（後改名《康濟錄》）。

陸成周 易義輯要綴言 八卷 存

浙江藏清鈔本

◎《中國古籍善本書目》著錄稿本。

◎陸成周，曾任浙江仁和（今杭州）縣丞，薦委淮安綏寧河務民工。

陸春官 陔餘讀易隨筆 一卷 存

南京藏鈔本

◎陸春官，江南江寧（今江蘇南京）人。又著有《陔餘雜著》一卷。

陸鼎金 易學續 佚

◎光緒《海鹽縣志》卷十七《文苑》：著有《易學續》，蓋繼當湖陸奎勳《陸堂易學》之後云。

◎陸鼎金，字耳堂。浙江海鹽人。學極淵博，乾隆丁酉領鄉薦。

陸飛 讀易象臆 佚

◎乾隆《杭州府志》卷五十七《藝文》一：《讀易象臆》（國朝舉人仁和陸飛起潛撰）。

◎陸飛，字起潛。浙江仁和（今杭州）人。舉人。著有《讀易象臆》。

陸豐 易學筮原 佚

◎乾隆《杭州府志》卷五十七《藝文》一：《易學筮原》（國朝錢塘陸豐編）。

◎陸豐，浙江錢塘（今杭州）人。著有《易學筮原》。

陸傅巖 易參 佚

◎李兆洛《養一齋文集》卷七《陸傅巖易參序》：陸傅巖，不知其何時人，亦不知其何處人。尋書中坤六四爻有引陸桴亭語，則去此當不遠。以易為順性命之理，所識甚正。故凡所證釋，皆切實平近，深得程朱之旨。其用功可謂勤懇矣。無錫錢生蔭湘家藏是書，持以示予。予偏省焉，甚服其識之通而人之有力。署識數語，使之珍藏焉。桴亭蘇州人，傅巖能引用其書，或亦當即無錫人。蔭湘其歸而偏訪之，得其實以告予，予當為序而傳之也。

◎陸傅巖，生平不詳。

陸光祖 周易象義擇要 二卷 存

南開大學、湖北、四川藏光緒二年（1876）湖北刻袖珍本

◎或誤著錄作隆光祖《周易象羲擇要》。

◎陸光祖，生平不詳。

陸奎勳 陸堂易學 十卷 首一卷 存

國圖、北大、清華、上海、南京、復旦、浙江、山東、湖北藏康熙五十三至五十四年陸氏小瀛山閣刻陸堂經學叢書本

國圖藏乾隆元年（1736）刻本

◎目錄：卷首：易象二十三條附圖說，第一卷周易上經乾卦至大有卦，第二卷周易上經謙卦至離卦，第三卷周易下經咸卦至升卦，第四卷周易下經困卦至未濟卦。第五卷周易象上象下傳，第六卷周易象上象下傳，第七卷周易繫辭上傳，第八卷周易繫辭下傳，第九卷周易文言傳、周易說卦傳，第十卷周易序卦傳、周易雜卦傳、本義筮儀、啟蒙占法，附重卦定名說、觀象說、著數起黃帝說、先天後天易辯、參天兩地倚數說。

◎卷首〔註52〕為易象二十三條附圖說，圖說太極圖、伏羲畫卦圖、伏羲八卦圖、歸藏易圖、連山易圖、乾坤生六子圖、六子圖、卦名卦德圖、遠取諸物圖、近取諸身圖、伏羲方圖、黃帝方圖、唐虞方圖、連山圓圖、周易卦序圖、互卦圖、焦氏卦變圖、邵子加倍圖、河圖、洛書等。

◎易學發凡十有八條：

易必首象，太極本無極也，不得已為之圖耳。自兩儀、四象、八卦重之

〔註52〕《存目叢書》本原缺第十四頁。

為六十四，而卦象乃立。但羲皇時止有天地雷風水火山澤之卦，其因而重之，不過以天地八物相推盪而已。至軒皇始即八物之象轉為乾坤震巽坎離艮兌之象，因有健順動入陷麗止說之八德。唐虞而後，雖增屯蒙五十六卦之名，然夏商周三易，其經卦皆八，亦不過以乾坤八卦相推盪而已。世之譚象者不知其源，何從而悉其流？無怪乎穿鑿附會，致使文王、周公、孔子之言寖失其旨，而矯之者又謂象所以存意，得意可以忘象，其失正復相等。學者從我觀象之說，則知象不可埽，而亦無庸拘泥乎象。

卷中圖象以《說卦傳》為主，故於儀象生卦之後，首列《伏羲八卦圖》。坤以藏之章指為《歸藏易》，帝出乎震章指為《連山易》，又以商之《歸藏》本于神農、夏之《連山》本于黃帝，此皆博觀羣書而折衷於先聖，非徒憑心發慧也。乾父坤母章，《周易》之象惟有此象乃能成六十四卦之序。乾首坤腹章近取諸身，乾馬坤牛章遠取諸物，此黃帝因八物之象而推廣之者也，至八卦廣象則周公因八索之書而詳列之以示人也。凡《說卦傳》所有之象，皆集成於周公，即魯太史所藏易象，而孔子本之以為傳耳。

雙湖胡氏以頤井鼎旅歸妹為伏羲之象。夫伏羲時未有卦名，焉得此象耶？若以彖辭為文王之象、爻辭為周公之象，其說皆是；以廣八卦為孔子所取，則非也。以象傳上下兩象如坎為雲雨泉、離為電明、巽為木之類，皆孔子所自取說，亦未允。蓋象至周公業已詳盡，孔子不容更增。象傳中示人用易之道，特重下句「以」字，學者所當究心。

邵子傳有伏羲四圖，愚謂天地定位四句與伏羲八卦圖合、八卦相錯句與伏羲重卦圖合。至所傳方圖員圖雖无卦名，而方圖乾上為履、為同人、為无妄，與伏羲生卦之序乾上為夬、為大有、為大壯者不合，則非伏羲方圖亦非黃帝之圖，而為堯舜時之方圖矣。員圖已具流行之象，而震卦位居東北，不居正東，知非伏羲員圖亦非《連山》之圖，而為商代《歸藏》之員圖矣。詳見首卷圖說中。

互象非文王所重，惟周公六爻之辭，不得不言及互體以盡衰世情偽，而孔子《繫傳》亦云：「若夫雜物撰德，辯是與非，則非其中爻不備。」余故不得而略之也。

卦即有變，不待揲蓍而後生卦也。伏羲重卦六十四，文王綜卦二十八，此雖變象，實屬正象。外此如一卦變六十四卦、六十四變四千九十六卦，此焦、京之學，雖與文王、周公不同道，然《繫傳》有云：「引而伸之，觸類而

長之，天下之能事畢矣。」故朱子《啟蒙》亦載有是象，若邵子加一倍法自八生十六而三十二而六十四，在揲蓍求卦則有是四畫五畫之象，而孔子十翼並無其文，故予附於變象之末。《本義》中亦引十二月辟卦之說，然以十二卦為主，則八卦之乾不當在西北、坤不當在西南、艮不當在東北、巽不當在東南；若以八卦為主，則十二卦之乾不當為巳之辟、坤不當為亥之辟、艮不當侯於申酉、巽不當侯於戌亥，故元儒張理雖有十二辟卦之象，予無取焉。《本義》又載卦變圖，凡一陰一陽之卦各六，皆自復姤來；二陰二陽之卦各十五，皆自臨遯來；三陰三陽之卦各二十，皆自泰否來。按此條始於虞翻，而范長生、李挺之小有更定。然《本義》云「易中之一義，非畫卦作易之本指」，則其象可不錄矣。更有所謂乾為天、天風姤以至山天大畜、火天大有者，其法上爻不變而有遊魂、歸魂之卦，此又從京氏之學變為宋代之《火珠林》，雖於筮占或驗，以其雜緯於經，亦置不錄。

　　孔子象傳中每言卦變，朱子從虞翻說而小變之，或就一卦變，或就兩卦變，甚至有三卦變者，既無定例，難於信從，不若依元儒玉吾俞氏、明儒瞿塘來氏，祗從綜卦顛倒生變，而與往來內外之辭悉合。惟上經否泰在乾坤十卦之後、下經損益在咸恒十卦之後，此四卦遙對文王序易，自有微旨。故損益自泰否變來，仍當信從朱子，而不可用俞、來之例，所謂知其一說不知又有一說也。

　　從來易象皆以河圖洛書為作易之原而列諸卷首，其惯由孔氏、劉氏謂伏羲見龍馬負圖而畫卦也。予於仰則觀象于天章嘗辨之，謂安國、劉歆之說顯悖於孔子之說。且有象而後有數，八卦象也，河圖洛書數也，豈有數在象先者乎？歐陽子斥為偽妄，而予實諸卦象之末者，則以天一地二兩節明屬河圖之文，而河出圖洛出書皆為聖人所則，況《尚書》亦言河圖言洛書，烏得斥為偽妄哉？第則河圖以揲蓍，合乎中五之生數而不合乎地十之成數，故河圖與大衍是一是二，學者宜諦思焉。

　　揲蓍求卦，始自黃帝。此予從蓍之德圓而神及黃帝堯舜氏作兩節反覆玩味而後得之，以卦象六十四為體，以衍數四十九為用，真發邃古不傳之秘。唐虞夏商周因不改，至文王蒙難羑里，更序易卦，別立占法。周公之用九用六，本諸文王，視夏商之以靜為占者，百不失一。蓋易至文周而後能極蓍數之妙，盡三才之理矣。

　　文王、周公觀象而繫之辭，俾揲蓍成卦者用以為占，故朱子以《易》為

卜筮之書，非諸儒所見及也。若孔子《彖傳》、大小《象傳》、《文言》，皆主宣明易理，非但沾沾卜筮，惟於《繫傳》中屢示人以玩占之法。然於動而觀變玩占，必先於居而觀象玩辭，明乎辭外無占，極深而後能研幾也。夫以至聖天縱之資，猶必假年學易、韋編三絕而十翼始成。嗚呼，此豈公明、景純之流所能窺其底蘊者耶？

學易者必從辭入，有文王之彖辭而後可知羲、軒之易，有周公之爻辭而後可通文王之易，有孔子十翼而後可由文周以窮三皇二帝二王之易。《周易》之不亡，天之甚愛斯文也。前漢易說罕存，惟焦氏《易林》、京氏易至今不沒，亦以卜筮之故。康成傳賈氏之學，盛行河洛間。《隋經籍志》尚載《鄭注周易》九卷，至孔氏《正義》專主王輔嗣、韓康伯，而康成之學亦泯矣。李氏鼎祚《周易集解》載有孟喜、馬融、鄭康成、荀爽、宋衷、陸績、虞翻、王肅、干寶二十餘家之說，使後人知王、韓之注未足以盡易義，在唐儒中鼎祚可稱有功大易者。

宋代易學過於漢唐，由濂溪周子《太極圖說》《易通》特闡其秘。厥後伊川、橫渠主理，康節主數，至《本義》一書，不但精於玩辭言象，而尤重乎占，避凶趨吉，扶陽抑陰，獨得前聖人心法。從朱子之易然後知孔子之易，奚敢忘其淵源耶？

宋易存者不過數十家，若胡安定《口義》、歐陽公《童子問》、東坡《易傳》、朱漢上《集傳》、李彥平《義海撮要》、吳環溪《易璇璣》、程沙隨《周易章句古占法》、張紫巖《易傳》、鄭東谷《翼傳》、王童溪《易傳》、項平甫《周易玩辭》、楊誠齋《易傳》、李心傳《丙子學易編》、蔡節齋《易訓解》、魏鶴山《集義》、趙汝楳《輯聞》，易雖不盡醇，有可與《本義》相發明者，輯錄弗遺。他如《象山文集》、邱光庭《兼明書》之類，雖非學易專門，採其一二以資識力。即王介甫《易解》、林黃中《經傳集解》亦未敢以人廢言也。惟張弧之《子夏易傳》、阮逸之《關氏易》、戴師愈之《麻衣易說》，不敢登載以啟作偽之端。

元儒言易者大槩私淑程朱。若董季真之《周易會通》最為詳備，吳草廬《易纂言》時具別解。而雲峯、雙湖兩胡氏專守朱子之說，於說有可疑者間以己意參定，一則善於釋辭，一則善於言象，故卷中採摭最多。前明士夫溺於時藝，說易未能精詳，惟蔡氏虛齋廣義釋詞亦工，可稱雲峯後勁。瞿塘來氏易言象亦巧，可步雙湖後塵。

　　國朝《易》《書》《詩》《春秋》皆承重加纂輯，而御纂《周易折中》告成最先，頒行獨早。其書依朱子古易篇次，全載《本義》《程傳》，採擇後諸儒之說，義有未盡，加以案語。易有聖人之道四，開卷瞭然，視明永樂時所纂《大全》，過之不啻十倍。賢者藉以精通易理，即中材亦可奉為經義準繩，誠盡美盡善之書也。

　　予說諸經，速則及朞，遲或兩載，於易獨加二十餘年之功，何歟？蓋易之緒多，緒多則難貫，昔程子《易傳》有濂溪為先師、朱子《本義》有西山為執友，予則獨學無助，今代即有善易者而聞其緒論，寥寥無幾焉，宜乎積勞而遲久也。是書先經後傳，壹遵《折中》之序。宗朱子者什之六，宗諸儒者什之四。辭有未明，間以己意訓釋，亦無大異同處，惟於羲、文、周、孔四聖之易，廣而為伏羲、神農、黃帝、堯、舜、禹、湯、文王、周公、孔子十聖之易，此則與宋儒相牴牾者，然皆以經傳為根據，而無一毫私智穿鑿。即令質諸先儒，未必駁其入室而操戈也，況幸生右文之世，使先聖易道由我著明，而於後來學者不無小補。設有罪我之言，亦弗敢辭矣。

　　理者不雜乎氣者也，自陰陽消長極純極駁，而數之所定，天地且不能違背，況於人物乎？苟言理而不言數，是為有體無用。第數至大衍，已極精妙，誠心求之，莫不其應如響。故於《左》《國》以下之書，載其占驗以發靈機。卷末附載《本義・筮儀》一篇及《啟蒙》占法，而以雙湖《翼傳》為之註，人亦可無惑於占矣。邵子《皇極書》雖亦本易數，而數成于四，極之與易相似而實不同，較諸子雲《太玄》、衛氏《元包》、司馬公《潛虛》差有用耳。夫邵子數學之精，以心之靜虛為根柢，即令子伯溫猶難紹述，何況王預、鄭夫輩耶？予書固不能詳，而亦不必詳也。

　　前於《詩學》中附載論辨考說數十篇，謬為當代推許。茲《易學》編成，如經之宜分上下、《象傳》之宜先《象傳》、《繫傳》中有《文言》錯簡、《說卦傳》中有《繫傳》錯簡、《序卦傳》祇序卦名、《雜卦》非本於文王周公，皆於篇題之下發明大意。而《周易》之源流曲折，有非訓詁所能詳者，別撰《重卦定名說》《觀象說》《蓍數起黃帝說》《先天後天易辨》《參天兩地倚數說》，非敢誇多鬭靡以自眩其長，正欲使己之所知人莫不共知之也，世其鑒諸！

　　乾隆元年丙辰夏五月五日，平湖後學陸奎勳再書。

　　◎自序：《周易》以卜筮幸存，商瞿子木所傳者也。自後歷代易論雖多，其說散佚，惟焦氏《易林》、京氏《易略》尚在，然其《周易》不同道矣。費

直而下，康成小有發明，而亂古易之次。今所行王韓註、孔氏疏皆彼善於此者耳。宋濂溪周子作《太極圖說》，易之大原於是發露。邵子《皇極書》主數，程子《易傳》主理，至朱子《本義》則玩辭玩占，兼盡其道。厥後雲峰善釋辭、雙湖善言象，皆足羽翼朱子者也。余少歲學易，但記其辭；中年潛心卦象，漸有悟入之處。乃徧覽先儒易解，究未有如朱子者。夫他人讀易憑己之口而讀之，余之讀易借賢聖之心而讀之，始由朱子《本義》知有孔子之易，繼即孔子十翼知有伏羲、神農、黃帝、堯舜禹湯、文王、周公九聖人之易，得力祇在《說卦》一篇，而足該全易之旨。人知天地定位章為羲卦之象，不知坤以藏之章為《歸藏》象、帝出乎震章為《連山》象也。又不知商之《歸藏》本于神農、夏之《連山》本于黃帝也。人知畫卦、重卦皆由伏羲，而不知蓍數起于黃帝，乾坤八卦之名亦起黃帝也，又不知屯蒙五十六卦名增加于堯舜時也。人知文王有彖辭，而不知文王《序卦》之妙也。人知周公有《小象》，而不知《說卦傳》中凡言乾坤八卦之象，皆周公所集成，與夫《象傳》之上下兩象，亦本諸文王、周公，而非孔子所自取也。既得其象，於意自達，於辭自通。書作於康熙癸巳臘月，久道化成之年也；成於乾隆丙辰皋月，飛龍在天之歲也。更歷二紀，口誦心維，晨書暝寫，竊幸天假之年，得以聚精會神，撰此一家之言，贊先儒而待來學，豈非拙叟之樂事乎？且夫《易》之為書，「微顯而闡幽」、「彰往而察來」二語盡之矣。顯微幽明，其理一貫，余識之已及者也。彰往察來，非蓍數不為功。書中雖載古人筮占，大略數學未精，而毫已及之矣。神而明之，願以候後之君子。平湖後學陸奎勳書於秀峰書院講堂之左。

◎《清史稿》卷四八四：《陸堂易學》，謂《說卦》一篇，足該全《易》。其《詩學》與明何楷《詩世本古議》相近，《尚書說》惟解伏生今文二十八篇，《戴禮緒言》糾正漢人穿鑿附會之失，《春秋義存錄》則凡經傳子緯所載孔子語盡援為據，力主《春秋》非以一字褒貶。奎勳說經務新奇，使聽者忘倦。最後撰《古樂發微》，未成而卒。

◎光緒《平湖縣志》卷十六《人物·列傳》二：年四十乃一意經學，諸經皆有述作，說經諸書風行海內。卒年七十有六。所著有《陸堂易學》十卷、《今文尚書說》三卷、《陸堂詩學》十二卷、《春秋義存錄》十二卷、《戴禮緒言》四卷、《魯詩補亡》、《八代詩揆》六卷、《唐詩安帖體類編》、《字音舉要》、《陸堂文集》二十卷、《陸堂詩正續集》二十二卷。

◎光緒《平湖縣志》卷二十三《經籍》：《陸堂易學》十卷（陸奎勳。《四庫》

存目。已刊。路《志》云：是書得力在《說卦》一篇，以《歸藏》為本於神農、《連山》本於黃帝，乾坤八卦之名亦起黃帝，屯蒙五十六卦名則增加於堯舜。以《說卦傳》所有之象為集成於周公，以河圖洛書置諸卦象之末而不取孔安國、劉歆之說。其論雖出新意，要以經傳舊說為根據，宗朱子者十之六、宗諸儒者十之四，間有未明，伸以己見。前有發凡十八條、圖說一卷，後有重卦定名說、觀象說、蓍數起黃帝說、先天後天易辨、參天兩地倚數說）。

◎光緒《嘉興府志》卷八十《經籍》：陸奎勳《陸堂易學》十卷，《四庫》存目。前有發凡十八條、圖說一卷。

◎潘中華《錢載年譜》卷三乾隆二年三月：先生是年有《陸先生歸自粵西蒙貽陸堂易學刻本》詩（《籜詩》卷一）。又《行述》云：陸陸堂先生，詞林名宿，來郡城恒留宿草堂，與府君極論文史。

◎四庫提要：是編講易，宗朱子者十之六，宗諸儒者十之四，間以己意訓釋，於前人亦無大異同。惟謂伏羲但畫八卦而無卦名，黃帝始立蓍數，乃名以乾、坤、震、巽、坎、離、艮、兌，堯舜始增加屯、蒙諸卦名，更定方圖卦位，文王始定序卦之錯綜與夫揲蓍用九用六，於是首列《伏羲方圖》、《黃帝方圖》、《唐虞方圖》、《連山圓圖》、《歸藏圓圖》、《周易卦序圖》。其說新異，所引據亦皆未確。

◎《皇朝文獻通考》卷二百十二：奎勳自序曰：少歲學易，徧覽先儒理解，始由朱子《本義》知有孔子之易，繼即孔子十翼知有伏羲、神農、黃帝、堯舜禹湯、文王、周公九聖人之易，祇《說卦》一篇足該全易之旨。人知天地定位章為羲卦之象，不知坤以藏之章為《歸藏》象、帝出乎震章為《連山》象也。又不知商之《歸藏》本于神農、夏之《連山》本于黃帝也。人知畫卦、重卦皆由伏羲，而不知蓍數起于黃帝，乾坤八卦之名亦起於黃帝也，又不知屯蒙五十六卦名增加于堯舜時也。人知文王有彖辭，而不知文王《序卦》之妙也。人知周公有《小象》，而不知《說卦傳》中凡言乾坤八卦之象，皆周公所集成，與夫《象傳》之上下兩象，亦本諸文王、周公，而非孔子所自取也。既得其象，於義自達，於辭自通矣。

◎陸奎勳（1663～1738），字聚侯（緩），號坡星，又號陸堂。朱彝尊題其居曰「陸堂」，學者稱陸堂先生。浙江平湖人。南雄知府陸世楷子、陸葇姪，陸清獻公族弟。自少好譚兵，尤精六壬學及甘石家言。中年後乃潛心經術，自謂在汪琬、朱彝尊之間。康熙五十九年始舉於鄉，年五十八。康熙辛丑進

士，改庶吉士。雍正元年（1723）授翰林院檢討，充《明史》纂修官，雍正八年為《浙江通志》總裁。尋以疾乞休，十二年主廣西秀峯書院。又著有《陸堂詩學》十二卷、《今文尚書說》、《戴禮緒言》、《春秋義存錄》十二卷、《古樂發微》、《陸堂詩文集》、《花龕詩》一卷。

陸堼 易薈 不分卷 存

臺灣藏鈔本

◎民國《蕭山縣志稿》卷三十《藝文》：《易薈》三卷（清陸堼撰）。

◎陸堼，字緯乾，號簡菴。浙江蕭山人。嘉慶十九年歲試入學，由咸豐丙辰恩貢就職教諭，同治十三年七十七歲重遊泮水。壽八十六。又著有《青需居詩存》《紀游集》。

陸其璋 周易講意 八卷 佚

◎或作陸其暲。

◎光緒《平湖縣志》卷十八《人物》：尤究心經學，著《周易講意》八卷。

◎光緒《平湖縣志》卷二十三《經籍》：《周易講意》八卷（陸其璋）。

◎光緒《嘉興府志》卷五十九：究心經學，著有《周易講意》。

◎陸其璋，字琢良。浙江平湖人。廩膳生。以讀書立品為訓。

陸奇澔 大易附廚鏡 不分卷 存

廣東省立中山圖書館藏雍正四年（1726）鈔本

廣東人民出版社 2010 年三編清代稿鈔本影印中山圖書館藏清鈔本

廣州出版社 2015 年廣州大典影印中山圖書館藏清鈔本

國家清史編纂委員會文獻叢刊本

◎卷前題：南海奇澔陸八臚子輯。

◎序：易之義大矣哉，微顯闡幽，當名辨物，高而蒼天，卑而黃泉，陰陽變化，生生不窮，故易也者易也。孔聖韋編三絕，猶待假年，余安敢窺萬一哉！年方十七，原以《詩經》應康熙甲子鄉闈，丁卯庚午未第，遂改習大易，受業於御史左同汾夫子，得其講義，日夕磨礱，歷二十二年，纂輯三次，前後遞成三峽。時張鳴宰、何上獻兩友索去，俱已登第，而余最後也。今年五十有九，再取前三編加以考訂，共壹百四十首，非敢以問世也，俾吾門諸子冀子若弟輩，慣而熟之，庶不負余苦心云爾。皆大清雍正四年丙午仲秋，南海奇

瀞陸八臚子書於龍門義學之坐隅。

◎陸奇瀞，廣東南海人。著有《大易附廚鏡》不分卷、《初學入門陟梯集》。

陸琦 周易述講 佚

◎光緒《嘉定縣志》卷二十四《藝文志》一：《周易述講》（陸琦著）。

◎陸琦，字奇玉。嘉定（今屬上海）人。諸生。著有《周易述講》。

陸位時 羲畫憒參 二十五卷 存

◎《千頃堂書目》：陸位時《羲畫憒參》。

◎《皇朝通志》卷九十七：《羲畫憒參》二十五卷，陸位時撰。

◎四庫提要：是書成於順治丙戌，前有位時自序稱：「小憒小悟，大憒大悟，不憒不悟，憒之云者，心求通而未得之意，故云『憒參』。」其書專闡河洛之數而附益以先天之時令、後天之節序。首列卦爻象象諸解、圖書諸說，每條之首設「卦難」數條，卦畫之下列「卦旨」數條，卦後列「六爻總論」一篇，而以字義諸說別標題目，參錯於經文之中，體例頗為龐雜。前又有黃道周序，不署年月，中有「時值鼎革」語。考順治乙酉、丙戌之間黃道周方從朱聿鍵稱兵閩中，勢不暇為位時作序。況方輔聿鍵僭號改元亦決不肯自稱鼎革，其為依託無疑。蓋以道周喜談象數，與此書宗旨相近，故假借之以為重耳。

◎陸位時，字與偕〔註53〕。浙江錢塘（今杭州）人。明鄞縣訓導。

陸顯仁 樂山家藏易經評義 二十六卷 首一卷 存

遼寧藏乾隆二十九年（1764）刻本

◎陸顯仁，字樂山。廣西桂平上秀里南喬村人。以乾隆癸酉歲貢橛訓導不就。究心諸子，作《孫子十三篇注》、《將略》十六卷，輯《天文書》十二卷、《政治錄》十卷。又著有《格物廣義》等。

陸顯仁 易理溯源 二卷 佚

◎民國《桂平縣志》卷三十四《紀人》：復著《格物廣義》約二十萬言、《易經評義》約四十餘萬言。

〔註53〕或謂偕當作階。誤。

◎民國《桂平縣志》卷三十六《紀人》：家居鉛槧，自《大易》《語》《孟》《學》《庸》及宋儒語錄、政治兵法、天文地理及格物致知之學皆有述作。

◎民國《桂平縣志》卷四十五《紀文》：此書舉下列《易經評議》《四書源道》《格物廣義》仍為宋人學派，蓋顯仁所潛心者為五經、《學》《庸》《論》《孟》、周、邵、二程、朱、張遺書。時皖吳之間漸興漢學，以訓詁名物為治經要徑。桂平僻在嶺外，陸猶未習其風。

《易經評議》約四十餘萬言、《格物廣義》約二十餘萬言、《四書源道》約二十餘萬言、《政治錄》十卷、《孫子十三篇注》《將略》十六卷、《天文書》十二卷，以上七種皆陸顯仁著，俱在羊城出版，惟《易經溯源》二卷未梓，袁舊志列傳與夏府志藝文、表俱失載。

◎巨贊法師《桂平的西山》〔註54〕：陸顯仁著《易理溯源》、《將略》、《天文書》等百餘萬言。

陸獻猷 讀易緒言 佚

◎陸獻猷，字仲嘉，號剡亭。浙江慈溪人。副貢。乾隆間任宣平教諭。又著有《剡亭詩草》。

陸心源 李氏易傳校 一卷 存

同治光緒刻潛園總集本

群書校補本

江蘇廣陵古籍刻印社 1987 年群書校補影印光緒刻本

◎陸心源（1838～1894），字剛甫（父），號存齋，晚號潛園老人。浙江歸安（今湖州）人。早年師從萬青藜、吳式芳、張錫庚，讀書過目不忘，精於鄭許之學。與同鄉姚宗堪、戴望、施補華、俞勁叔、王竹侶、凌霞有苕上七才子之稱。咸豐九年（1859）舉人，同治四年（1865）任廣東南韶兵備道，同治六年調高廉道。官至福建鹽運使。辭官後闢建潛園，築皕宋樓、十萬卷樓、守先閣三樓庋書十五萬餘卷，後為其子陸樹藩售於日本靜嘉堂文庫。又著有《宋史翼》、《金石錄補》、《穰梨館過眼錄》、《皕宋樓藏印》、《千甓亭古專圖釋》、《儀顧堂文集》、《金石粹編續》、《潛園總集》等，輯有《唐文拾遺》七十二卷、《唐文續拾》十六卷。

〔註54〕1943 年香港《旅行雜誌》第 16 卷第 9 期。後單行。

陸心源 李氏易傳校 一卷 存

　　同治光緒刻潛園總集本

　　群書校補本

　　續四庫影印復旦藏群書校補本

陸元輔 大易集義粹言 八十卷 存

　　山東藏康熙十九年（1680）納蘭成德刻通志堂經解本

　　四庫本

　　天津藏清鈔本

　　南京藏民國初鈔本

　　臺灣廣文書局有限公司 1974 年易學叢書續編本

　　山東藏臺北商務印書館 1983 年景印文淵閣四庫全書影印國立故宮博物院藏本

　　◎一名《合訂刪補大易集義粹言》。

　　◎合訂刪補大易集義粹言序：宋陳隆山《大易集義》六十四卷、曾穜《大易粹言》七十卷二書，摭集宋儒論說凡十八家。而《粹言》所采二程、橫渠、龜山、定夫、兼山、白雲父子七家，其康節、濂溪、上蔡、和靖、南軒、藍田、五峰、屏山、漢上、紫陽、東萊十一家之說，皆《集義》上下經所引，《粹言》輒則未之及也。《粹言》有《繫辭》《說卦》《序卦》《雜卦》，《集義》止上下經。余竊病其未備，因於十一家書中將講論《繫辭》以下相發明者，一一採集，與《粹言》合而計之，間以臆見考其源委，定其體例，刪其繁苅，補其脫漏，成八十卷，庶使二書之發凡起例互相脗合，而十八家之精義奧旨無不網羅畢具。繇是而上求三聖之心於千載之下，和合諸儒之言於一堂之中，雖人自為說，有彼此淺深詳略之不同，而會而歸之，間所乖剌，測度暮擬，無有不備，從衡變化，無有不通，理象之粲然者莫是過矣。自揣固陋，未必有當於《集義》《粹言》所以為書之宗要，或亦陳、曾兩公之所不廢也。書成，請正於座主徐先生，先生曰：「善。」命梓之，附諸經解之末。康熙丁巳春二月，後學成德謹序。

　　　◎朱彝尊《合訂大易集義粹言序》〔註55〕：孔子學易，韋編漆書至于滅絕者三，乃不以是教其子，而與門弟子雅言惟《詩》《書》，執禮，然三經無統

〔註55〕錄自朱彝尊《曝書亭集》卷三十四。

論之文，獨《易》有十翼，則聖人之注意存焉矣。自歐陽永叔謂十翼之說不知起于何人，于是學者不能無疑。今世所傳程正叔《易傳》、張子厚《易說》，均舍《大傳》不講。而正叔之言曰：「聖人用意深處全在《繫辭》」，又曰：「《繫辭》之文，後人決學不得。」晁子止則云：「子厚《易解》甚畧，《繫辭》差詳。」是張程二子咸篤信《大傳》者也。吾友納蘭侍衛容若，讀易淥水亭中，聚易義百家插架，于溫陵曾氏樨《粹言》、隆山陳氏友文《集傳》精義一十八家之說有取焉，合而訂之成八十卷。擇焉精、語焉詳，庶幾哉有大醇而無小疵也乎！刑部尚書崑山徐公嘉其志，許鏤板，布諸通邑大都，用示學者，乍發雕而容若溘焉逝矣。昔王輔嗣注易，每取舊解，所悟者多，深斥陰陽災異、小數曲學，專明人事，論者謂其獨冠古今，出荀、劉、馬、鄭之上。顧官止尚書郎，年僅二十四而夭，說經者恒惜之。容若清才逸辨，兼工風騷、樂府、書法，即其會粹二書，不專言理，變占、象數並收，補《大傳》訓注之闕，雖老儒亦遜焉。豈意短命而終，讀其書，不禁蘭摧而蕙歎也。

◎上諭：乾隆五十年二月二十九日奉上諭：《四庫全書》館進呈補刊《通志堂經解》一書，朕閱成德所作序文係康熙十二年，計其時成德年方幼穉，何以即能淹通經術？向即聞徐乾學有代成德刊刻《通志堂經解》之事，茲令軍機大臣詳查成德出身本末，乃知成德於康熙十一年壬子科中式舉人，十二年癸丑科中式進士，年甫十六歲；徐乾學係壬子科順天鄉試副考官，成德由其取中。夫明珠在康熙年間柄用有年，勢燄熏灼，招致一時名流如徐乾學等互相交結，植黨營私，是以伊子成德年未弱冠夤緣得取科名，自由關節，乃刊刻《通志堂經解》以見其學問淵博。古稱皓首窮經，雖在通儒，非義理精熟，畢生講貫者尚不能覃心闡揚，發明先儒之精蘊，而成德以幼年薄植，即能廣搜博採，集經學之大成，有是理乎？更可證為徐乾學所裒輯，令成德出名刊刻，俾藉此市名邀譽為逢迎權要之具耳。夫徐乾學、成德二人品行本無足取，而是書薈萃諸家，典贍賅博，實足以表章六經。朕不以人廢言，故命館臣將版片之漫漶斷闕者補刊齊全，訂正譌謬，以臻完善，嘉惠儒林。但徐乾學之阿附權門、成德之濫竊文譽則不可不抉其隱微，剖悉原委，俾定論昭然，以示天下後世。著將此旨錄載書首，欽此。

臣等謹案《通志堂經解》計一百三十八種，今分載于《四庫全書》各類中。茲蒙我皇上燭照其隱，察其為徐乾學逢迎權要所為，不出于成德之手，覈名實而祛詐偽，實足以示萬古之大防。業經遵旨刊板冠于書首，《四庫全書》

繕本內自應一例恭錄，但各種既經分載，無從弁首，惟易類內《合訂刪補大
易集義粹言》及禮類陳氏《禮記集說補正》二書原標成德所編，謹以欽奉諭
旨錄冠于《合訂刪補大易集義粹言》之前，俾作偽者不能遁隱，無從售其植
黨營私之術焉。又原刊本標名作納蘭成德，而《四庫全書》據《八旗通志》作
納喇性德，並謹附識於此。

◎張之洞《書目答問》卷一：陸元輔代納蘭性德撰。通志堂本。

◎何焜彥《易經遵孔八哲類稿》卷十二《集哲》：納喇性德氏《合訂刪補
大易集義粹言》取宋陳友文《大易集義》、方聞一《大易粹言》，刪除重複，刊
削繁蕪，合為一編，宋儒易說，略具於斯。

◎四庫提要：相傳謂其稿本出陸元輔，性德歿後，徐乾學刻入《九經解》
始署性德之名，莫之詳也。性德原作成德，字容若，滿洲正黃旗人。康熙丙辰
進士，官至乾清門侍衛。是書乃取宋陳友文《大易集義》、方聞一《大易粹言》
（案此書原本誤作曾種，今考正）。二書而合輯之。友文書本六十四卷，所集諸
儒之說凡十八家，又失姓名兩家。聞一書本七十卷，所集諸儒之說凡七家，
以二書校除重複外，《集義》視《粹言》實多得十一家。惟《粹言》有《繫辭》、
《說卦》、《序卦》、《雜卦》，而《集義》止於上下經，故所引未能賅備。性德
因於十一家書中擇其論《繫辭》諸傳者以補其闕，與《粹言》合為一編，又刪
其繁蕪，勒成此本。今《粹言》尚有傳本，已著於錄，《集義》流播較希，尚
藉此以見梗概。其中理數兼陳不主一說，宋儒微義〔註56〕，實已略備於斯。
李衡刪房審權之書，俞琬鈔李心傳之說，並以取精擷要有勝原編。此書之作，
其功亦約略相亞矣。

◎光緒《嘉定縣志》卷二十四：《合訂刪補大易集義粹言》八十卷（陸元
輔著。下同。《提要》曰：「是書取陳友文《大易集義》、方聞一《大易粹言》刪繁除
蕪合為一編，宋儒易說略具於斯。」○徐乾學刻《通志堂經解》，借署納蘭成德之名，
今歸正）。

◎翁方綱《通志堂經解目錄》一卷：《合訂刪補大易集義粹言》八十卷，
成德編。何焯曰：「《集義》《粹言》本係兩書，兩人所著，今合編之，頗屬杜
撰。」方綱按：宋陳友文《大易集義》撼周邵朱子及上蔡、和靖、南軒、藍

〔註56〕《庫書提要》此句之下為：蒐採無遺。朱彝尊嘗謂其擇言精語焉詳，庶幾有
　　　大醇而無小疵。雖揄揚不無稍溢，要其網羅排比，犂然有章，實便於後學之
　　　循覽，固可與本書並行而不廢也。

田、五峯、屏山、漢上、東萊十一家之說，曾種《大易粹言》撫二程、張子及龜山、定夫、兼山、白雲父子七家之說，此書彙輯成八十卷，凡采十八家之說。而義門以為杜撰，亦過泥矣。又按《大易粹言》今攷定是宋方聞一撰，《宋史‧藝文志》作曾種，誤也。

　　◎陸元輔（1617～1691），字翼王，一字默庵，號菊隱，嘉定（今屬上海）人。少師事侯岐曾、黃淳耀。與趙俞、張雲章、張大受、張鵬翀、孫致彌合稱「嘉定六君子」。康熙十七年（1678）應博學鴻詞落第，設教京師。著有《學易折衷》十二卷、《周易參》四卷、《十三經辨疑》、《十三經注疏類鈔》、《禮記陳氏集說補正》、《思誠錄》、《爭光錄》、《菊隱紀聞》、《菊隱詩鈔》。

陸元輔　學易折衷　十二卷　佚

　　◎光緒《嘉定縣志》卷二十四《藝文志》一：《學易折衷》十二卷、《周易參》四卷（陸元輔著）。

陸元輔　周易參　四卷　佚

　　◎光緒《嘉定縣志》卷二十四《藝文志》一：《學易折衷》十二卷、《周易參》四卷（陸元輔著）。

陸宗輿　易經證釋　四卷　存

　　國圖、山東藏 1938 年天津救世新教會鉛印本

　　◎例言：

　　易自伏羲畫卦，亦文亦畫，本合圖畫文字為一。雖太極等圖係後世傳出，源流自遠。講易時應並及各圖，以資參證。

　　易為聖人明天道以立極，立人道以制教，本為明道而作，有關內修性命之功甚多，故講易應注意道功。

　　易既本天地之道為教，內中多闡神鬼之德、陰陽之情。習易者必有敬信之誠，而講易時應注重人神因果之理。

　　易明神道，為明性命之源。吉凶禍福均屬易中固有之義。凡人生窮達壽夭皆有定數，不可妄干。則習易者必明行藏之所宜、得失之有定。故講易時應注重吉凶悔吝之說，而求其毋悖於數也。

　　易者包乎道德性情數象各類而言者也。言文必顧義，言數必徵象。因名思義，因類辨物，因詞審情，不可偏執。故講易時務求其貫通一切，而洞明聖

人立教之旨。

易之言吉凶重在數，言數重在象。數見其氣，象別其類。以徵人事之所合，即以測天道之所宜。而見象必因蓍龜，明數必候氣運。天干地支、五運六氣皆易所重。故講易時應並及占筮之術、測驗之法。

易之為教原以授民全生之道，推之成人成物以至治國平天下莫不貫通，而原始要終為第一義。人之習易亦當求其先後，不可好為索隱行怪之談。故講易雖不能如王弼之掃象，亦不可如費氏之徒以災異言也。

易道博大精深，無不包被。內則修己以一天人，外則成人以一道德，而本末一以貫之，即時中也。習易者既諳斯義，必期實行，務求行動咸宜言思不悖，而能有德以為世則，有道以為人師。庶可使易教重明，聖道彌廣。

易之為教始於古聖，闡於道宗，成於儒者。言既精微，旨尤玄妙。固賅各教之義，集諸派之大成。習者當以聖人天下為公之心，一本有教無類之旨，不可自存門戶，有入主出奴之見，以自狹而狹聖人之教也。

易傳至今，注說不一。漢宋各異派，儒道不同宗。遂致議論紛歧，爭持齟齬，徒亂人意。何裨聖經？今茲講易，務求闡明微言，表章至道，不執於宗派之習，不徒為同異之求。即令漢宋諸儒有所卓見，能探經旨，不睽經義，仍可互相引證，期其貫通。無問其人，祇徵於是。則於聖人講示之後有可多得研究之助云爾。

以上各條，係為講易之前必知之事。以易經至不易明，必先知其研習之道，方不為歧途所誤。略指大概，以告讀者，或亦極深研幾之一助焉。

◎宗主序：易道玄微，至於無名無形；易道廣博，包乎萬物萬事。蓋有天地以後，無物不在易中；未有天地以前，一氣即為易體。故先後天之名首著於易，天地鬼神之情盡備於易，性命道德之言皆詳於易，生死變化之數均述於易。以言天地則盡其神，以言人物則概其道，以言往則溯諸無始而立其極，以言來則推至無盡而明其化，以修則道立而德成，以行則事理而物順，以其功言則成王道之治而無所為，以其體言則符仙佛之真而大有得，以用於尋常而不悖於情性，以致其遠大而能底於中和，是為道德之宗、命數之本。天人之所由一，事物之所由平，政治以成，製作以著。君子小人各盡其德，聖愚賢否各適所成。雖取捨萬殊而底於一道，雖變化盡態而歸於至中。蓋本諸天道之常，仿於大道之則，宜於人物之情性，辨於幽明之感通，故在天地間生成者莫能外，行止者莫能違。允宜為萬古之師，萬類所倚。以為教化則包

諸宗，以為文章則造至極。苟非至聖孰能為之。故夫子備言其精，諸儒各贊其言，合五經以證其終結，勵眾善以徵其初成。不可視為古書同諸舊史，不可作為文藝比之詩詞。精益求精，必實行而後得；博而反約，必貫通而有成。是以講演不厭其詳，研求尤須盡力。珍聞而寶藏於心，等諸拳拳之顏子；集思而實行於事，毋負循循之尼山。庶易道獲見重明，後生不迷古訓。則世運亦將成大治，萬國盡化於斯文矣！是為序。

路瓊 周易質疑 二卷 佚

◎民國《懷寧縣志》卷十一《文藝》：路瓊《周易質疑》二卷。

◎路瓊，安徽懷寧人。著有《周易質疑》二卷。

遂選 學易觀玩 佚

◎道光《長清縣志》卷十五：《學易觀玩》（拔貢生遂選著）。

◎孫葆田《山東通志》卷百二十七《藝文志》第十：是書見《長清志》。

◎遂選，字萬青，號野園。山東歷城人。康熙丁丑拔貢。歷官霸州知州。又著有《畿輔水利志略》六卷、《北河志略》、《大陸澤議》、《直省黃河古今浚塞大略口號》十二首。

羅斌 地理原始 佚

◎乾隆《太平府志》卷四十三《藝文志‧郡屬書籍目》：《地理原始》（蕪湖羅斌著。其以河圖太極陰陽之說傅合堪輿，亦頗有見）。

◎羅斌，安徽蕪湖人。著有《地理原始》。

羅采彰 周易見道 佚

◎王集吾、鄧光瀛修纂民國《連城縣志》卷第二十《藝文志》著錄。

◎羅采彰，字錦成。福建連城人。郡庠生。性穎悟。事節母以孝聞，依依膝下，遂無志進取。又著有《愛日集》。

羅昌鸞 周易象義串解 四卷 首一卷 存

山東、湖北、遼寧藏咸豐二年（1852）羅氏燕貽堂家刻本

同治四年（1865）長沙學士橋大沙羅祠刻本

臺中縣文聽閣圖書有限公司 2010 年晚清四部叢刊第一編影印同治四年

（1865）羅氏刻本

　　◎同治《長沙縣志》卷三十五《藝文》：《周易象義串解》六卷（羅昌鷟著）。

　　◎尋霖、龔篤清《湘人著述表》：《周易象義串解》六卷，1925 年長沙羅定安重刻，改名《周易串解》。

　　◎是書前有道光二十九年（1849）羅自序，稱不用漢儒納甲等法，第即內卦、外卦、互卦、變卦反復推求，而以《說卦傳》證之，間有荀、郭兩家之所擬參之，旁推交通，覺有發前人所未發者。又云：象之所在，義即寓乎其中，用是節錄朱子《本義》，旁採先儒及近代名賢之說，纂輯而條貫之，庶幾象昭而義亦昭乎。

　　◎羅昌鷟，湖南長沙人。精易學。

羅昌鷟　周易傳義串解　二卷　存

　　山東藏咸豐二年（1852）羅氏燕貽堂家刻本

羅長裿　易經家法表　五卷　存

　　國圖藏清鈔本

　　國圖藏清末至民國鈔本（不分卷）

　　北大藏清鈔本（一卷）

　　國圖藏鈔本（一卷）

　　◎一名《易家法表》。

　　◎羅長裿（1865～1911），字申田，號退齋。湖南湘鄉縣勝巖鄉毛田下竹園人。羅信南子，羅長禕弟。光緒二十一年（1895）進士，與康有為同榜。先後主持江蘇仕進館、江蘇法政學堂、江南將弁學堂、江南陸師學堂，官江南候補道。1911 年任駐藏左參贊，與協統鍾穎不和被害，1915 年追認為烈士。又著有《諸經家法表》一卷、《白門小草》一卷、《寄傲軒詩草》二卷、《思兄樓文稿》一卷、《紹衣錄》一卷、《爨餘集》一卷、《泣血緝存》四卷、《測繪儀器考》一卷、《江蘇參謀處兵學》、《羅長裿鄉試硃卷》、《羅長裿殿試卷》，輯有《茂苑吟秋集》一卷。

羅崇　周易解　佚

　　◎民國《吉安府志》卷四十六《藝文志》：羅崇《周易解》。

◎光緒《江西通志》卷九十九《藝文略》一《國朝》：《周易解》，羅崇撰（《廬陵縣志》）。

◎羅崇，江西廬陵人。又著有《學庸講章》。

羅登標 學易闡微 四卷 存

浙江藏乾隆八年（1743）松學清署刻本

四庫存目叢書影印乾隆八年（1743）刻本

◎鑒定姓氏：古寧雷鉉貫一甫、蓮峰童能靈龍儔甫、吳興潘汝龍健君甫、燕江黃乃德本公甫、松源錢王臣半千甫、松源陳用峻侯甫。

◎參閱姓氏：嚴秉權翼經、魏滋仁元伯、林天輝翔南、陳長松如蒼、陳鳴鸞佩聞、虞舜鳳聖瑞、陳舉祚衍亨、林弘濟茂生、余應豐子佩、何肇華起俊、李洪鐸仲祗、李思青又連、黃金峯尚球、楊偒孔昭、張鴻羽鑴南、沈懷之弘志、李柄經上公、葉佐治君偕、李祥志魁、葉元輔君燦、葉朝拱君瑞、楊澤孚溫廣、楊澤普溫玉、黃桂樑械榛。

◎參校受業姓氏：魏錦俊繡章、李綏聰天達、陳長樞如極、王建侯繼藩、范頤伯儼、王時御乘六、葉正翠維佳、黃鍾洪巨先、葉震子修長、陳豐著章、陳益著經、范有望嗣呂、葉鴻謨俊佳、江夢筆左文、陳所璠尚政、范徽音隆于、葉銘簡俊、葉登俊君銓、嚴而溫且沖、金秉衡允習、葉調梅君瑞、真曾來紹哲、葉來魁君捷、嚴而敏且捷、真洪亨煥可、葉向震維亨、范正音魯于、陳雕振宜、黃淑行希聖、陳國雯貽典、陳祖虞恭紹、嚴佩且顯、嚴喬且愛、嚴而泰且遜、嚴而敬且久、嚴而勝且吉、嚴學震遠文、吳繼澄幼如、葉左衷君翼、葉同雲君祥、陳經鳳振岐、葉左樞君宅、施道權元經、陳日暉恆昇、梅朝雋賓傳、陳濟著煒、王西魁選士、葉泰元君專、黃金崑尚珍、黃榜輝鼎魁、葉映榕君南、黃金崗尚琮、皇榜龍昇衢、李洪望子呂、葉紹燧先孺、陳長梅如馥、陳家政齊先、陳國政治先、陳文輝翼湛、葉元莊章文、葉上鵬君彩、魏為樞辰可、葉弘德先煒、葉樹材續培、葉選魁雲士、江洪濬川、徐大元克標、徐中道廷輝、何文祖敏修、葉際時子吉、陳士績彥煒、黃廷煦溫如、黃鍾時繼中、黃濟恆希牧、吳廷輝式先、魏馬圖于河、楊聖世景、蔡洪章正祥、真為松青士、鄭洽子陽、江淵永洪、劉復元學時、葉左舟君濟、范麟閣時宜、真元善友寬、葉翠元先伯、葉大中先泰、葉傳易先式。

◎編次校字姓名：壻邱謚允之、謝成龍子相、孫壻吳璐亦中、弟登萊在

壼、登衢近雲、登旭爾從、登雲二扶、登峻于天、登掄廷選、晉用錫、男朝紳君用、重姪煌紹周、孫維藩价人、維斗居輝。

◎目錄：

卷一：畫前有易論、易論、三易考、易學源流考、古易今易考、卦爻彖象考、蓍策考、論乾、論坤、論屯、論蒙、論需、論訟、論師、論比、論小畜、論履、論泰、論否、論同人、論大有、論謙、論豫、論隨、論蠱、論臨、論觀、論噬嗑、論賁、論剝、論復、論無妄、論大畜、論頤、論大過、論坎、論離。

卷二：論咸、恒論、論遯、論大壯、論晉、論明夷、論家人、論睽、論蹇、論解、論損、論益、論夬、論姤、論萃、論升、論困、論井、論革、論鼎、論震、論艮、論漸、論歸妹、論豐、論旅、論巽、論兌、論渙、論節、論中孚、論小過、論既濟、論未濟。

卷三：初爻總論、乾九居初者八、兌九居初者八、離九居初者八、震九居初者八、巽六居初者八、坎六居初者八、艮六居初者八、坤六居初者八、二爻總論、乾九居二者八、兌九居二者八、離六居二者八、震六居二者八、巽九居二者八、坎九居二者八、艮六居二者八、坤六居二者八、三爻總論、乾九居三者八、兌六居三者八、離九居三者八、震六居三者八、巽九居三者八、坎六居三者八、艮九居三者八、坤六居三者八、乾九居四者八、兌九居四者八、離九居四者八、震九居四者八、巽六居四者八、坎六居四者八、艮六居四者八、坤六居四者八、五爻總論、乾九居五者八、兌九居五者八、離六居五者八、震六居五者八、巽九居五者八、坎九居五者八、艮六居五者八、坤六居五者八、上爻總論、乾九居上者八、兌六居上者八、離九居上者八、震六居上者八、巽九居上者八、坎六居上者八、艮九居上者八、坤六居上者八、太極圖解、河圖解、洛書解、河圖洛書未分未變圖解、河圖洛書分而未變圖解、先後天卦配河圖解、先後天卦配洛書解、先天卦變後天卦解、因重加倍解（即伏羲六十四卦橫圖）、伏羲六十四卦圓圖解、伏羲六十四卦方圖解。

卷四：易卦分陰分陽解、易中陽統陰解、易中成卦之主陰多不吉解、易中刑獄解、六爻中正解、六爻承乘比應解、雜卦傳大過以下八卦不反對解、九卦反身修德解、序卦傳自師至豫十卦圖解、十二卦分屬十二辰圖解、十三卦制器尚象解、十九卦卦變解、啟蒙三十二圖反之為六十四圖卦變解經、六十四卦卦體解、六十四卦卦德解、六十四卦卦象解、邵子三十六宮都是春解、

反易卦不反易卦解、先甲後甲先庚後庚解、往順來逆解、先天卦配成象成形定解、六十四卦五爻配歷代帝王解、論揲蓍之法、論斷筮之法、擬周易折中謝表（康熙五十五年）。

◎學易闡微凡例：

一畫開天，六經首《易》，統六爻而卦始乾，歷四聖而書始成。數實協乎陰陽，理則根乎性命。故其用能開物成務，而其功在極深研幾。知其然不知其所以然，猶皮相耳。每見科舉士臨場盡仿擬題，是嘗一臠而莫窺全豹。訓詁家逐句疏解字義，亦尋遺蹄而罔獲真筌。易之微莫與闡，即易之理未能通也。不佞皓首羲經，潛心易學，前後應中丞之聘，雖云兩至鷲峯，朝夕玩朱子之書，猶慮僅同蠡測。然當上下泰交之際，正值文明大啟之時，聖人既乘龍以御天，學者得窮經而考道，所有書中奧義，自應剖釋無疑，尤冀海內名儒，相與同心共訂，畧臚凡例，以便參稽。

一曰先天後天不可不識。易以道陰陽，然陰陽二字正須分剖。學者習見乾震坎艮為陽、坤巽離兌為陰，見陽儀中之兌離，遂以為陽中陰；陰儀中之坎艮，遂以為陰中陽。不知兌太陽宮卦，正是陽中陽，何以為陰？艮太陰宮卦，正是陰中陰，何以為陽？集中分陰分陽解必溯源於先天後天，有先後天皆為陽皆為陰者，有先天為陽後天為陰、先天為陰後天為陽者，陰陽而以先後天分，則羣疑釋矣。

一曰古易今易不可不稽。學者讀易，只見今易未見古易。如大哉乾元章，《本義》云：「彖即文王所繫之辭，傳者孔子所以釋經之辭也，後凡言傳者傚此。」本文無傳字，此傳字如何安頓？不知古易先立「上彖傳」三字，如《周易上經》四字例，朱子即於此三字下註曰「彖即文王」云云，若今易無「上彖傳」三字，則不用此註。後人既汰此三字，又加「彖曰」二字於篇首，此註蓋汰其所未盡者。未見古易，多少疑端，此讀易者所以必推求古本也。

一曰載道之文不可太冗。易更四聖，是出四手，倏言天道，倏言人事，意既雜出，辭不貫串。況卦體、卦德、卦象、卦變又紛紜糾錯於其間，令讀者瞻前惑後、顧此失彼，意思如何融洽？集中每論一卦，必一意到底，連絡條貫，頗近自然。雖不專為科舉設，然應試諸生口誦心維，亦不至走差門戶，是亦揣摩家之要路也。

一曰說經之用不可無證。儒家講易，固不必局定某卦似某朝、某爻似某人，亦依稀恍惚之間焉耳。六十四卦五爻配歷代帝王，解亦然。程子謂若局

定一人一事，則三百八十四爻只好作三百八十四件用，非神明默成之旨也。商賜可與言《詩》，在舉一及三，故其用無窮。楊墨所稱賊道，在舉一廢百，而其用反滯矣。

一曰爻位之布不可不辨。三百八十四爻分見於六十四卦中，自乾九居初者八，至坤六居上者八，其間承乘比應、中正內外之位，健說明動入險止順之情具在焉，其吉凶悔吝悉以此推之。先儒惟吳草廬畧啟其端，未竟其緒。集中俱比而合之，以暢其說。

一曰象數之學不可不知。聖人立象以盡意，卦有卦象、爻有爻象，有象斯有辭，有辭斯有斷，所謂稽實待虛、以前民用者，此也。然未有易之始，先有象以開其端，如河洛是矣。古本河洛二圖、先天卦四圖、後天卦二圖，其說皆出於邵氏。集中將此八圖，神而明之，化而裁之，增其圖至二十有三，解所不能得其意者，閱斯圖瞭如指掌矣。

一曰人所詳者可以或畧。作文以疏經，原祈精通經義而止，坊本句疏字釋，於經中要旨鮮有發明，無庸更議。每見韻書於一東下注一方名、二冬下注一時名，吾未見天下之人，或有春夏秋冬之未識、東西南北之不解而能拈韻作詩者也。集中畧人所詳，非好就簡也，亦以片字點墨，皆當施於有用之地耳。

一曰人所畧者不可不詳。是書名曰《闡微》，非易之外又別有微也，又非唐宋以來學者皆不能闡，必遲之以待今日也。語其顯，百姓日用而不知；語其微，所謂極深而研幾者在此，所謂窮理盡性以至於命者亦在此。易理原在目前，諸先輩特未推窮到此耳。宋元以來，闡易者甚夥，即有明之世，易類二百二十二部凡一千五百七十卷。其膾炙雛壇，盛傳者不過數家。矧余何人，敢以闡微自任乎？但念生逢明盛運際昇平，久遭化成人文蔚起，欣捧欽定《周易折中》原本，焚香默坐，涵泳有年，乃得以宣其引而未發之微言，撰成草本，呈諸各憲，俱謬為許可，錫以弁言，諭令刊梓行世，則易學有幸矣。客問陶弘景註《易》與《本草》孰先，陶曰：「註《易》誤，不至殺人；註《本草》誤，則有不得其死者。」世以為知言。獨唐子西厚非之，謂註《本草》誤，其禍疾而小；註六經誤，其禍遲而大，窮其弊，蓋足以殺天下及後世也。余此編折衷先達，斟酌多年，竊幸不至移禍於天下後世。但易理靡盡，愈推愈出，尚祈易學諸君子痛加斧削，郵以砭我，亦不負區區就正之鄙衷也。岢乾隆壬戌長至前九日，正誼堂後學羅登標自識於松溪學署。

◎王恕序〔註57〕：寧化羅君子建〔註58〕登標手編《學易闡微》四卷，為論者七十四、為考者五、為解者三十三，共一百一十篇，其發明四聖人之微言奧旨與夫諸儒百氏之說，櫽括而出之，犁然昭徹于耳目，俾學者得所由入，不以望洋自阻，其學可謂擇而精，其用意可謂厚矣。蓋漢以後學者授受相承，黨枯護朽，以說經為事。即《周易》一經，而《隋志》凡六十九部，《唐志》增至八十八部，《宋志》則二百一十三部，《元史》經籍無志，而諸儒刻于成容若先生〔註59〕《經解》者凡十部，是宋元之際諸儒說經較《漢志》所錄十三家二百九十四篇者，其數不啻數十倍矣，抑何盛也！自明以制義取士，學者汩沒于時文講章，後生小子束書不觀，有不知荀九家為何人者，況其他乎？故得一人焉尊聖人之經而朝夕誦說之，斯寶貴之矣！況若君書之善乎？君之書皆羽衛傳義，有裨學者。而六爻諸論，其闡發尤切實無遺蘊。至論六十四卦多引史事以相左證，又接五峯先生《易外傳》自屯至剝之例，非好為穿鑿安排也。夫易之道廣矣大矣，學者苟極其心思，隨所見而皆有得，要亦出于自然，乃可貴耳。彼好奇鈞異者惡足以與于此哉！吾觀朱氏元昇，宋之右科耳；雷氏思齊，元之黃冠耳。皆述易以傳于後。而今世士大夫用力于是者，卒鮮焉。吾安得不重羅君，而亟為嘉歎也？唐州郡教其學生，五經各有師道，州文宣王廟碑所云「《春秋》師晉陵蔣堅、易師沙門凝譽」，蓋必專門名家，始有益于諸生。今君方為學官于松溪，出其向所折衷四聖人者，日進諸生，講求探索，異時閩之善易者眾，必自羅君始矣。乾隆七年壬戌春正月十五日，賜進士出身巡撫福建等處地方提督軍務都察院右副都御史西蜀王恕題于使院之雲在軒〔註60〕。

◎于辰序：南閩，海濱鄒魯，建州屬邑，尤儒先遊歷之區。宦斯土者，率皆磊落英多經明行脩之彥，知其浸漉於先澤者久也。余膺簡命視學閩中，每歷一郡，即宣御製訓飭士子文，命諸廣文率諸生聽講新頒諭旨，無非欲其通經嗜古、士習淳良，稍報皇恩於萬一也。校士餘，得接松博羅君子建，見其言

〔註57〕此序又見於沈大成《學福齋集》卷一，題《學易闡微序》（代），據沈氏《學福齋集》卷三《香艸齋詩集序》：「往余客嶺南，會閩黃十硯先生亦來重遊。余之獲交於先生也，以西蜀王公恕。」則沈、王故有交，王氏此序為沈氏代筆也。

〔註55〕沈大成《學福齋集》卷一《學易闡微序》「子建」二字無。

〔註59〕沈大成《學福齋集》卷一《學易闡微序》「成容若先生」作「納蘭成德」。

〔註60〕沈大成《學福齋集》卷一《學易闡微序》此句無。

色雍如，可以楷模多士。一日獻其所輯《學易闡微》一書，兼丐余敘。余學殖荒落，未窺古人作易之意，亦安能強不知以為知哉。然讀書中秘，清晨每捧聖祖仁皇帝御製《周易折中》序文，伏讀之下，竊嘆其聰明天亶猶且留心經學，勵精圖治，未嘗少輟。及入闈後，獲親承總制宗室濟齋德老先生《易圖解》，研精覃慮，疏釋詳明，確乎其不可易，然後知觀人文以化成天下，易道之興誠莫我朝若也。夫書不盡言言不盡意者，易也。羅君是書，有考有論有解，探天人之奧，窺卦畫之原，雖一字一名亦加考核，旁佐以古今史事，無微不闡，得是書而前此之隱而未發者已盡洩焉而無遺蘊矣。夫文以載道，言之不文，行而不遠，每見訓詁家理雖明而詞罕雅飭，似此指陳詳核如冰融凍釋毫無障碍，且其中起伏變化、一氣呵成，又如龍翔鳳舞，不可方物，載道之文，秩然有序，燦然可觀，洵可以信今而傳後也。使者瓜期伊邇，五日京兆，行將反轡復命，尚期以此書訓迪諸生，永作暗室之炬也可。乾隆七年夏四月浴佛日，賜進士出身日講官起居注翰林院編修提督福建等處學政金壇于辰題於榕城院署。

◎姜順龍序：自游楊程門立雪，道衍天南，理學醇儒後先輩起，自必薪燄未泯，代有傳人，承著述之緒餘，補遺文之未備，博大昌明以成一家言者，茲蓋於羅君遇之。羅君秉鐸松溪，慨然以斯道為己任，橫經設教，一仿諸白鹿條規，造就多士。余聞而竊喜，猶未知其得力於易學者深也。今年秋，羅君郵寄所著《學易闡微》一書，問序於余。案牘之暇，受而卒業，見其分圖晰卦，理解天人，探窮河洛之源，徵極品彙之細，往復辨論，層出不竭，而皆自出機杼，不襲前人牙慧，且破除理障朗若玉山，指點化機明如犀燭，未嘗不掩卷嘆服也。夫易學自商瞿始授，傳至田何，後儒分道揚鑣，各宗其說，聚訟紛紜，奚止汗牛充棟。究之，言愈多而理愈晦，不失之支離即流於玄渺，其弊則拘。迨程朱得《皇極經世》之傳，而理象始備。厥後分經校士，競摘篇章，本義微言，其孰從而辯晰？羅君之著述是編，洵足羽翼紫陽、牖啟多士，功豈淺鮮哉。易有云：「觀乎人文以化成天下」，文章一道實與政治相通，方今聖天子嚮離出治，雅化作人，海內文風蒸然蔚起，凡有訓迪之任者，自當仰應昌期、培植多士，使經明行修，以繙皷昇平之盛，兼承道學之傳，豈僅松溪一邑得聞緒論已乎？亟宜付之剞劂，以公同志。余是以忘其固陋，樂取而為之序云。乾隆壬戌九月既望，延建邵使者姜順龍題於劍浦之清暉閣。

◎莊年序：癸亥春，余承乏建郡，時當歲校學官率諸生來謁，余因以覘

其教學,而得羅君子建。羅君司鐸松溪,造士以實不以文,爰出其所著《學易
闡微》以質於余。余讀之,慨然曰:夫易廣矣大矣,三古四聖人書不盡言言不
盡意,顧可求之語言文字間哉?竊謂《易》之為書,不外乎理數耳。有理而後
有象,有象而後有數,由辭以觀象,因象以知數,即象以窮理,得其理而象數
在其中矣。故舍盡性至命之理而言數,非易數也;舍對待流行之數而言理,
非易理也。自漢以來言易者多主象數,唯王弼主理,孔穎達取之,然不免雜
於莊老。至宋而周程之傳獨得其宗,周子《太極圖》云:「無極而太極」,遡之
無聲無臭,以明陰陽五行化生人物之本;統之仁義中正,以明主靜立極之宗;
證之原始反終,以明修吉悖凶之道。是雖不言卦疇,而圖書之意象悉備,直
見羲皇之心於畫前矣。程子惜後儒拘牽蠡測,知所謂卦爻象象之義而不知有
卦爻象象之用,於是《易傳》作焉。玩辭考卦,可以知變,似求言於近者,然
得之於精神之運、心術之動,體用一原,顯微無間,觀會通以行其典禮,非天
下之至精,其孰能與於此。當世邵子,先天之易受之李挺之,遠有師承,而明
道以為不必學者,其自為一書而未全乎易之用也。朱子謂其以術處事如張子
房,有旨哉!至朱子註易,名曰《本義》,蓋以《易》為卜筮之書,周程言之
太精,不若就卦爻之粗者揭其本義,使學者究辭義之所指,以為吉凶可否之
決,然後考其象之所以然,求其理之所以然者,推之於事,使上自王公下至
臣庶,所以修身治國皆有可用也。然則三聖之心傳,其在朱子乎?今羅君之
書,薈萃諸儒而折衷於紫陽,吾取其不自立說也。往余讀黃石齋《易象》《春
秋》二書,互相發明。是編以史事證卦,亦閩中理學之源流歟?君方以經術
教諸生,當不獨其門弟子如侯芭之好雄書,寶而傳之,行見松人士必有經明
行修出而為國家之用者,余拭目俟之矣。乾隆癸亥季春,知建寧府事莊年題
於富沙公署。

　　◎雷鋐序:善易者不說易,非不說也,《易大傳》曰:「默而成之,不言而
信,存乎德行」,則不必說易而固無言之匪易也。然亦有必待於說者,畫前何
以有易,易之陰陽何以有老少,卜掌何以有三名,源流於何而悉,古今易於
何而判,卦爻象象於何而稱,蓍策於何而用?河圖洛書天之生之,必有其故,
未分未變之圖,必有其實;先後天卦與圖書相配,必有其蘊;先天卦變後天,
必有其奧;因重加倍必有其法,圖何以有方圓,卦何以分陰陽?爻之中正,
承乘比應,何以有吉凶,陽何以統陰,陰何以多不吉?《雜卦傳》八卦不反
對,九卦反身修德,十卦奇偶各半,十二卦配十二辰,十三卦制器尚象,十九

卦卦變，三十二圖反之為六十四圖，卦變必各有所因，且著何以揲，筮何以斷，刑獄何以象，庚甲先後何以辨，六十四卦五爻何以與歷代帝王相配，自乾坤至既未濟一卦六爻義蘊何以各別？皆易之微而不容不闡者也。吾里中學博羅先生子建者，束髮受經，至皓首不倦，所著之易有數十萬言，皆散失於友人手，不能成帙。康熙甲午大中丞滿帠山先生奉文延訪修士，督學涵六張夫子以先生薦。乾隆丁巳，撫軍漢亭盧公復禮聘鰲峯，乃得以學易之餘，綜其大綱括其要領，而剖悉淵微，非深得羲、文、周、孔之心傳，能說之瞭如指掌哉！他日據皋比、坐明倫堂，諸生以時執經考業，吾知必大出所學以抉發千百年未洩之秘，而為國家鼓吹休明於無既者夫！乃怳然又嘆唯善易者而後能說易也。乾隆三年麥秋月念七日，賜進士出身日講官起居注兼詹事府左春坊左諭德翰林院編修充《一統志》纂修官丁巳科會試同考官奉旨召入內廷課讀加二級年家眷同學世姪雷鋐敬題於玉堂小齋。

◎潘汝龍序：大中丞中菴王公序學博羅君《學易闡微》一書，深喟元明以來學者多汨沒於科舉之業，束書不觀，而亟嘉羅君之能通經覃思，惠來學于無窮也。諸生爰請實板行之，乞余言為之引。余惟學易之難，象數與義理而已。顧說經非難，說經而不亡經為難。費氏之學傳至鄭、王，注疏者無慮數十家，大率支離蔓衍穿鑿破碎，相騁于虛詞浮辨之間而無當于綱領。朱子嘗論漢儒互體、卦變、五行、納甲、飛伏之法多不可通，而談理者又務為元妙深遠，有義理而無情意，其言蓋有槩乎俗學之沉錮尋條失枝罣一萬漏，羲文三聖之精蘊不燼于秦火而晦盲否塞于說經者之口，故一以自然為宗，以為天地本然之妙不假安排，無用別添外料，釀元酒而架屋床。同時與袁機仲、趙子欽輩反復辨喻不下數千百言，要以反身切己求其所以處此之實如是而已。然竊觀門人所記，似于《啟蒙》《本義》諸書夙嘗嗛嗛，謂尚有剩語未盡，蓋先儒之議室咮腴虛心端意如此，非猶夫小夫輕材挾私臆而逞衍說之云也。羅君之書平澹簡短，旁引史事，疏通證明，與程朱相表裏，而其用歸于謹身寡過，古今學術之源流、諸儒之同異，皆有以裁其蓁楛、汰其蒙蔀，國家崇興行於今百餘年矣，誠得如君者數十人，落落然布于天下，與諸生講明而切究之，經學之再中也，其在茲乎？昔趙岐《孟子》拙而不明、王弼《周易》巧而不明，羅君之于易，可謂明矣。余微且陋，學植荒落，每體中不佳時，脫復看之，寒梅積霰，研朱灑然，稍稍窺見古人讀易，字字有用之意，而知先王設官掌之太卜，廣大具備，其不徒以為占筮之書，供揮塵之談而已也。學者遜志

而有得焉。因是以攷注疏之醇駁而探其指要，其于義理之本原、人事之訓戒，當必有渙然而縣解者，庶幾羅君著書之苦心其不徒矣。用推中丞所以序之之意而論之如此。乾隆七年壬戌二月既望，賜進士出身文林郎知松溪縣事吳興潘汝龍書于劍峰官署。

◎童能靈序：《易》於五經，號稱難讀。故自漢人雜之於術數，晉人假之於清談，而《太元》《洞極》之流紛紛眹欲起而擬之。有宋諸儒出，易始特開生面。然程子猶自謂《易傳》只說得七分，朱子《本義》亦不自滿意。則易之難讀蓋已久矣。迄於今茲，其說浸備，列於學官，士得自占為其專門之學，宜有以盡其詳者，顧人僅取腐爛講章竄入帖括，以僥倖獲售。偶眹得之，輒視為芻狗，豈復有真能讀易者乎？寧化羅子建先生，獨終身於是，行年六十有奇，未嘗去手。生平所得，乃自成一編，名曰《學易闡微》，上溯淵源，中括事理，下凡易中一名一義，無不發揮顯暢，蓋卓眹於方刻講章之外也。其學之者久而思之者深，故其取之者博而收之者約。有志於易者，得是編而讀之，庶幾無苦其難矣。友人羅于天為吾言先生自少至老目不窺戶，篤志好學，而沖眹若虛，其登賢書也，官於松溪，日與諸生講論不倦。暇則復取是編研核更定，靡間寒暑，固宜其學之有以行世而垂後也。予既得見先生之書，復重友人之請，於是乎書。庚申陽月，連城童能靈拜手書於羅氏家塾。

◎錢王臣序：《易》之為書也，羲、文、周、孔其作者乎？非也，述焉而已。上古之世，號稱混沌，匪易弗開也，作果在人，羲、文、周、孔以前，易之作也久矣，卒無能者，於是天不得不以作自任，此龍馬所為負圖而出於河也。伏羲因圖畫卦，尚矣。更閱數代，文象、周爻、孔翼迤相繼而起，不謂之述，得乎？孔子假年以學易，韋編三絕，述蓋若斯之難也。而仰觀俯察、設卦觀象，惟前述者亦難，夫然後易道章於天下。三代以後之人心利欲日錮，愚於往代，述者之旨晦，作者之心益晦，雖易學疊興，而派別人殊，迨有宋《程傳》《朱義》出，折衷始定。嗚乎，豈不難哉！臣忝受崇經，不過弋取科名而止，問所以作述者，惘如也。自先生鐸松，示以《學易闡微》，讀之數月，乃歎醒釀儒解獨出心裁以成書，厥理與數瞭如指掌，非天分過人、積學數十年，惡由及此。所謂居而安、樂而玩，先生殆其人歟？嗚乎！易學之難也，《連山》《歸藏》其泯滅同上古，焦、費之儔無論已，即《傳》《義》並行，究之，舍《傳》存《義》，蓋朱述孔、孔述周、周述文、文述羲、羲述天，落落千古，止此數人，天心詎易見歟？然繼自今有志學易者，請由是書求之，作者之心

與述者之旨始於是乎在。先生之功夫豈出朱《義》下哉？年家寅會弟松源錢王臣頓首拜題。

◎學易闡微書後：易較他書獨微，羲闡目卦、文闡以象、公闡以爻、孔闡以翼，下暨諸子百家，厥闡殆盡，後之學者幾無置喙所矣。今復有《闡微》一書，其作耶？述耶？抑感於俗學之晦盲否塞，乃欲本心得目救正耶？慨自言理者腐、言數者鑿，工舉子業者又溺於揣摩積習，徒以邨郭語獵取青紫，四聖奧旨實毫無講究，惜已！用雖世業羲經，管見蠡測，未窺萬一。猶憶丁酉就學鰲峯，從梁邨蔡夫子遊，因得交貴庠王君貫一雷先生，每數吾閩精通易義之士，首為先生屈一指，時已耳熟其名、心焉慕之。迨先生兩應中丞聘講習正誼堂中，屢解人頤，恨無由再忝末席親叨誨益，徒深渴想已耳。今幸來鐸吾松，始得數坐春風，握蘭言而披玉屑，歡出望外，爰求窺全豹，乃示以《學易闡微》。中有考以徵其源流，有解以疏其義類，有論以暢其旨歸，證以古今史事，瞭如指掌。苟非居安樂玩、功深研極者，曷能道其隻字，因不禁喟然嘆曰觀止矣。曩二君之所揄揚而推服者，洵不虛矣。當道諸名宿評序具在，僅可信今而傳後矣。吾知此書一出，匪獨貽用以漆室之燈、分同人以鄰壁之耀，布之海內，且可不脛而走，前後光照十二乘傳之奕代。使讀之者咸仰日月之懸亙古不晦，其所以闡四聖之微而為功後學者，詎不偉哉。因走筆而跋其尾。乾隆壬戌四月望前二日，鰲峰同學松源小弟陳用書於同文書院。

◎各憲鑒定批語附後：

一、呈兵部尚書兼都察院右都御史總督福建浙江等處地方軍務兼理糧餉世襲雲騎尉加一級紀錄十五次郡鑒定批：易道精微，前賢義疏數百家，闡發已無遺蘊。自欽定《周易折中》一書而集羣言之大成，芟眾說之蕪穢，承學之士所當潛心玩索，未宜更下言詮。據呈《學易闡微》，是否不謬于儒先，仍候本部堂簿書稍暇，當詳加披閱，仍候撫都學院批示檄。

一、呈巡撫福建等處地方提督軍務都察院右副都御使劉鑒定批：仰候細心閱定，發給序文，仍候本部堂簿書稍暇，當詳加披閱，仍候督學兩院批示檄。

一、呈原任署理福建巡撫提督軍務都察院廣東布政使加四級紀錄五次王鑒定論單云：本署院公暇披閱該學所著《學易闡微》一書，洵足羽翼傳義，有裨學者。除撰序一篇飭發外，令行論知該學既通經篤行，又居道鐸之任，現奉諭旨甄別師儒，廣厲學宮，所宜日進諸生，實力講解，不惟克舉其職，且于

聖主崇尚經術、作育人材至意庶有當也。勉之，特諭。

一、呈日講起居注翰林院編修原任福建等處學政加二級于鑒定批：披閱
書冊，俱見精心，已經面諭並給序文矣。此檄。

一、呈提督福建等處翰林院編修加一級吳鑒定批：閱該學所著《學易闡
微》一書，發四聖之精微，括百家之奧說，論極精詳，解極正當，洵可輔翼考
亭之《本義》，昭示後學之津梁，本院當潛心細玩，撰給序文，公餘給發，仍
俟督撫兩院批示檄。

一、呈福建等處承宣布政司布政使紀錄五次張鑒定批：易理淵微，力能
闡之，公諸同好，誰曰不宜？顧以日事簿書，未遑深繹。至問世制義，畧見
一斑矣。仰俟督撫學三院給序梓行可也。此檄。

一、呈福建等處提刑按察使司按察使加一級紀錄一次儲鑒定批：易觀天
地之象，通陰陽之變，考鬼神之情，童而習之，得其源者蓋寡。據送到《闡
微》一書，索隱鉤深，一歸于正，具見苦心。俟閱竟發序可也。仍俟兩院憲暨
學院藩司、巡道批示檄。書文並存。

一、呈福建分巡延建邵道按察使司副使紀錄二次姜鑒定批：易學彌綸天
地變化陰陽，論其微則達化窮神，語其顯則尋常日用，該學研窮有素，剖悉
無遺，洵足闡發微言，津梁來學。書留覽，序文俟發。仍俟撫督學三院憲暨藩
臬二司批示檄。

一、呈建寧府正堂加三級紀錄三次莊鑒定批：易理精微，闡發前人所未
發，足徵宿學，有功文教，深堪敬羨，仰候公務稍暇，撰序發繕可也。仍俟各
憲批示檄。書存。

一、呈原任建寧府正堂加一級林鑒定批：頃閱全編，具見潛心易理，
宜刊大部，用彰學殫義、文盡窺六十四卦之精微，尚望陶成多士，上繼數
千百年之道統，欣瞻純粹明儒，欲揚盛朝之文治，應留司鐸之教言。書存。
此檄。

一、呈原署建寧府正堂事邵武清軍鹽糧總捕分府加一級喬鑒定批：據呈
所著《學易闡微》一書，探奇闡幽，發揮精蘊，遠溯淵源，沉研理窟，可以贊
勷《本義》、彰明經義矣。本署府識暗六爻，明慚三義，候各憲弁言，以鴻易
學可也。此檄。書發存閱。

◎摘錄卷四末《擬周易折中謝表》：伏以一畫成文，闡三才之義蘊；六虛
有位，發四聖之心傳。校金蘭於玉堂，縹緗動色；聚鴻儒於虎觀，梨棗生輝。

理實協乎陰陽，功更侔於造化。奎光復炳，藜火重吹。臣等誠惶誠恐、稽首頓首上言：竊聞河洛呈祥，則圖書而作易；文周遞起，因卦畫以繫辭。象言全體之材，爻列一端之變。《連》《歸》或後人假托，理數實先聖真傳。二篇皆未剖之遺文，十翼即不刊之今典。彙成書六十五卷，窮奧旨七十六家。書成授之商瞿，數學起於王弼。田何、施、孟，各有發明；費直、京房，總皆餘派。邵傳羲畫，程演周經。《本義》著而象占遂明，《啟蒙》作而精微以出。然亦見解之互異，未能剖晰之無疵。況朱程以來，誰識周情孔思；自《蒙》《存》而外，安知大義微言。未有陶鑄羣儒，啟琅玕而廣布；融成眾說，萃珠玉以刊行。如今日者也，茲蓋伏遇皇帝陛下，兼三出震，乘六體乾。經離照而明，允矣光懸日月；際春交之盛，卓哉手定乾坤。修前此所未修，苞符秘啟；輯從來所未輯，筮策輝增。固已類萬物之情，抑亦通神明之德。猶以百家雜說，未經一手之修明；諸子註疏，未晰兩間之奧義。爰乘萬幾之暇，御製序文；因藉百爾之勞，闡明易蘊。芟輯盡經睿斷，取裁悉稟宸衷。大者羅地包天、羽經翼傳；小則句詁字訓，戞玉敲金，蓋相尋於月窟天根，故落筆皆成妙諦；惟一本於居安樂玩，故輯來盡屬名言。特命儒臣，頒行學校，經在前而傳在後，序次如初；理自精而義自明，情文並美。仍名《周易》，竹素傳芳；取義折中，文星煥采。奕奕乎書倉僅事，煌煌乎學海大觀。臣等謬附窮經，猥云學易，占恆辭，憂惟爽德；觀艮象，懼有越思。矢絕編之懷，敢謂窮神達化？存寡過之意，庶幾議動擬言。伏願志凜撝謙、治嚴保泰，謹幾徵於豶豕，畜德常新。法中順於黃裳，坤維永奠。因崇儒益精聖學，遠紹羲、文、周、孔之休；由纂易而訂諸經，近接濂洛關閩之盛。將魯魚亥豕，字句無訛；研慮悅心，淵源可遡。仰以觀俯以察，時時可兩地參天；遠取物近取身，在在皆馬圖龜畫。則交易變易儼若珠囊寶鏡之長懸，先天後天斯為萬古千秋之不晦矣。臣等無任瞻天仰聖激切屏營之至。謹奉表稱謝以聞。

◎四庫提要：是書皆辨易中疑義，凡為論者七十四，為考者五，為解者三十三，共一百十二篇，多循前人之說。其首卷第一篇論畫前有易不免膚辭，卷三中以三百八十四爻割隸八卦於全卦之義反有未融，至卷四中《以六十四卦之五爻配歷代帝王解》一篇亦屬掛一漏百，其以恆五爻「婦人吉，夫子凶」擬武后之幽囚太子竊弄神器尤為悖理，夫武后可稱「婦人吉」乎？

◎羅登標，字子建。福建寧化人。康熙舉人。官松溪縣教諭。又著有《朱子白鹿揭示解》一卷、《竹窗雜記》八卷、《問世草》。

羅登選 京房易解 佚

◎光緒《衡山縣志》卷四十《著述・國朝》：羅登選《京房易解》、《大戴禮記訓詁》、《夏小正直解》(四庫館存目)、《春秋三傳辨異》、《律呂新書箋義》二卷(四庫館存目)、《八音考略》一卷(《四庫全書存目提要》曰：「是書取蔡元定書為訓釋」)。

◎羅登選，字升之，號謙齋。湖南衡山人。乾隆諸生。經史子集之外，凡天文、地理、樂律、數學、釋老、醫卜之書無不討究。著有《律呂新書箋義》二卷、《夏小正直解》、《京房易解》、《焦氏易解》、《大戴禮記訓詁》、《春秋三傳辨異》、《八音考略》一卷、《敦本堂詩文集》。

羅典 凝園讀易管見 十卷 存

復旦、人大、武漢、南京藏乾隆三十一年（1766）羅氏明德堂刻本
嶽麓書社 2013 年湖湘文庫蘭甲雲校點本

◎目錄：清故鴻臚寺少卿羅慎齋先生傳。上經卷之一。上經卷之二。上經卷之三。上經卷之四。上經卷之五。上經卷之六。下經卷之七。下經卷之八。下經卷之九。下經卷之十。

◎羅典嘉慶十二年（1807）《廣養生說示兒紹祁》〔註61〕：予自從事諸經，歲周四紀，得成《周易》《毛詩》《尚書》《春秋》四部。

◎弟子嚴如熤《樂園文鈔》卷四《鴻臚寺少卿羅慎齋先生傳》：先生雖以制藝名一世，而精神專主則在經。其治經也，以古人簡質，文字無閒膬，即經詁經，字枇而句梳之。既皆有確切註腳，則通之一章又通之全篇。全經有所窒則廢寢食，夜以繼日，必得其融貫而後安。注易始京寓之凝園，名曰《管見》。壬戌《詩管見》成，戊午《今文尚書管見》成。《春秋管見》成於甲子，年八十六矣。攝心志，觀義理，加以閱世之深，洞澈於天人之微事物之變，周情孔思，立說時出新義，要其精者實闡古人不傳之祕。

◎《四川通志》：論文喜奇古，注經亦多別解。然宗尚古注。蜀士之知從漢學者自典始。著有《讀易管見》八卷，刊行蜀中。

◎焦循《易廣記》卷三：《凝園讀易管見》十卷，乾隆丙戌年刻，題慎齋羅典徽五氏定稿，無序目。

◎光緒《湘潭縣志》卷十《藝文》：《凝園讀易管見》十卷（羅典撰。典

〔註61〕摘自《湖南文徵》卷十九。

有傳）。

◎周按：是書解六十四卦卦爻辭。

◎羅典（1719～1807），字徽五，號慎齋。湖南湘潭縣人。乾隆十六年（1751）進士，選庶吉士，後轉御史，歷吏、工科掌印給事中，兩主河南鄉試，督四川學政，官至鴻臚寺少卿。乾隆四十一年主武陵朗江書院，四十七年起任嶽麓書院山長二十七年。又著有《凝園讀詩管見》十四卷、《凝園讀春秋管見》十四卷、《凝園讀書管見》十卷、《今文尚書管見》《羅鴻臚集》二卷、《廣養生說》、《九江考》等。

羅歸德 周易問津 八卷 存

上海藏同治七年（1868）羅鍾衛清德堂刻本

臺中文聽閣圖書有限公司 2010 年晚清四部叢刊第二編影印同治七年（1868）清德堂刻本

◎凡例（摘錄）：

一、易義包含萬象，引伸其說者均有旨趣可思。茲集摘其要論，於來子外，惟廉方張氏、旭章鄧氏採之最多，餘皆節取明晰，俾閱者一目瞭然。

一、圖書為易之祖，圖學不明，原委莫辨。篇載羲、文圖後並附互體圖五，偶存臆見，非敢掠美，有志研經者諒不憚煩。

一、卦爻先明卦主，提綱挈領，則其餘義旨皆有所歸。是集謹遵御纂《折衷》，臚列卦主，分揭於各卦之首。提綱挈領，全卦大旨已明。

一、易經不比他經，一卦而六十四卦之理可通。讀是經者，專看一卦猶須兼看兩卦，每兩卦陰陽畫數相對，故故於兩卦輯一合旨，又於上下篇末附一總論。

◎周按：卷一至卷四上經。卷五下經。卷六繫辭上傳。卷七繫辭下傳。卷八說卦傳、序卦傳、雜卦傳。

◎李青培序：客有譚余署者曰：「《易》之為書，變動不居，百理一解，一理亦可百解。浩如烟海，孰從而識其津之所存？子於羅君雨亭手著《周易問津》，促授之梓，果足為知津者乎？果足導迷津者乎？竊恐未必其然。」余曰：汝勿疑，請試言之。易之體精而微，易之用廣而大，洵難為蠡測者道也。然必舉苞符之密，別創新奇，始足以信今而傳後。非流於誕異即涉於艱深，而易簡之津要幾皓首而茫如。惟雨亭是編，積數十年之心得，取象詳明，隨卦引

證，語必宗仁義中正，理不倍周、邵、程、朱，指示親切，若大路然。學者誠得此而諷誦之、玩索之，且旁參而互攷之，俾盈科後進於以漸尋其崖岸，是亦行遠自邇登高自卑之道也。夫名之曰《問津》，奚疑焉？今其孫鍾衛以梓書功竣，丐序於余。悵親炙之未由，尚私淑其有自，謹綴弁言，以明結習。在讀是編者，固諒余非阿所好也。即起雨亭而質之，應幸心得之克傳云。誥授奉政大夫耒陽縣教諭愚弟李青培頓首拜譔。

　　◎龔明璟序：易之道深矣哉！自河洛出圖書而伏羲氏始畫八卦，至周，文王、周公繼之而道益備。周末魯聖人出，嘗讀易而韋編三絕，曰假我數年於易則彬彬矣。況乎眾妙所歸，理無定解，非獨學易者難，而詁易者猶復不易，非貫穿百家神遊千古，亦安能尋章摘句強作解人耶？羅君雨亭，耒之力學士也。歲丁卯，余抵任後，適令孫鍾衛以君手註《周易問津》謀付梓。余受而讀之，見其獨抒己見，高挹羣言，凡一卦一爻一字一句，無不引伸觸類旁推交通，用能殫畢生之力成一家之言，其孤詣苦心良不可沒。必思信今傳後，庶幾作者之夙願乃快然而無憾也。令孫懼手澤之就湮，思先志之善繼，爰藉同好攸助，俾得壽之棗梨。板成，問序於余，因重違其意，爰不揣固陋，為述其大略於左。同治壬戌，補行己未科舉人耒陽縣訓導少皋龔明璟頓首拜序。

　　◎光緒《耒陽縣志》卷八之五《藝文書目》：《周易問津》，羅歸德。

　　◎羅歸德，字雨亭。湖南耒陽人。

羅堅　易經淺說　佚

　　◎同治《豐城縣志》卷十五：究心宋儒性理，易解以程朱為宗，著《易經淺說》（據本集增）。

　　◎同治《南昌府志》卷六十二《藝文》：羅堅《易經淺說》。

　　◎光緒《江西通志》卷九十九《藝文略》一《國朝》：《易經淺說》，羅堅撰（《豐城縣志》）。

　　◎羅堅，字子固。江西豐城羅坊人。順治間一應道學試輒輟。

羅經　易學啟蒙翼　一卷　存

　　國圖藏清鈔本

　　◎羅經，生平不詳。

羅經 毅亭先生揲蓍斷語 一卷 存

國圖藏清鈔本

羅開運 地理象數 二卷 佚

◎民國《宿松縣志》卷三十三上《藝文志》三：《地理象數》二卷，清羅開運著（石編《書目》）。運以治易名，是編熟諳易理，憑河洛圖書以宣苞符橐籥，從伏羲、文王先後天八卦體用以識堪輿性情，爰即卦象爻象以立象焉。其象不惑於緯，根天數地數以定數而其數不離於理。二卷若隱分內外篇矣：內篇明體，先反諸象數之元；外篇達用，繼推尋象數之跡。非但沾沾形家言見長。

◎羅開運，字直山。安徽宿松人。邑庠生。敦行力學，發奮忘老。凡有述作，數易稿始定。

羅開運 理氣象數全書 佚

◎民國《宿松縣志》卷四十二下《篤行》：存有《太極渾圇圖說》，詳《藝文》。晚年好形家言，撰著益多，有《理氣象數全書》《地理正傳》《地理行氣合一》《地理辨正》《註疏圖說》等篇待梓。

羅開運 太極渾圇圖說 一卷 佚

◎民國《宿松縣志》卷三十三上《藝文志》三：《太極渾圇圖說》一卷，羅開運著（石編《書目》）。運列《篤行傳》。是編深擘易理，並貫徹通書，如明人呂柟《周子鈔釋》之類。有圖有說，於陰陽理氣之根、先天後天之旨，無極太極之源，類皆抉奧靡遺。著論無多，而簡要明顯，學者稱之。

◎民國《宿松縣志》卷四十二下《篤行》：存有《太極渾圇圖說》，詳《藝文》。晚年好形家言，撰著益多，有《理氣象數全書》《地理正傳》《地理行氣合一》《地理辨正》《註疏圖說》等篇待梓。

羅烈 周易是正 不分卷 存

手稿本

◎羅烈，生平不詳。

羅青選 易經集說 六卷 存

四川藏舊鈔本

◎羅青選，四川江油人。廩生。以軍功保舉教職，歷署廣元、閬中訓導。著有《易經集說》六卷、《易經輯要》。

羅青選 易經輯要 佚

◎光緒《江油縣志》卷十八《人士志》：平生手不釋卷，著有《易經輯要》，學憲高賡恩奏請刊行。

羅汝懷 易詁 無卷數 存

稿本

◎羅汝懷《綠漪草堂文集》卷二十《答黎樾喬侍御書》：近有《易詁》之作，兩載以來僅成一卷，歲月遷逝，良自懼耳。

◎羅汝懷（1804～1880），初名汝槐，字廿（研／念）生，晚號楳根居士。湖南湘潭縣白坭廖家灣人。少就讀長沙城南書院，駱秉章得其《團練芻說》，節取頒行以為式。其後陽湖惲公籌積穀、德興李公申明鴉片煙之禁，皆自其發端。曾文正公視師江西，召君，君至曰：「吾任為賓，不受事。」道光十七年（1837）選拔貢生，次年赴京，廷試落第返湘，主講醴陵淥江書院兩年，以親老辭歸。就近設館授徒，絕意科舉。從師鄧顯鶴、沈道寬，以文字訓詁著稱於時。晚年選芷江、龍山縣學訓導，皆不赴。又著有《禹貢義案》（《禹貢古今義案》）二卷、《禹貢義參》二卷、《毛詩古音疏證》、《十三經字原》、《綠漪草堂經說》八卷、《授經省私錄》、《經傳金石假借字輯》一卷、《文字偏旁舉略》一卷、《六書統考》十七卷、《漢書溝洫志補注》一卷、《古今水道表》二卷、《七律流別集》十二卷，《潭雅集》四卷、《漢書溝洫志補注》、《古今水道表》、《綠漪草堂文集》三十四卷、《綠漪草堂詩集》二十卷、《研華館詞》三卷、《金縷酬春詞》一卷續一卷、《除夕吟蘇詞》一卷、《湖南襃忠錄》八輯十四卷、《北遊記里錄》四卷、《先世述聞》二卷、《記字珠》四卷、《楊武陵事蹟考》一卷、《吉劭閣集》三卷、《自鏡錄》三卷、《湘變紀略》一卷、《麓山碑考》一卷、《兵餉芻說》一卷、《西番紀略》四卷、《物產志》四卷、《湘潭縣十續志稿》五十卷、《湖南文徵例言》一卷、《通議公遺墨》，又參纂光緒《湖南通志》，輯《湖南文徵》二百卷、《唐詩六百編》八卷。

羅汝懷 周易訓詁大誼 五卷 存

中科院藏清鈔本

◎郭嵩燾《郭嵩燾全集‧日記》光緒五年七月十八日：羅柢敷、陳國卿並來見。詢及柢敷，研生精神意趣尚如舊，而年力亦稍衰矣，今歲亦頗患病，所著《禹貢》《周易》二書均只及半，而《禹貢》自初相見京氏即已研討有年，積五十餘年之力，當早成書，不應遷延至今。屬令轉告，務及衰年精力尚有可用，及早纂成之。《周易》則姑從緩。本朝經學曠越前代，獨於《周易》一書無能有所發明。以自漢以來傳易者皆術數小學，本朝專主虞氏易，所明消息之說與錯綜取象之義，曾何當於易之高深哉。君子於此，輟而不事焉可也。《禹貢》輿地徵實之學。言漢學者以徵實為義，《周易》廣大，非所及也。

◎郭嵩燾《郭嵩燾全集‧集部三‧文集》卷十六《羅研生墓志銘》：自少讀書，喜形聲訓詁之學，求得顧、汪、戴、段諸家之書，精研力索，曲暢旁通。乾嘉之際經師輩出，風動天下，而湖以南闇然無知鄭、許《說文》之學者。君居石潭萬山中，承其遺論，獨以治經必先識字，創意潛思，受成於心，不假師資。年三十四，充丁酉科選拔貢生，則君學已成矣。所著書曰《周易訓詁大誼》、曰《禹貢義箋》、曰《毛詩古音疏證》、曰《漢書溝洫志補注》、曰《古今水道表》、曰《十三經字原》、曰《六書統考》，皆粗具其義例。湘鄉曾文正公、道州何子貞編修以為有國朝經師之遺風……先是新化鄧先生顯鶴輯《沅湘耆舊集》二百卷，自唐以來湖南文獻可紀錄者，探討靡遺。又為明季湖南殉節諸臣傳略，以勸獎節義，存鄉先達遺跡。君曰：「永明之難，湖南死節者為多。粵寇據有長江，河南之寇遍及東、豫，而甘、陝困於回逆，兵師一出，湖南死忠者倍焉。國家方盛，成功立名，震耀天地，而死者之節則一也。至論湖南之文，傳世者無多，而要關係一方掌故，政治學術，尤有以見歷代人文之盛，而一鬱而不宣。此吾事也。」於是輯《湖南文徵》二百卷、《褒忠錄》八十四卷，論者以湖南文獻之徵，得鄧先生及君存其梗概，為有功於鄉里之大者。君嘗疾近世漢學宋學之分，以為名物度數，先王所以立教，而學必先識其大，未可偏勝。故其學於六藝訓詁、地理沿革、古今山水源流、歷代法制、氏族、金石篆隸，靡不研通，而一本於立身行己……生於嘉慶九年甲子歲七月初四日，卒於光緒六年庚辰歲九月三十日，年七十有七……君既卒，就求其遺書，蓋猶前四十年所見，標具其所心得，與先儒所以異同，或多缺略無完書。獨所著《綠漪草堂文集》三十四卷詩集二十卷、《研華館詞》三卷刊行於世。克進葬君邑西龍家港粉壁山莊之原，而述君行狀，屬嵩燾為之銘，

銘曰：湖湘以南，有儒一生，承經師之風以起，而擷取其精。著書累數十萬言，求之太廣，而艱於成。其單辭賸義，表見於世，猶足以見君之生平。千齡萬代，以無隕其名。

◎光緒《湘潭縣志》卷十《藝文》：《周易訓詁大誼》三卷（羅汝懷撰。汝懷有傳）。

羅時憲 周易遵聞錄 四卷 存

犍為葉政學求是軒 1913 年刻求是軒叢書本

◎羅時憲，生平不詳。

羅天閶 周易補義 二卷 佚

◎光緒《湘潭縣志》卷十《藝文》：《周易補義》二卷（羅天閶撰。天閶有傳）。

◎羅天閶，湖南湘潭人。又著有《和性理吟》一卷、《學古初藁》一卷、《西塘草》三卷。

羅文晉 易經宗旨 佚

◎羅文晉，江西撫州人。嘗任鉛山教諭。又著有《書經要旨》。

羅文蔚 易經要義 佚

◎光緒《吉水縣志》卷之四十八《書目》：《易經要義》，羅文蔚撰。

◎光緒《江西通志》卷九十九《藝文略》一《國朝》：《易經要義》，羅文蔚撰（《吉安府志》）。

◎羅文蔚，字豹臣。江西吉水人。康熙五十二年（1713）曾撰《羅氏族譜序》。

羅修越 易義鈔 三卷 佚

◎光緒《湘潭縣志》卷十《藝文》：《易義鈔》三卷（羅修越撰）。

◎羅修越，湖南湘潭人。又著有《寫心集》四卷。

羅澤南 周易本義衍言 佚

◎曾國藩《羅忠節公神道碑銘》〔註62〕：公之學，其大者以為天地萬物

〔註62〕摘自《曾文正公文集》卷二。

本吾一體，量不周於六合，澤不被於匹夫，虧辱莫大焉。凜降衷之大原，思主靜以協中，於是乎宗張子而著《西銘講義》一卷，宗周子而著《人極衍義》一卷。幼儀不慎則居敬無基，異說不辨則謬以千里，於是乎宗朱子而著《小學韻語》一卷、《姚江學辨》二卷。嚴取與出處之義，參陰陽消息之幾，旁及州域之形勢、百家之述作，靡不研討，於是乎有《讀孟子劄記》二卷、《周易本義衍言》若干卷、《皇輿要覽》若干卷、詩文集八卷。其為說雖多，而其本躬修以保四海，未嘗不同歸也。

　　◎羅澤南，字仲嶽，號羅山。湖南湘鄉人。又著有《發蒙彝訓》二卷首一卷、《羅山記》一卷、《遊石門記》一卷、《遊天井峯記》一卷、《遊龍山記》一卷、《遊南嶽記》一卷、光緒《洵陽縣鄉土志》四卷、《西銘講義》一卷、《人極衍義》一卷、《姚江學辨》二卷、《羅忠節集》（《羅羅山集》）八卷、《羅忠節公遺集》（《羅山遺集》）。

羅澤南 周易附說 一卷 存

　　國圖、山東藏咸豐九年（1859）長沙刻羅忠節公遺集本

　　嶽麓書社 2010 年符靜點校羅澤南集本

　　◎周易附說序：朱子《觀變圖》，一卦變為六十四卦，得四千九十六卦，皆易中自然之道，足發前聖所未發。惟於彖辭、彖傳之往來上下字義以卦變釋之，似非畫卦作易之本旨。六十四卦，體也；筮，用也。聖人設卦觀象，繫辭焉以明吉凶，俾筮者得以觀變而玩占〔註63〕，辭因卦象而繫，非因既筮之後觀變而始著也。即以卦變論之，如乾之一爻變者，變在初爻為姤、在二爻為同人、三為履，層遞而上，至於六爻皆變，次第井然。究竟同人之二爻非自姤之初爻而來，履之三爻非自同人之二爻而上。《本義》〔註64〕釋泰否咸恆蠱等卦不專取卦變，於卦變多以或辭疑之，可見非朱子之定論矣。澤南久從征討，無書可讀，以卜筮為軍中所需，攜《本義》一冊自隨。因攻潯陽未下，時從披覽以驗時事之消息。竊意易之為易，有交易有變易，陰陽交而畫卦成，陰陽變而筮法立。彖辭、彖傳之往來上下，皆以明交易之義，似於變易無涉。爰抒管見，附於《本義》之下，以備一說。軍務冗雜，此心莫靜，未知於畫卦作易之旨有當否也，錄而存之，以俟正於世之君子。咸豐五年乙卯正月二十

〔註63〕《湖湘文庫》點校本占字下讀，誤。
〔註64〕《湖湘文庫》點校本《本義》脫卻書名號，誤。下同。

四日，湘鄉羅澤南識於九江營次。

◎劉蓉《養晦堂文集》卷九《資政大夫贈巡撫布政使銜浙江寧紹臺道羅忠節權厝志》：公所著書有《人極衍義》《姚江學辨》《西銘講義》《皇輿要覽》《小學韻語》《周易附說》及詩文雜著約十餘卷，將次第刊布。

◎朱孔彰《中興將帥別傳》卷六下羅忠節公澤南：所著有《周易附說》一卷、《讀孟子札記》一卷、《西銘講義》一卷、《人極衍義》一卷、《姚江學辨》二卷、《小學韻語》一卷、詩文集八卷行於世；《皇輿要覽》稿藏於家。

◎郭嵩燾《羅忠節公遺集序》〔註65〕：羅忠節所著書曰《西銘講義》《姚江學辨》《人極衍義》《讀孟子札記》《周易附說》《小學韻語》，總若干卷刊行於世。

◎郭嵩燾《羅忠節公年譜》卷上四十八歲：著《周易附說》成，致書劉公蓉曰：《易》者憂患之書，今於憂患時讀之，尤親切而有味也。

◎郭嵩燾《郭嵩燾全集・日記》咸豐十一年七月十五日：校訂羅忠節公詩文。忠節所著書，已刻者曰《西銘講義》、曰《人極衍義》、曰《姚江學辨》、曰《讀孟子札記》、曰《周易附說》、曰《小學韻語》。其子兩明謀刻其遺文，屬予校定也。

◎李元度《天岳山館文鈔》卷五《羅忠節公別傳》：所著《小學韻語》一卷、詩文集八卷、《周易附說》、《讀孟子札記》、《西銘講義》、《人極衍義》、《皇輿要覽》皆行於世。

◎李元度《天岳山館文鈔》卷五《羅忠節公別傳》贊曰：公邃於洛閩之學，淵乎莫測其際也。

羅增 易經字集四聲音釋 一卷 存

國圖藏咸豐五年（1855）羅雲龍編刻經書輯字四聲音釋十種本

◎一名《易經輯字》、《易經字集》。

◎羅增，生平不詳。

羅振玉 敦煌古寫本周易王注校勘記 二卷 存

民國倉聖明智大學鉛印廣倉學宭叢書甲類本

臺灣文聽閣圖書有限公司 2009 年林慶彰主編民國時期經學叢書本

〔註65〕摘自楊堅點校《郭嵩燾詩文集》，嶽麓書社，1984 年版。

◎羅振玉（1866～1940），字式如、叔蘊、叔言，號雪堂、永豐鄉人，晚號貞松老人、松翁。祖籍浙江省上虞縣永豐鄉，生於江蘇淮安。著有《殷墟書契》、《殷墟書契菁華》、《三代吉金文存》、《貞松堂歷代名人法書》、《高昌壁畫精華》等。

羅振玉 周易王弼注唐寫本殘卷校字記 一卷 存

臺灣無求備齋藏宣統三年（1911）石印國學叢刊本

羅忠德 讀易解 佚

◎民國《宿松縣志》卷三十六下《列傳》一下《儒林》：初著《讀易解》《尚書戴記便讀訂正》《漢學管見》，自以未脫窠臼也，焚之，餘著稿成輒為人傳誦，致散佚多，首尾完具僅數種若干卷。

◎羅忠德，字璧山。安徽宿松人。同治丁卯舉人，光緒丁丑會試挑取謄錄，分國史館。久之，授滁州學正，擢太平府教授。嘗授經德化，李盛鐸、歐陽熙、劉廷琛著籍焉。

駱逢原 易經直解 佚

◎光緒《黃州府志》卷三十二《藝文志》：《易經直解》，黃安駱逢原撰（《縣志》）。

◎駱逢原，湖北黃安人。著有《易經直解》。

駱根深 周易釋句 佚

◎民國《東莞縣志》卷八十三《藝文署》一：《周易釋句》（國朝駱根深撰。採訪冊）。

◎駱根深，廣東東莞人。著有《周易釋句》。

駱璜 周易衍義 佚

◎民國《東莞縣志》卷八十三《藝文署》一：《周易衍義》（國朝駱璜撰。阮《通志》、《采訪冊。按璜字英欽，篁村人。康熙六十一年壬寅歲貢生，官文昌訓導。阮《通志》作駱張璜，誤）。

◎駱璜，字英欽。廣東東莞篁村人。康熙六十一年壬寅歲貢生，官文昌訓導。著有《周易衍義》。

駱沛霖 易經纂說 佚

◎光緒《黃州府志》卷三十二《藝文志》：《易經纂說》，蘄州駱沛霖撰（《州志》）。

◎駱沛霖，湖北蘄州人。著有《易經纂說》。

雒倫 易經圖說 佚

◎《河南通志藝文志稿》著錄。

◎民國《續武陟縣志》卷十二《經籍志》：本《繫辭／說卦》又演為圖說，力闢陳／邵五行、先天及卦次、卦位、卦變之誤，於易學獨有心得。自朱子宗希夷、康節之說著《本義》、《啟蒙》，其流往往雜於術數。見其過而是正之，固有不能已於言者，然易道至大，惟四聖人能得其全，後儒見仁見智，亦各言其所見之易而已，豈能強而同哉！

◎雒倫，字藝極（彝淹／彝極）。河南武陟人。康熙戊午（1678）舉人，授新鄉教諭。辛未進士，授山西繁峙縣知縣，居職五年歸。淡泊自安，終日纂輯，暇則與文士劇談。其學有根底，窮經致用。

雒倫 周易例史 未見

◎《中州藝文錄》著錄石印本。

◎民國《續武陟縣志》卷十二《經籍志》：自鄭康成援古事以證爻象，李光、楊萬里繼之，言易者往往強為牽合，致失本義。是書分上下經及《繫辭》、《雜傳》為之，每節先疏大意，次舉史以例之，根據理要，深切著明。

雒倫 周易晰義詳解

◎道光九年《武陟縣志》卷二十六《耆舊傳》著錄。

◎《中州先哲傳‧儒林三》云倫著有《周易晰疑》。然未成書。未知何故。

呂和朝 周易詮解融貫 佚

◎民國《新昌縣志》卷十五《藝文》：《周易詮解融貫》（康熙志。呂和朝著）。

◎呂和朝，江西新昌（今宜豐）人。諸生。

呂國鈞 漢易要訣彙纂 四卷 存

湖北藏光緒十五年（1889）上海蜚英書局石印經場捷訣七種巾箱本

山東藏光緒十九年（1893）蜚英書局石印經場捷訣本

◎呂國鈞，字祜岑。山東濟南仲宮鎮澇坡村人。光緒庠生。

呂惠連 古文周易參同契分節祕解 七卷 存

宣統三年（1911）萬全堂刻本

◎一名《古文周易參同契秘解》。

◎重校古文參同契序：《參同契》為闡道之書，而舊簡相傳，割裂凌亂，經注不分，由來久矣。注是書者，上陽子為最，惜其未見原本，第就世傳訛刻分章注之。前明姚太守汝循獲見古文，因取上陽子注按節分注，校刊行世，誠善本也。厥後原版殘軼，坊肆翻刻有多舛錯。余素嗜此書，每見文義不聯屬處，亟欲求初本考證，竟不遽覯。道光癸未抵京師，留心訪求，偶於書肆見舊本，狂喜，急購之，僅上卷也。自此壹意搜尋，旬餘之功，又得一原版下卷，如獲拱璧，甚為愉快。取向所見之本校對，其間脫文誤字、篇章倒置者不可枚舉。因即逐一參訂，脫者補之，誤者正之，顛倒者敘次之。復有字句於心未安者，又廣搜眾本，悉心檢勘，區別載明，以備洞達者核定。至於注中尚有分晰未周處，仍取上陽原注本參校而增損之。世之好讀是書者少，而原板所存者幾希，早擬刊刻公諸同志，緣迫於俗務，未能遽及。茲付剞劂，以嘗夙願。吾輩讀聖賢書，不能升堂入室，就此道篆仙經研求真諦，亦可盡性至命。羲、文開闢之祖，周、孔乃演化之宗，道歸一貫，此所以名《周易參同契》也。本儒術以通之，同心之理，何人不可參？同類之從，何人不可契乎？道光二十年庚子嘉平月望日，祝阿馬一貞書。

◎古文參同契秘解序：渺渺乎不可觸摹，而得其下手之處者，《參同契》之理也；巍巍乎實難挽索，而盡其精微之奧者，《參同契》之道也。道不外乎理，理亦不外乎道。道者何道也？三教歸一之道也；理者何理也？先天性理之理也。此理也、此道也，有能受而修之者，即得三教聖人之真道也。噫，此道究屬果何道哉？此道原來三教一家並行不悖之道，故曰夫道一而已矣。人於此一學，而修之者謂大人，得而貫之者謂聖人，聖而不可知之謂神人。神也者，三教總名之稱也。儒得此而稱聖，釋得此而稱佛，道得此而稱仙。儒釋道，仙佛聖，總其名而稱之曰神。神乎其聖哉！聖人以神道設教而天下服，正在此時矣。此時何時？否極泰來之時；此時何時？亂極思治之時；此時何時？挽回天心之時。此時之時，我齊原人之時，了諸佛祖金爐大願者在此時；

同歸靈山，以慰瑤池金母聖心者在此時；開千萬年太平之基者皆在此時。嗚呼，此時何時也？敢不及此時以盡心於此書哉？此書何書也？敢不鄭重謹慎而加注此書於此時哉？但古人閉戶注書歲月多，而不才注書於千忙萬忙之中，偷閒搶注其數句，惜寸惜分，忘食忘憂，無晝無夜，盡誠盡力而盡心。然而既無古人之學，又無古人之才，更無古人專一注書之功，是以字句草率，文法欠妥。始而動筆直書，終以草創存遺，而究竟未及潤色，猶安能效法古人之三創其稿者？惟望閱者恕之，庶可稍免文人之誚。雖然，闡理性之學不昧於理，傳聖人之道不悖於道，發古人之所未發，補程朱之所未備，引經據典，採集群章，言既有徵，人可不信哉？至於其中下手之工、築基之法，以及採取烹煉並火候之大小、藥苗之老嫩，剛柔之配和，無不井然有序，條分縷晰。若夫還丹之妙、出神之訣，既本乎以己之所得於心，又合乎三教經典之垂訓，故闡明是書之道，以俟君子。而況且近來大聖天子在位，以此道修身治天下，遠盛於堯舜之世，以了四十八願之日，而返娑婆世界為蓮花國之時也。噫，吾專望世人及早回頭，究竟是書，歸重是道而助王化，謹此敬序。光緒五年端陽節九日，山左登州府福山縣太醫院醫員杏林呂惠連巖谷自序（起句首則筆外有筆，煞文尾則味外有味，行文中則有俯仰揖讓之。以理字為經，以道字為緯，橫說豎說只為寫理道二字。覺撫弦操，眾山皆響。忽為理解，忽為道明，總為世人喚醒迷途，引歸化一。睹此序者，其體此文之意，遂此文之訓，勿以此文而諸髦髦付之東流，庶不負作序者之苦心云爾。同邑文生郝桂芳批）。

◎古文參同契秘解原序：《書》曰：「天降下民，作之君，作之師。」先哲應運而出，立模範，興教化，為世師表，殆有由來矣。自漢魏伯陽仙翁本之《周易》著《參同契》後，歷經先賢釋注，俱屬渾舉大義，秘密天機人皆難明，即學如朱夫子，尚有注釋未盡之憾。幸逢三期時至，天開黃道，普度東林，我呂新仙先師杏林公諱惠連，號岩谷，職司仙榜，文昌宮仙官化身也。宿因深厚，品學兼優，得受先天大道，三教心傳，內外兼修，性理圓融，全體大用，無不貫徹，作原來之標榜，為燕北之道根。光緒丁丑，山西學政翰林院編修謝君維藩來謁先師，譚及性理之學，語音互殊，難於通暢，以《參同契》相請批解，水乳相融，醒覺開悟，懇求至道，先師曰：「大道至尊，皈戒甚綦。」謝君以延嗣寬假二年為請，時值年荒，京畿大旱成災，嗸鴻遍野，有善成堂書肆主人饒松圃君，首倡賑捐，邀諸大老設立粥飯廠各善舉，以謝翰苑總董其事，全活甚眾，半載以來，積勞身故，未克得受至道。先師因之太

息，秉發虔誠，焚香告天，注釋《參同契》。《秘解》蒞幾寒暑始克厥成。當茲末劫，非道莫拯。是書為古丹經之王，旨深義奧，人世依之修齊治平，為聖為賢，闡明性理，率以修身成仙佛，盡人事以合天道，並行而不悖，千門萬教，不辟而自辟，誠後學之津梁、度世之寶筏也。余侍先師有年，知之最稔，為是糾合同志，倡捐募刊行於世，公諸同好，勉紹先志，以慰在天之靈，藉申報本微忱，用志不忘云爾。宣統三年辛亥荷月朔八日，晚學冠五青陽山人易南子敬識。

◎《參同契重注秘解》分節第三卷《參同契秘解》自序：大哉《參同契》，此書不可不注，不可不注者，內載前聖繼天立極之道，莫大於此書。妙哉《參同契》，此書既注解，而又不可不秘，不可不秘者，因闡透儒門心法之傳，亦莫妙於此書。大哉妙哉，因解而秘，因秘而又自序。噫，因解而秘，因秘而又自序者，在下愚意，不特不至有荒經之虞，且警世人，而今而後，庶不再陷謗道之弊。彼陷謗道之弊者，而其罪豈淺鮮哉？此書何書，此道何道？豈可謗哉？此書者，為千百萬年正此道學之淵源。何則？自此書以出，三千六百旁門不辟而自退，七十二種外道不辯而自明，乃為考道真偽之試金石也。彼夫世之俗儒臆見，以記問之學，不自知為坐井觀天，惟見明者之作，狂笑如同瘋癲，而謗其道也。口似懸河之流，舌如蜂薑之尖，及令解《參同契》，量必不能參諸一言。若是，此書為辨真師盲師之龜鑑，又為三教聖人傳道書中之金丹也。嗚呼，此書之解，為上伸三教之典訓；此書之秘，為下渡原人之法船。兢兢戰戰，以接夫三十六字之心傳。蓋因心傳不可洩漏，古聖著之作之於前，道藏於字，意藏於篇。篇篇藏意，非真師不能以辨。字字藏道，其秘不得不嚴。是以雖有程朱之賢，注之述之於後，亦不敢泄焉。噫，古聖先賢留書，無非以文載道，以俟君子博學。況《參同契》乃發明《周易》之理，而《周易》又為三教歸一之祖書。秘秘天機，蘊藏於內，赫赫大道，先王為美，甚矣哉！道並行而不悖，萬物並育而不相害，大莫載，小莫破，天地萬物實不能出其範圍之外。河之圖、洛之書，定八卦之變動、運五行之生克，兩儀判，四相合，參天地之大道，通鬼神之盛德。妙哉，先天後天，藏生死之玄關；率性迷性，定凡聖之根源。由先天落後天謂之凡，返後天歸先天謂之聖；離南坎北謂之凡，乾南坤北為之聖。而究不離八卦補換、交象抽添，此即孔子了明一貫。不獨人身為然，而天地萬物亦無不然。君如不信，試觀天地有天地之八卦，萬物有萬物之八卦，而人身亦有人身之八卦，故曰一物各具一

太極之理，而物同出太極之原。噫，此《參同契》發明易理之所由來也。此理
參大易，謂此理與大易之理同契固可；此理參天地，謂此理與天地之理同契，
亦無不可。嗚呼，危哉，奈之何？小人不知天命而不畏也。四正之巽，去刃之
加，大數至此而天翻八卦，江海遷位，五嶽根差。噫，非德參天地正氣，與天
地之理氣同契，而此形雖存點滴，此書之注，一片神機，既解而又不敢秘，因
秘而世人不知意。不知意，必不能參天參地。不能參天參地，焉能同契？因
不同契，身獲大戾。痛哉，鬼死猶為聻，可憐爾魂魄如水洗，人為物靈不及塵
泥。吁，吾今實不忍坐視不理、束手以待斃，急急取效，哈的一聲，當頭一
棒，打醒癡迷，歸還菩提。因此情不自禁，故一筆血痕，一字一淚珠，悲悲切
切以自序。山左太醫院醫員杏林呂惠連巖谷自序（起句首，突兀非凡；煞文尾，
層疊不窮。縱筆擒筆，變化不可測度；橫說豎說，佈置原有定規。然究不離《參同契
秘解》之題字，乃實合自序。吾儒門靈臺之道心，道心惟微，而道莫微於《參同契》
之道，而亦心莫微於呂公《秘解》自序之心。此心何心也？道心也；此道何道也？聖
道也。聖道發脈於山東，而有心於聖道者，今竟又出之山東。山東乃誠不虧於東周之
道隆。論發明《參同契》之道，不特大有開門見山之勢，實為度東土出苦海之慈航，
以同歸靈山，而再不投東也，何其幸也！明心道人拜讀謹識）。

◎呂惠連，字杏林，號巖谷。山東福山縣太醫院醫員。

呂留良 上下篇義讀易二十四辨筮儀圖說卦歌 一卷 存

遼寧藏清三元堂刻本

◎呂留良（1629～1683），初名光輪，字莊生，號東莊。又名光繪，字用
晦，別號晚村、恥齋老人、南陽村翁、南陽白衣人；晚年削髮為僧，法名耐
可，字不昧，號何求老人，又號呂醫山人；時稱東海夫子。浙江崇德（今桐鄉
崇福鎮）人。又著有《詩經匯傳詳解》《何求老人殘稿》等。又編有《八家古
文精選》。雍正間家被禍，著述被燬。中華書局 2015 年《國家清史編纂委員
會‧文獻叢刊‧呂留良全集》收錄《呂晚村先生文集》八卷《續集》四卷
《補遺》十卷〔註66〕、《呂留良詩箋釋》八卷、《四書講義》四十三卷、《呂子
評語》正編四十二卷《餘編》八卷。末附生平資料、序跋資料、著述目錄、年

〔註66〕 卷一卷二友朋書信、卷三家書，卷四序評、墓誌銘、祭文，卷五《慚書》，卷
六《呂晚村先生論文匯鈔》，卷七《天蓋樓杜詩評語》，卷八《天蓋樓硯銘》，
卷九《御兒呂氏昏禮通俗儀節》，卷十《東莊醫案》、《東莊醫論》。

譜簡編。

呂留良　新訂增刪易經彙纂詳解　六卷　存

遼寧藏清三元堂刻本（題三元堂新訂增刪易經匯纂詳解）

康熙刻本

◎卷前題：太史仇滄柱兆鰲先生鑑定，御兒晚邨呂留良彙纂，男無黨葆中參訂。

◎目錄：卷一乾、坤、屯、蒙、需、訟、師、比、小畜。卷二履、泰、否、同人、大有、謙、豫、隨、蠱、臨、觀、噬嗑、賁、剝、復、無妄、大畜、頤、大過、坎、離。卷三咸、恒、遯、大壯、晉、明夷、家人、睽、蹇、解、損、益、夬、姤、萃、升、困。卷四井、革、鼎、震、艮、漸、歸妹、豐、旅、巽、兌、渙、節、中孚、小過、既濟、未濟。卷五繫辭上傳、繫辭下傳。卷六說卦傳、序卦傳、雜卦傳。

◎周按：此書 2012 年北京海王村拍賣有限責任公司曾有拍賣。

呂留良　易經詳解　六卷　存

江西藏舊刻本

呂珮芬　周易明喻編　一卷　存

山東藏 1938 年旌德呂氏北江舊廬鉛印經言明喻編本

臺灣文聽閣圖書有限公司 2012 年晚清四部叢刊第七編影印經言明喻編本

◎呂珮芬（1855～1913），一作佩芬，字小（莜）蘇，號弢廬，又號弢蘇。安徽旌德人。光緒庚辰進士，改庶吉士，授編修。戊子充福建副考官，己丑順天同考官。壬辰會試同考官，以憂歸，主講中江書院七年。再出，充辛丑貴州正考官、癸卯湖南副考官。又疊充國史館協修、功臣館纂修、編書處〔註67〕總纂，以資深並充武英殿協修、文淵閣校理、起居注協修兼撰文。京察一等，遷侍講，轉侍讀。嘗與吳同甲、馬吉樟赴日考察學務。時論注重中學以上，佩芬獨以為小學者所以匡孺稚而造於善，著《東瀛參觀學校記》，於小學尤致意。又著有《許書原文義補苴》《山海經分經表》《孫子講義》《讀漢書劄記》《今弟子禮記》《晚節香齋藏書錄》《經言明喻》《通鑑喻言》《采唐集》。

〔註67〕陳寶琛《滄趣樓文存》卷下《呂君弢廬墓志銘》：編書處者，奉敕取西國有用書編纂進御。

呂調陽 易一貫 六卷 存

上海藏咸豐八年（1858）刻本（不分卷）

哈佛大學藏光緒十四年（1888）葉長高刻觀象廬叢書本

◎序：兩儀肇判，庶物蕃興。人生而靜，性無不善。感物而動，厥有人心。欲勝理微，亂斯臻矣。包羲氏作，天不愛道，地不愛寶。圖書既出，大道乃形。聖人大懼夫此理之弗明，而後之人無所持循以長保有斯世也，於是始作八卦，以通神明之德，類萬物之情，定天下之吉凶，成天下之亹亹者，故易者所以教民一也。文周繫辭，孔子作傳，先聖後聖，道一志同。尼山而後，嗣有發明。三子見知，鄒國私淑，斯文之興，於是為盛。代閱秦漢，異說競起，浸淫及宋，周張繼統。語焉不詳，吾道終微。有明來氏，始倡象學。得門未入，遺憾滋多。於戲，天果將喪斯文邪？抑亦好學深思，心知其意，固代乏其人邪？愚生也晚，既幸及睹韋編之舊，而不至惑於紛紛之說也；又幸先儒賢者之導我先路，而得稍窺四聖人之奧也。用敢因象知辭，審數定理，閱月十九，勒為成書，名曰《一貫》，庶幾作易脩教之本指云。咸豐戊午秋九月，彭縣呂調陽自序。

◎摘錄卷末：咸豐丁巳春，余於友人蔣兼山處見《來注周易》，審愛之，因借歸手自抄錄。至蠱卦先甲三日後甲三日之辨，始有疑，因舍注自求諸易。乃悟《繫辭》言數者，皆取諸八卦；五行二一圖言往來者，皆謂變動。又因來子之錯綜推求之，乃得所謂參伍。繼讀益卦，又悟來子說綜之非。蓋四者得而六十四卦象爻之辭乃始能通矣，要皆非象不明也。繼讀《大傳》致一之語、《中庸》不誠無物及造端之說，周子所謂真精妙合、張子所謂一故神兩故化，乃悟生生之道性命之理。因損益盈虛，與時偕行，乃悟範圍之理。因範圍而悟河圖寂然不動、感而遂通之理。因寂感通而悟太極生兩儀為一以貫之之理，及先儒以兩儀為太極之非。因立天之道曰陰與陽，與內陽外陰、內健外順而悟觀變立卦之由。因神而明之與兩儀生四象而悟生著之由，因大衍及靜專靜翕而知五十為乾坤之數，因爻有等，故曰物與。二篇之策萬有一千五百二十，而知九六為離坎之數。因五十而悟卦畫之奇耦所以法太極，因生生而知爻數之九六所以效動，因極數定象與日月運行一寒一暑及履虎尾之表辭，而悟大易之天文。因成象成形而知八卦五行之辨，因讀《洪範》詳推洛書之數而悟八卦之所以成列、五行之所以類聚。皆本於洛書，要其原則止於一以貫之者也。執是以往，凡經傳所載、諸子所言，精辭妙理，舉不難燭照而無遺矣。顧

去聖日遠，異學紛紜，談聖道者方將竊而同諸佛老，自非周張之理、來子之象，後人烏從得其門而入哉！

　　◎卷末題：受業徐永恆、受業陳德光校字。受業葉長高付梓。受業羅時憲覆校。

　　◎呂調陽，四川彭縣人。又著有《漢地理志詳釋》四卷、《三代紀年考》一卷、《曰若編》七卷、《輿地今古圖考》二十二卷、《古史釋地》三卷、《史表號名通釋》三卷、《東南洋鍼路》一卷、《商周彝器釋銘》六卷、《觀象廬叢書》十八種。

呂烶 參註周易經上經 一卷 佚

　　◎民國《重修新城縣志》本傳著錄。

　　◎呂烶，字秋帆，號悔菴。山東新城人。廩貢生。

呂祥榮 批解周易春秋大義 佚

　　◎《中州藝文錄》《河南通志藝文志稿》著錄。

呂祥榮 批解周易大義 佚

　　◎《中州藝文錄》《河南通志藝文志稿》著錄。

M

馬邦舉 周易考略 三卷 存

山東藏 1934 年山東省立圖書館傳鈔魚台馬氏著叢書本

◎民國《濟寧直隸州續志》卷十八《藝文》：馬邦舉《周易考略》三卷（《魚臺》）。

◎孫葆田《山東通志》卷百二十七《藝文志》第十：是書見《縣志》。

◎馬邦舉，字岱陽，號臥廬。山東魚臺人。馬邦玉弟。幼讀書性遲，比長，穎悟頓開，殫見洽聞，博極群書。壯年遊江南，教授蕭、宿諸州。嘉慶庚申（1800）舉人、乙丑（1805）進士。官曹州府教授。博通經史，尤精古文字，與王筠為友。又著有《尚書考略》、《毛詩考略》、《春秋三傳考略》、《說文考略》、《漢聲考略》四卷、《竹書紀年考略》、《古史考略》、《晉聲考略》一卷、《漢石經考略》二卷、《古聲雜記》四卷、《楚辭字聲略考》一卷、《陝志陵墓考》一卷、《古缶書屋詩》、《雜體詩》。

馬賓 易翼 八卷 佚

◎光緒《增修甘泉縣志》卷二十三《經籍志》：馬賓《易翼》八卷。

◎馬賓，江蘇甘泉（今揚州）人。著有《易翼》八卷。

馬悳 周易廣象徹微 佚

◎同治《贛州府志》卷五十五《人物志》：公餘輒手持一卷，吟誦不輟。尤專意經訓，旁及天文地理、名物象數之學，著有《周易廣象徹微》行世。

◎馬悳，號任田。江西贛縣人。嘉慶五年舉人。官山西嵐縣知縣。升岢嵐州知州。

馬德修　周易直解　佚

◎民國《富順縣志》卷之十五《藝文》：別著有《周易直解》《魚山詩草》。

◎馬德修，字芝田。歲貢。歷任簡州、潼川府等處訓導。

馬爾壎　大易擬解　佚

◎光緒《曹縣志》卷十四本傳：著有《大易擬解》《續爾庵說唐詩》。

◎馬爾壎，字協昆。山東曹縣人。諸生。肄業濼源書院。屢躓棘闈，淹蹇不第。晚授徒，門下多名士。又著有《續爾庵說唐詩》。

馬爾楹　易學啟蒙　存

康熙讀書筆錄鈔本

◎馬爾楹，字構斯。直隸定興人。崇禎九年（1636），清軍破定興，爾楹父馬潔與鹿繼善殉節。爾楹終身不試，弱冠喪妻，終生不娶，鰥居四十餘年。有介節，不治生產。蔚州魏象樞謂為石處士，由是大河南北咸稱之。篤學力行，久居蘇門，從學孫奇逢，與奇逢問答甚多。奇逢歿，為校訂年譜，益為正學。又著有《蠹魚草》《清涼散》《讀書筆錄》三十餘卷。

馬庚吉　漢易臨文捷徑　不分卷　存

光緒十五年（1889）上洋積山書局石印巾箱本

湖北藏清刻袖珍本

◎馬庚吉，山西解縣人。咸豐十年歲貢。

馬光涵　讀易錄解　佚

◎孫葆田《山東通志》卷百二十七《藝文志》第十：是書見《採訪冊》。

◎民國《東平縣志》卷第十三《藝文志》：《讀易錄解》，清馬光涵撰。

◎光緒《東平州志》卷十七《藝文》：是書闡發義蘊，具有心得，不徒以捃摭舊說為長。

◎馬光涵，山東東平縣人。庠生。辦理團防保七品銜，咸豐十一年二月率眾接戰被執，不屈死，追贈布政司都事銜。

馬國翰 易目耕帖 六卷 存

玉函山房輯佚書本（同治皇華館刻、光緒李氏印、光緒嫏嬛館刻、光緒楚南書局刻）

山東藏臺北成文出版社 1976 年無求備齋易經集成影印同治十年（1871）濟南皇華館刻本

馬國翰輯 費氏易 一卷 存

玉函山房輯佚書本（同治皇華館刻、光緒李氏印、光緒嫏嬛館刻、光緒楚南書局刻）

◎馬國翰（1794～1857），字詞溪，號竹吾。山東歷城南勸夫莊人。從師金寶川、呂心源。道光十一年（1831）舉人、十二年（1832）進士，先後知陝西敷城、石泉、雲陽等縣。道光二十四年升陝西隴州知州。輯印《玉函山房輯佚書》，輯佚書 594 種。又著有《買春軒國風說》、《論語挶說》、《夏小正詩注》、《月令七十二侯詩自注》、《目耕帖》三十一卷、《玉函山房文集》、《玉函山房詩集》、《竹如意》、《紅藕花軒泉品》、《玉函山房藏書簿錄》二十五卷及《續編》、《農諺》、《分類編典稿》、《訂屑編實》等。

馬國翰輯 蔡氏易說 一卷 存

光緒十年（1884）楚南湘遠堂刻玉函山房輯佚書・易類本
◎漢蔡景君原撰。

馬國翰輯 費氏易林 一卷 存

玉函山房輯佚書本（同治皇華館刻、光緒李氏印、光緒嫏嬛館刻、光緒楚南書局刻）

馬國翰輯 漢魏晉唐四十四家易注 五十八卷 存

山東藏臺北成文出版社 1976 年無求備齋易經集成據同治十年（1871）濟南皇華館刻本影印本
◎《山東圖書館館藏易學書目》：實為四十三家四十九卷。

馬國翰輯 連山 一卷 存

玉函山房輯佚書本（同治皇華館刻、光緒李氏印、光緒嫏嬛館刻、光緒

楚南書局刻）

　　一颿筆存本（稿本）

　　復旦藏清鈔本

　　◎附諸家論說。

馬國翰輯　易洞林　三卷　補遺一卷　存

　　光緒十年（1884）楚南湘遠堂刻玉函山房輯佚書‧易類本

　　◎晉郭璞原撰。

馬國翰輯　易纂　一卷　存

　　玉函山房輯佚書本（同治皇華館刻、光緒李氏印、光緒嫏嬛館刻、光緒楚南書局刻）

　　◎唐釋一行原撰。

馬國翰輯　玉函山房輯佚書經編易類　六十四種　存

　　玉函山房輯佚書本（同治皇華館刻、光緒李氏印、光緒嫏嬛館刻、光緒楚南書局刻）

　　◎子目：連山一卷附諸家論說。歸藏一卷附諸家論說。周易子夏傳二卷，周卜商撰。周易薛氏記一卷，題薛虞撰。蔡氏易說一卷，漢蔡景君撰。周易丁氏傳二卷，漢丁寬撰。周易韓氏傳二卷，漢韓嬰撰。周易古五子傳一卷。周易淮南九師道訓一卷，漢劉安撰。周易施氏章句一卷，漢施讎撰。周易孟氏章句二卷，漢孟喜撰。周易梁丘氏章句一卷，漢梁丘賀撰。周易京氏章句一卷，漢京房撰。費氏易一卷，漢費直撰。費氏易林一卷，漢費直撰。周易分野一卷，漢費直撰。周易馬氏傳三卷，漢馬融撰。周易劉氏章句一卷，漢劉表撰。周易宋氏注一卷，漢宋衷撰。周易荀氏注三卷，漢荀爽撰。周易陸氏述三卷，吳陸績撰。周易王氏注二卷，魏王肅撰。周易王氏音一卷，魏王肅撰。周易何氏解一卷，魏何晏撰。周易董氏章句一卷，魏董遇撰。周易姚氏注一卷，吳姚信撰。周易翟氏義一卷，□翟玄撰。周易向氏義一卷，晉向秀撰。周易統略一卷，晉鄒湛撰。周易卦序論一卷，晉楊乂撰。周易張氏義一卷，晉張軌撰。周易張氏集解一卷，晉張璠撰。周易干氏注三卷，晉干寶撰。周易王氏注一卷，晉王廙撰。周易蜀才注一卷，蜀范長生撰。周易黃氏注一卷，晉黃穎撰。周易徐氏音一卷，晉徐邈撰。周易李氏音一卷，晉李軌撰。易象妙於見形論一卷，

晉孫盛撰。周易繫辭桓氏注一卷，晉桓玄撰。周易繫辭荀氏注一卷，劉宋荀
柔之撰。周易繫辭明氏注一卷，南齊明僧紹撰。周易沈氏要略一卷，南齊沈
驎士撰。周易劉氏義疏一卷，南齊劉瓛撰。周易大義一卷，南朝梁武帝撰。周
易伏氏集解一卷，南朝梁伏曼容撰。周易褚氏講疏一卷，南朝梁褚仲都撰。
周易周氏義疏一卷，南朝陳周弘正撰。周易張氏講疏一卷，南朝陳張譏撰。
周易何氏講疏一卷，隋何妥撰。周易姚氏注一卷，題姚規撰。周易崔氏注一
卷，題崔覲撰。周易傅氏注一卷，題傅□撰。周易盧氏注一卷，題盧□撰。周
易王氏注一卷，題王凱沖撰。周易王氏義一卷，題王嗣宗撰。周易朱氏義一
卷，題朱仰之撰。周易莊氏義一卷，題莊□撰。周易侯氏注三卷，題侯果撰。
周易探元三卷，唐崔憬撰。周易元義一卷，唐李淳風撰。周易新論傳疏一卷，
唐陰弘道撰。周易新義一卷，唐徐郢撰。易纂一卷，唐釋一行撰。

馬國翰輯　周易褚氏講疏　一卷　存

光緒十年（1884）楚南湘遠堂刻玉函山房輯佚書・易類本
◎南朝梁褚仲都原撰。

馬國翰輯　周易崔氏注　一卷　存

光緒十年（1884）楚南湘遠堂刻玉函山房輯佚書・易類本
◎（？）崔覲原撰。

馬國翰輯　周易大義　一卷　存

光緒十年（1884）楚南湘遠堂刻玉函山房輯佚書・易類本
◎南朝梁武帝蕭衍原撰。

馬國翰輯　周易丁氏傳　二卷　存

光緒十年（1884）楚南湘遠堂刻玉函山房輯佚書・易類本（附錄丁寬本
傳）
◎漢丁寬原撰。

馬國翰輯　周易董氏章句　一卷　存

光緒十年（1884）楚南湘遠堂刻玉函山房輯佚書・易類本
同治皇華館刻玉函山房輯佚書本

光緒嫏嬛館刻函山房輯佚書本
◎魏董遇原撰。

馬國翰輯 周易分野 一卷 存

光緒十年（1884）楚南湘遠堂刻玉函山房輯佚書・易類本
◎漢費直原撰。

馬國翰輯 周易伏氏集解 一卷 存

光緒十年（1884）楚南湘遠堂刻玉函山房輯佚書・易類本
◎南朝梁伏曼容原撰。

馬國翰輯 周易傅氏注 一卷 存

光緒十年（1884）楚南湘遠堂刻玉函山房輯佚書・易類本
◎（？）傅□原撰。

馬國翰輯 周易干氏注 三卷 存

光緒十年（1884）楚南湘遠堂刻玉函山房輯佚書・易類本
◎晉干寶原撰。

馬國翰輯 周易古五子傳 一卷 存

光緒十年（1884）楚南湘遠堂刻玉函山房輯佚書・易類本
◎漢□□原撰。

馬國翰輯 周易卦序論 一卷 存

光緒十年（1884）楚南湘遠堂刻玉函山房輯佚書・易類本
◎晉楊乂原撰。

馬國翰輯 周易韓氏傳 一卷 存

光緒十年（1884）楚南湘遠堂刻玉函山房輯佚書・易類本
◎漢韓嬰原撰。

馬國翰輯 周易何氏講疏 一卷 存

光緒十年（1884）楚南湘遠堂刻玉函山房輯佚書・易類本

◎隋何妥原撰。

馬國翰輯　周易何氏解　一卷　存

光緒十年（1884）楚南湘遠堂刻玉函山房輯佚書・易類本
◎魏何晏原撰。

馬國翰輯　周易侯氏注　三卷　存

光緒十年（1884）楚南湘遠堂刻玉函山房輯佚書・易類本
◎（？）侯果原撰。

馬國翰輯　周易淮南九師道訓　一卷　存

光緒十年（1884）楚南湘遠堂刻玉函山房輯佚書・易類本
◎漢劉安原撰。

馬國翰輯　周易黃氏注　一卷　存

光緒十年（1884）楚南湘遠堂刻玉函山房輯佚書・易類本
◎晉黃穎原撰。

馬國翰輯　周易繫辭桓氏注　一卷　存

光緒十年（1884）楚南湘遠堂刻玉函山房輯佚書・易類本
◎晉桓玄原撰。

馬國翰輯　周易繫辭明氏注　一卷　存

光緒十年（1884）楚南湘遠堂刻玉函山房輯佚書・易類本
◎南朝齊明僧紹原撰。

馬國翰輯　周易繫辭荀氏注　一卷　存

光緒十年（1884）楚南湘遠堂刻玉函山房輯佚書・易類本
◎南朝宋荀柔之原撰。

馬國翰輯　周易京氏章句　一卷　附錄一卷　存

光緒十年（1884）楚南湘遠堂刻玉函山房輯佚書・易類本
◎漢京房原撰。

馬國翰輯 周易李氏音 一卷 存

光緒十年（1884）楚南湘遠堂刻玉函山房輯佚書・易類本
◎東晉李軌原撰。

馬國翰輯 周易梁丘氏章句 一卷 存

光緒十年（1884）楚南湘遠堂刻玉函山房輯佚書・易類本
◎漢梁丘賀原撰。

馬國翰輯 周易劉氏義疏 一卷 存

光緒十年（1884）楚南湘遠堂刻玉函山房輯佚書・易類本
◎南朝齊劉瓛原撰。

馬國翰輯 周易劉氏章句 一卷 存

光緒十年（1884）楚南湘遠堂刻玉函山房輯佚書・易類本
◎漢劉表原撰。

馬國翰輯 周易劉氏注 一卷 存

光緒十年（1884）楚南湘遠堂刻玉函山房輯佚書・易類本
◎北魏劉昞原撰。

馬國翰輯 周易盧氏注 一卷 存

光緒十年（1884）楚南湘遠堂刻玉函山房輯佚書・易類本
◎周（？）盧□原撰。

馬國翰輯 周易陸氏述 三卷 存

光緒十年（1884）楚南湘遠堂刻玉函山房輯佚書・易類本
◎吳陸績原撰。

馬國翰輯 周易馬氏傳 三卷 存

光緒十年（1884）楚南湘遠堂刻玉函山房輯佚書・易類本
◎漢馬融原撰。

馬國翰輯 周易孟氏章句 二卷 存

光緒十年（1884）楚南湘遠堂刻玉函山房輯佚書‧易類本

同治皇華館刻玉函山房輯佚書本

光緒娜嬛館刻函山房輯佚書本

◎漢孟喜原撰。

馬國翰輯 周易沈氏要略 一卷 存

光緒十年（1884）楚南湘遠堂刻玉函山房輯佚書‧易類本

◎南朝齊沈驎士原撰。

馬國翰輯 周易施氏章句 一卷 存

光緒十年（1884）楚南湘遠堂刻玉函山房輯佚書‧易類本

◎漢施讎原撰。

馬國翰輯 周易蜀才注 一卷 存

光緒十年（1884）楚南湘遠堂刻玉函山房輯佚書‧易類本

◎蜀范長生原撰。

馬國翰輯 周易宋氏注 一卷 存

光緒十年（1884）楚南湘遠堂刻玉函山房輯佚書‧易類本

同治皇華館刻玉函山房輯佚書本

光緒娜嬛館刻函山房輯佚書本

◎漢宋衷原撰。

馬國翰輯 周易探玄 三卷 存

光緒十年（1884）楚南湘遠堂刻玉函山房輯佚書‧易類本

◎唐崔憬原撰。

馬國翰輯 周易統略 一卷 存

光緒十年（1884）楚南湘遠堂刻玉函山房輯佚書‧易類本

◎晉鄒湛原撰。

馬國翰輯 周易王氏義 一卷 存

光緒十年（1884）楚南湘遠堂刻玉函山房輯佚書‧易類本
◎（？）王嗣宗原撰。

馬國翰輯 周易王氏音 一卷 存

光緒十年（1884）楚南湘遠堂刻玉函山房輯佚書‧易類本
◎魏王肅原撰。

馬國翰輯 周易王氏注 一卷 存

光緒十年（1884）楚南湘遠堂刻玉函山房輯佚書‧易類本
◎（？）王凱沖原撰。

馬國翰輯 周易王氏注 一卷 存

光緒十年（1884）楚南湘遠堂刻玉函山房輯佚書‧易類本
◎晉王廙原撰。

馬國翰輯 周易王氏注 二卷 存

光緒十年（1884）楚南湘遠堂刻玉函山房輯佚書‧易類本
上海藏清末葉昌熾緣督廬鈔本
◎魏王肅原撰。

馬國翰輯 周易向氏義 一卷 存

光緒十年（1884）楚南湘遠堂刻玉函山房輯佚書‧易類本
◎晉向秀原撰。

馬國翰輯 周易新論傳疏 一卷 存

光緒十年（1884）楚南湘遠堂刻玉函山房輯佚書‧易類本
◎唐陰弘道原撰。

馬國翰輯 周易新義 一卷 存

光緒十年（1884）楚南湘遠堂刻玉函山房輯佚書‧易類本
◎唐徐郎原撰。

馬國翰輯　周易徐氏音　一卷　存

光緒十年（1884）楚南湘遠堂刻玉函山房輯佚書·易類本
◎晉徐邈原撰。

馬國翰輯　周易玄義　一卷　存

光緒楚南書局刻玉函山房輯佚書本。
◎唐李淳風原撰。

馬國翰輯　周易薛氏記　一卷　存

光緒十年（1884）楚南湘遠堂刻玉函山房輯佚書·易類本
◎（？）薛虞原撰。

馬國翰輯　周易荀氏注　三卷　存

光緒十年（1884）楚南湘遠堂刻玉函山房輯佚書·易類本
◎漢荀爽原撰。

馬國翰輯　周易姚氏注　一卷　存

光緒十年（1884）楚南湘遠堂刻玉函山房輯佚書·易類本
◎（？）姚規原撰。

馬國翰輯　周易姚氏注　一卷　存

光緒十年（1884）楚南湘遠堂刻玉函山房輯佚書·易類本
◎三國吳姚信原撰。

馬國翰輯　周易元義　一卷　存

光緒十年（1884）楚南湘遠堂刻玉函山房輯佚書·易類本
◎唐李淳風原撰。

馬國翰輯　周易翟氏義　一卷　存

光緒十年（1884）楚南湘遠堂刻玉函山房輯佚書·易類本
◎（？）翟玄原撰。

馬國翰輯　周易張氏集解　一卷　存

光緒十年（1884）楚南湘遠堂刻玉函山房輯佚書‧易類本
◎晉張璠原撰。

馬國翰輯　周易張氏講疏　一卷　存

光緒十年（1884）楚南湘遠堂刻玉函山房輯佚書‧易類本
◎南朝陳張譏原撰。

馬國翰輯　周易張氏義　一卷　存

光緒十年（1884）楚南湘遠堂刻玉函山房輯佚書‧易類本
◎晉張軌原撰。

馬國翰輯　周易周氏義疏　一卷　存

光緒十年（1884）楚南湘遠堂刻玉函山房輯佚書‧易類本
◎陳周弘正原撰。

馬國翰輯　周易朱氏義　一卷　存

光緒十年（1884）楚南湘遠堂刻玉函山房輯佚書‧易類本
◎（？）朱仰之原撰。

馬國翰輯　周易莊氏義　一卷　存

光緒十年（1884）楚南湘遠堂刻玉函山房輯佚書‧易類本
◎（？）莊□原撰。

馬國翰輯　周易子夏傳　二卷　存

光緒十年（1884）楚南湘遠堂刻玉函山房輯佚書‧易類本
同治皇華館刻玉函山房輯佚書本
光緒嫏嬛館刻函山房輯佚書本
◎春秋卜商原撰。

馬翩飛　讀易錄　二卷　佚

◎道光十八年馬樹華《翊翊齋遺書目錄》：吳中風氣，時尚考證，往往蔑
視宋儒，而講學名公，又或兼宗陸王，泊浸淫於禪學。府君深戒及門，謹守儒

先矩矱，勿惑於勢利，勿入於歧途。間與同志諸子書辨論及之，然亦絕弗與之爭競也。所箸《讀易錄》《禹貢初輯》《筆記》《詩文鈔》頗易稿而定。

◎楊全蘊《馬一齋先生行狀》：箸有《讀易錄》二卷、《禹貢初輯》一卷、《筆記》二卷、《詩鈔》《文鈔》各一卷。

◎道光《續修桐城縣志》卷之十五《人物志・儒林》：著有《讀易錄》《禹貢初輯》《翊翊齋筆記》《詩文鈔》若干卷。

◎道光《桐城續修縣志》卷二十一《藝文志》：《讀易錄》二卷（馬翮飛撰）。

◎馬翮飛《翊翊齋文鈔・與劉舍人書》：昨承教，以圖書之說反覆詳悉，歸而平心求之河圖洛書雖見經傳，但今所傳兩圖即古圖書與否，實無可徵。秦代焚書，《易》以卜筮獨存，使圖書附易不焚，何以絕無師授？漢興，崇尚儒學久之，殘經皆出，使圖書尚在，何以絕無流傳？可知圖書已亡於秦。陳氏所傳必非古也。況易本於象，孔子明言伏羲仰觀俯察、近取遠取始作八卦，若洛書固無與於易。雖朱子謂「河圖安知非其中一事」，他日又謂「與八卦不相比附」，近於強合。可知圖本於易，非易本於圖也。且即據孔安國以河圖為八卦，謂畫卦實取於此，然而四聖作易以詔後世，使之用以修身治家國天下，《繫辭》曰「君子居則觀其象而玩其辭，動則觀其變而玩其占」，可知易之切乎日用彝倫，而推演術數非當務之為急也。朱子以邵子之學為易外別傳，持論最篤。故錢子宜謂《本義》於先天後天卦位必歸其說於邵子，其作《啟蒙》特以《程傳》專闡義理，故取以備一義。然《啟蒙》本屬元定創艸，非所自撰。觀其畣劉君房又稱《啟蒙》本欲學者且就《大傳》所言卦畫蓍數推尋，不須過為浮說。是當日已有蔓衍支離之慮。後學者愈演愈繁，夫豈朱子意哉？至於消息升降飛伏納甲諸說穿鑿尤甚。九師興而易道微，文中子已言之矣。辱荷指南而不獲承命，併布其愚昧之見以質高明。伏惟鑒察。不宣。

◎馬翮飛《翊翊齋文鈔・畣朱中黃書》：翮飛愚魯寡聞，承以麤知易義，相從問學，殊自愧無益於足下。別後得手書，極荷拳拳，以此見向學之志甚摯也。所疑《玩辭》，數則昔時亦嘗疑之。其《補傳》所未及而實有未安者，往往類此。然平甫之於《程傳》，與虛齋之於《本義》，皆學之數十年不厭不倦，始以其所得者述之為書，其志甚篤，其思甚潛，故其說確然有所自得。彼守一先生之說，區區於語言文字閒，嚴謹則有餘，會通則不足，亦豈昔賢所望於後學者乎？近世俗學流傳，人材多汩沒。足下之志一意於通經學道，誠

所謂傑士之所為，大畜之象曰「剛健，篤實輝光，日新其德」，升之象曰「君子以慎德，積小以高大」，惟足下始終加勉焉。

◎馬翮飛（？～1756），字震卿，號一齋。安徽桐城人。馬鳴鑾長子。潛心宋儒之學，恪守程朱矩矱。嘗應常熟知縣之聘，講授理學。又著有《禹貢初輯》一卷、《羣經擇義》、《翊翊齋筆記》二卷、《翊翊齋文鈔》、《延景堂詩鈔》。其《翊翊齋文鈔》中有多篇論及經學。

馬鴻恩　易經集解　佚

◎民國《清平縣志》本傳著錄。

◎馬鴻恩，山東清平人。庠生。

馬其昶　周易費氏學　八卷　首一卷　末一卷　敘錄一卷　存

山東藏光緒二十二年（1896）馬氏家刻集本（無首末）

李國松輯光緒三十年（1904）合肥李氏刻集虛草堂叢書甲集本

北大藏 1918 年北京抱潤軒重訂刻本

新文豐叢書集成續編本（題重定周易費氏學）

續四庫影印復旦藏 1918 年抱潤軒刻本

日本國會藏民國 1920 年豫章饒氏刻本

◎原目：卷首序目、易例舉要。卷一上經一乾、乾、坤、屯、蒙、需、訟、師、比八卦。卷二上經二小畜、履、泰、否、同人、大有、謙、豫、隨、蠱十卦。卷三上經三臨、觀、噬嗑、賁、剝、復、無妄、大畜、頤、大過、坎、離十二卦。卷四下經一咸、恒、遯、大壯、晉、明夷、家人、睽、蹇、解、損、益十二卦。卷五下經二夬、姤、萃、升、困、井、革、鼎、震、艮、漸、歸妹十二卦。卷六下經三豐、旅、巽、兌、渙、節、中孚、小過、既濟、未濟十卦。卷七繫辭上、繫辭下。卷八說卦、序卦、雜卦。卷末敘錄。

◎卷首易例舉要云：集虛草堂刻本，後坿敘錄一卷。詳其義例，圖則闕如。然學者不先通義例，則經難讀。故復簡其要者置之卷首，不以複出為嫌也。八卦方位圖、河洛圖皆關要旨，近儒作《重卦圖》，亦足資觀玩。朱子《本義》前有《卦象歌》、《卦序歌》、《分宮卦象次序歌》，以其便於初學，故並錄之。其昶記。

◎重定周易費氏學序：桐城馬通白先生撰《易費氏學》十卷，劭忞既受而讀之，或問於劭忞曰：「班固稱費氏長於卦筮，亡章句，徒以《彖》、《象》、

《繫辭》十篇之言解說上下經。蓋卦筮用上下經，以《彖》《象》《繫辭》釋之，義備矣，故不為章句。今先生廣甄漢唐以後諸家之說，而名其書曰費學，疑與費氏亡章句之旨戾矣。」劭忞曰：劉向以中古易校施、孟、梁丘經，或脫无咎、悔亡，惟費氏經與古文同。故先後鄭、馬融、荀爽皆尚費學。費氏興而諸家廢，自王弼以下注易者咸據費氏之經本，雖未知於費氏家法悉合以否，要之，治費氏之經即為費氏之學無疑也。曰：「先生引孟喜、京房說及《子夏傳》則丁將軍之易，引《淮南子》則九師之義，引虞翻注則為孟氏易，陸績注則為京氏易，今概曰費氏學，何也？」劭忞曰：摶己自封，不通彼此，博士之家法，則然建武以後大儒踵起，雖主一家兼衰眾益。鄭君注《毛詩》，往往用三家義正毛之違失，其注易也亦然。如云嘖當為動、苞讀為彪，皆參據孟、京以改費本。先生宏通之識上媲高密，何疑於治費學而采及諸家乎？曰：「《晉書・天文志》稱費氏分野，羅泌《路史》稱費氏以易卦配地域，二者或出後人附會。若馬、鄭、荀三家則費氏之嫡傳也，今不廢荀之升降消息，獨鄭爻辰罕發明，疑於費學偏而不備也。」劭忞曰：先生固自言之，知及之而不能純，則有待於擇，非讐於大儒補苴掇拾者也。鄭學長於禮，其易注之精深者多通於禮制。若推測爻辰，無與徵言大義，譬之治粟者收其精鑿遺其糠粃，未為不知農事者也。近番禺陳氏謂凡據十篇解易即費氏家法，其自為說，非費氏家法。考漢易家施、孟、梁丘皆出丁將軍，其易說訓詁主大誼。夫大誼豈有外於《彖／象／繫辭》者？是費易與丁將軍亦無以異，所異者諸家有章句費獨無耳。有章句則不免自為之說，然而衷之以《彖／象／繫辭》，則其失焉者寡矣。此先生之書之所以獨絕也。既以此答客，復書其語質於先生，俾弁於首以當全書之義例可乎？膠西柯劭忞撰。

◎自序〔註1〕：余主講潛川書院三年，成《易費氏學》八卷，繕寫定，值上丁釋奠，謹焚薦稿本，不敢瀆先聖為冊祝以通於先師朱子之前，冀牖其明俾得是正謬失。後館合肥，李生國松輯入《集虛草堂叢書》，遂刻行。今又十餘年，雖老矣，異時不知後此所得當何如？今幸猶及肄業，芟夷衰益，視前有加，自度此生殆無能更進，因即以此為定本。客有問者曰：「費氏亡章句，徒以《彖》、《象》、《文言》、《繫辭》十篇解說上下經，今無存者，而子以費學名篇，何也？」曰：費氏書不傳，其家法自在也。晁公武謂東京荀、劉、馬、

〔註1〕 陳三立《散原精舍文集集外文》：《周易費氏學序》，質理蒼潤，篇末混茫之思，挑撓無極。

鄭皆傳費學，近儒陳氏澧遂謂凡據十篇解經皆得費氏家法，其自為說者皆非費氏家法者也。說易者當以此為斷，然則荀、劉、馬、鄭之言不既允乎？曰：「知及之而不能純，則有待於擇。然則十篇備矣，何贅乎爾？」曰：聖言簡而義蘊閎大，自非好學深思心知其意者，孰能通之？一人思力有所嗛則必聚天下古今才知之士羣盡其心焉，天下古今才知之士不皆習於經，其治經者或頗逞才知而不務師古，若乃循誦掔習無歧說矣，又礜於大儒名高，寧牾聖言，勿敢越軼舊訓，補苴掇拾，益以猥陋。經義所以猶有未明，無慮皆以此也。然則學易當奈何？夫易有聖人之道四：象辭占變是也。而人事為多，人事則禮制尚焉，觀其會通以行其典禮，合禮則吉，違禮則凶，悔吝隨之，故曰禮原大易。周公致太平之書曰《周官禮》。說者又謂周公繫易爻，非也。彖辭爻辭皆文王製，文王繫易，虛言其象。周公思兼三王，於是創制立法，悉本於易耳。父作之，子述之，所以為成文武之德也。韓宣子適魯，觀《易象》與魯《春秋》，曰「周禮盡在魯矣」，其知此必也，豈必簡冊未竟廣續成書乃為傳業者哉？易家言禮唯鄭氏，惜其注佚，李鼎祚自謂『刊輔嗣之野文，補康成之逸象』，然其取舍失當，未能窺制禮之原。其他瑣屑以求象者，乃益等諸兒戲，此易之一蔽也。象不明則辭晦，凡注易者皆釋其辭，然而有得有失，其得焉者必其象之已明者也，反是則否。天下事變之無窮也，雖聖人不能臆所據以言理，則即象以顯之。《大學》之教曰致知在格物，物即象也。自輔嗣有忘象之論，世之求象而不得者，遂欲空之以為易之象猶《詩》之比興爾。適然取之，羲、文、孔不必同。夫君子居則觀其象玩其辭，使無定象，即亦何庸觀玩為乎？韓退之言易奇而法，有定象之謂，法可忘乎？此易之又一蔽也。雖然，象既不明矣，辭因以晦。辭既晦矣，於何求象？曰仍求之辭，辭有其意，吾求此一爻一象之意而不得，而其大指所在可推而知也。善乎陸賈之言曰：「先聖圖畫乾坤以定人道民始開悟，知有父子之親君臣之義夫婦之道長幼之序。」當漢之初，七十子之徒其遺言故猶有存者，賈之言疑非賈所及。吾又聞諸夫子矣，曰「學易可以無大過」，此聖人作易之本也。操其本以求其離散四處者，證之他經，苦思而潛索之，亦往往有得焉。觀《文言》釋乾坤、上下《繫》釋十九爻皆舉大義，其辭明白易知，以此推較諸家支離破析。苟為難而已，就求其意於經綸世故，敷宣性術，舉無所當，敝心力而無當於用，此易之又一蔽也。易之為言也，變易以利用，《左氏傳》稱在乾之姤在豐之離，雖不筮亦以變言，未有周人乃不知當代王者制作、為書稱引而淆其義例者，後儒於爻

不言變，失易之用矣。好古者反之，陽必變陰陰必變陽，夫陽必變陰陰必變陽與陰陽一成不變何以異？蓋卦爻有時位，陰陽有老少。老者變，亦言其可變云爾，必觀時位之當否而後能擬議，能擬議然後能成其變化，能成其變化而後易之用章，是故君子有審幾之學，而說者乃各執一觭，此易之又一蔽也。象也，辭也，變也，其蔽若此，吾慎之猶懼其不免，若夫占法之掌於太卜者，今不可見矣。漢世焦、京占候災異下逮管輅、郭璞之徒之前，知未始非得易餘緒。世俗所喜道，余固未之學。然又頗疑象辭變既得而占已舉其要矣。子曰：「其或繼周者，雖百世可知也。」聖人之前知者如此，此豈《孔子閉房記》所可同語者乎？諸讖緯書皆術士矯誣所託，非君子之大道，宜不可信。己未孟夏，馬其昶撰。

◎原序〔註2〕：往其昶束髮就學閒侍先君子，問家世以上傳業，得知先五世祖一齋府君佩服儒素，邃於易，頗有所論說，軼不存。因請退而受易。既孤，再遊京師，友人鄭杲東父為舉番禺陳蘭父先生論十篇解易之恉，時予說易已數卷，蓋無一當者。及主講潛川書院三年，娉揖此經旁掫精覈，往往能洞徹閟指，成《周易費氏學》八卷。泊客合肥，諸生多從受易，誦數講貫，有所益損，寢饋久，用思略盡於是，乃述《稽文》《明孔》《本費》《繹傳》《徵注》五篇，麤陳纂輯大凡，而復綴以辭曰：自孔子親授易商瞿，瞿授橋庇，庇授馯臂子弓，子弓授周醜，醜授孫虞，虞授田何。漢興，田何最為易大師。田何上溯孔子，學業承傳端緒一貫如此，而箸家乃唯易獨多異說。秦燔經籍，自《詩》《禮》《春秋》《尚書》之屬無慮皆殘滅，《易》以卜筮〔註3〕書不禁，其編獨完。諸經釋自後儒，人人異端。易有夫子十翼，韋編三絕而後成，解剝爻象，天人之故，燦焉大明，而世學者乃獨謂易為難讀。二者予甚惑焉。太史公述其父談受易於楊何，而其言曰：「易著天地陰陽四時五行，故長於變。」又曰：「易以道化，漢易師施、孟、梁丘其傳絕，莫能究其指要。」劉向謂楊叔、丁將軍大誼略同，諸易家皆祖田何。然則太史公所述真孔氏微言矣。費氏之學不詳所自，徒以《彖》《象》《繫辭》《文言》解說上下經，此與丁寬易說所謂訓故舉大誼者何以異？是費學亦出田何可知爾已。予治易一本費氏，以十篇概平眾家之說而要以變化為主。其自為義例、不詳於《繫辭》《彖》《象》者皆不錄。凡所采，起周秦漢魏晉迄唐十分而有其三，宋賢之說有二，元明

〔註2〕又見於馬其昶《抱潤軒文集》卷三。
〔註3〕馬其昶《抱潤軒文集》卷三「卜筮」作「筮卜」。

已來諸儒所遞闡者加二，而予所辛苦而幸獲者〔註4〕，又加一焉。蓋易之可通者十而七八矣。大古今遼遠，好學深思之士顦頷窮巷，為書不傳，與雖傳而限於聞見，予不及收者，不知凡幾，又不知後來之所得者更復何如。嗟虖！當其澄思孤往、入泉出天、挈精乎風、姬、孔子三聖之文，校其離合分刊，冥冥乎、成成乎而忘其身之所存，而古若今乃邈不相接也，此尤予之所掩卷慉慕而不能自止者也。光緒三十年秋七月，桐城馬其昶撰。

◎後跋：國松少讀易，苦其指要驟不可通曉，又異說滋多，心憚其難，未敢致思。年二十六從桐城馬通白先生游，則首詔讀經。時先生箸《周易費氏學》已脫橐，因請傳業，先生忻焉相授。以國松之駑下，聆先生之講說，退而習其書，未嘗不懇乎有所契也。先生之言曰：「《易》者，聖人之書之巋然獨完者也，其義至深賾難明，然有十翼可依據，則反視他經為易，循聖人之傳求通聖人之經，彼聖人之前知而照物者，誠未可睎矣，然道常懸著於天壤而集於人人之心，人人務盡其心以明聖人之心，其始不敢自立異。沈潛反覆於聖人所已言者，一字之詁必有其本，一義之立必會其通。迨其終也，聖人之言既明，則自可以應無窮之變而不域於故常。是故本十篇以解易，合則從違則否，雖以程朱之《傳》《義》未嘗不有合有違，而況眾說之紛紛乎？何則？不以吾意平決之，以其違合於聖言者平決之也。」此先生之書上採周秦漢魏，下逮近人之說，一宗費氏家法，以十篇折衷眾家之大恉也。且夫易之辭寓於象，而其用則在於變。曷言乎寓於象也？天地萬事萬物之變至無窮矣，聖人憂患來世，欲預言其事，不可勝言也，則一寓之於象，象立而萬事萬物之變皆攝乎其中。舍象以言易，非易也。漢儒言象每失之鑿，王弼以後或淪於虛，今先生書亦多取漢儒言象之說，要必有徵於十翼，若自為義例不見於十翼者，不取也。其或聖人所已言，而說者昧之，近時泰西格物製器愈研愈精，有可以證明者，亦閒取焉。以謂造化物理，自在宇宙間。前古無其器而不必無其理無其象。今泰西所能見及者，未必吾聖人不能見及；吾聖人所能見及者，未來後來經師皆能見及，則取新說以輔益之，未為不可也。觀大傳十三卦，蓋取之例亦猶是爾，曷言乎用在於變也。爻之剛柔，前定者也，剛柔之宜不宜，視乎位而尤繫乎時，宜者戒其變，反是則變化之道尚焉。陰陽之氣老則變，爻至九六亦既老矣，將變矣，聖人於其將變未變之爻為之觀象繫辭，擬議其變化而示人以所處之宜幾者動之微、吉凶之先見者。故三百八十四爻之

〔註4〕馬其昶《抱潤軒文集》卷三「辛苦」前有區區二字。

辭，皆於其幾言之，非可滯於本象，亦非可滯於變象，此尤先生所獨得，發前師傳之所未發者也。其為說也，簡而不煩，條而不蔓，其《徵注》也，或要刪其文而不失其指，或節取其義而不易其辭，其於古說辨之嚴而蒐之勤。己之說有闇與同者，必割己以存古，其於後代諸家及並世之人片言可取必錄焉。其有未合者置焉，不矜為駁義也。一編之內牽引貫穿，前說與後說未有相複重者，此說與彼說未有相違害者，讀之如一家之言也。烏乎，先生之於易其可謂深且至矣。方今海寓新機大闢，波譎雲興，世士爭趨，一切唯恐後時。先生書雖精，誰復肯究心於此，然而識微者且謂新學果盛則舊學將益昌大，況窮變通久之道莫切於易，斯固可俟百世而不惑爾。是書創槁丙申，時先生方主廬江講席，閱三稔乃成。及壬寅來合肥，復勤勤刪訂，蒐輯益多，蓋先生娉揖此經垂十年，至是乃始發篋寫定。國松既受讀卒業，爰付手民，殺青斯竟，乃謹繹誦師說，略陳大凡，以餉同志。光緒三十一年夏五月，門人李國松謹書。

◎附記：初稿間取泰西新說以證明易象，後以科學夙未研求，懼涉附會，遂刊除焉。世有博通君子，賡續為書而發明之，固所望也。通白坿記。

◎摘錄卷末敘錄《引用諸家書目名氏》之清代部分：《周易折中》（二十二卷。康熙五十四年御纂），《周易述義》（十卷。乾隆二十年奉勅撰）、孫奇逢（字啟泰，號鍾元，又號夏峰。容城人。萬曆二十八年舉人。《讀易大旨》五卷）、王夫之（字而農，號薑齋，又號船山。衡陽人。前明舉人。《周易內傳》六卷《稗疏》四卷）、顧炎武（字甯人，號亭林。崑山人）、刁包（字蒙吉。祁州人。天啟七年舉人。《易酌》十四卷）、張履祥（字考夫，號楊園。桐鄉人。明萬曆三十九年生）、錢澄之（字飲光。桐城人。《田間易學》十二卷）、賀貽孫（字子翼，永新人。明亡，剪髮為僧。著《易觸》）、張爾岐（字稷若。濟陽人。《周易說略》四卷）、屈大均（字介子，號翁山。番禺諸生。《易外》七十一卷）、汪琬（字苕文，號鈍翁。長洲人。順治十二年進士。康熙十八年試博學鴻詞，授編修）、張沐（字仲誠。上蔡人。順治十五年進士，資縣知縣。《周易疏略》四卷）、張英（字敦復。桐城人。康熙六年進士，大學士。《易經衷論》二卷）、李光地（字晉卿，號厚菴。安溪人。康熙九年進士，大學士。《周易通論》二卷、《觀象》二卷）、毛奇齡（字大可。蕭山人。康熙十八年試博學鴻詞，授檢討。《仲氏易》三十卷、《推易始末》四卷、《易小帖》二卷）、喬萊（字石林。寶應人。康熙十八年試博學鴻儒，至翰林院侍讀。《易俟》十八卷）、臧琳（字玉林。武進人。康熙五十二年卒）、楊名時（字賓實。江陰人。康熙三十年進士。禮部

尚書。《易義隨記》八卷）、朱軾（字若瞻，號可亭。高安人。康熙三十三年進士，大學士。《周易傳義合訂》十二卷）、查慎行（字初白，號悔餘。海寧人。康熙四十二年進士，授編修。《周易玩辭集解》十卷）、華學泉（字天沐，號霞峰。金匱人。康熙五十八年卒）、李塨（字剛主，號恕谷，蠡人。康熙二十九年舉人。《易傳注》七卷》）、方苞（字靈皋。桐城人。康熙四十五年進士，禮部侍郎）、惠士奇（字仲儒。吳縣人。康熙四十八年進士，翰林院侍讀。《易說》八卷）、江永（字慎修。婺源人。乾隆二十七年卒）、汪烜（字燦人，號雙池。婺源人。《易經詮義》十四卷、《如話》六卷）、胡煦（字曉蒼。光山人。康熙五十一年進士。禮部侍郎。《周易函書約注》十八卷）、陳法（號定齋。貴州安平人。康熙五十二年進士，直隸大名道。《易箋》八卷）、晏斯盛（號一齋。新喻人。康熙六十年進士，湖北巡撫。《楚蒙山房易經解》十六卷）、周省貞（見沈氏《集說》）、沈起元（字子大，號敬亭。太倉人。康熙六十年進士，光祿寺卿。《周易孔義叢說》）、夏宗瀾（字起八。江陰人。國子監丞。從楊文定公學易）、王又樸（字介山。天津人。雍正元年進士，同知。《易翼述信》十二卷）、胡方（字大靈。新會人。歲貢生。《周易本義注》六卷）、李清植（號穆亭。安溪人。雍正二年進士，禮部侍郎）、任啟運（字翼聖，號釣臺。荊溪人。雍正十一年進士，宗人府府丞。《周易洗心》九卷）、徐文靖（字位山。當塗人。乾隆元年舉博學鴻詞，翰林院檢討。《周易拾遺》十四卷）、惠棟（字定宇，號松崖。元和人。乾隆十六年舉經學。《易漢學》八卷、《周易述》二十二卷）、秦蕙田（字味經，號樹峰。金匱人。乾隆元年進士，刑部尚書）、葉酉（字書山，號花南。桐城人。乾隆四年進士，左庶子。《易經補義》十二卷）、梁錫璵（號礭軒。介休人。乾隆十六年舉經學。授司業，終少詹事。《易經揆一》十四卷）、包彬（號樸莊。江陰人。《易玩》八卷，乾隆二十一年序）、錢大昕（字曉徵，號辛楣，又號竹汀。嘉定人。乾隆二十九年進士。少詹事）、戴震（字東原。休寧人。乾隆二十七年舉人，三十九年特授庶吉士）、夏應銓（號學亭。無為人。乾隆二十七年舉人。《周易詮義》八卷）、姚鼐（字姬傳。桐城人。乾隆二十八年進士。刑部郎中）、潘相（字潤章。安鄉人。乾隆二十八年進士。濮州知州。《周易尊翼》五卷）、孔廣森（字撝約，號顨軒。曲阜人。乾隆三十六年進士，授檢討）、金榜（字蕊中。歙人。乾隆三十七年進士。官修撰）、王念孫（字懷祖，號石臞。高郵人。乾隆四十年進士。永定河河道）、沈夢蘭（字古春。烏程人。乾隆四十八年舉人。宜都令。《周易學》三卷）、阮元（字伯玉。儀徵人。乾隆五十四年進士。大學士）、劉沅（字止唐。雙流人。乾隆五十七年舉人。國子監典簿。《易經恆解》六卷）、楊家洙（字東川。懷寧人。歲貢生。《西樓易說》十八卷）、錢

彝（字秉之。桐城人。訓導。《易疑》一卷）、胡翹元（號澹園。江西人。《易研》八卷）、黎世序（字湛谿。羅山人。嘉慶元年進士。南河總督。《河上易注》八卷）、汪德鉞（字崇義，號銳齋。懷寧人。嘉慶元年進士。禮部主事）、馮經（字世則，號未廬。南海人。《周易略解》八卷）、張惠言（字皋文，武進人。嘉慶四年進士。官編修。《易虞氏義》九卷、《易禮》二卷、《易事》二卷、《消息》二卷、《鄭氏義》二卷、《別錄》十四卷）、陳壽祺（字恭父。閩縣人。嘉慶四年進士。官編修）、王引之（字伯申。高郵人。嘉慶四年進士。工部尚書）、郝懿行（字蘭皋。棲霞人。嘉慶四年進士。戶部主事。《易說》）、蘇秉國（字均甫，號蒿坪。南清河人。《周易通義》二十二卷，嘉慶十九年序）、許桂林（字月南。海州人。嘉慶二十一年舉人。《易確》二十卷）、朱駿聲（字允倩，號豐芑。元和人。嘉慶二十三年舉人。黟縣訓導）、焦循（字里堂。江都人。道光時舉人。《易通釋》）、江藩（字子屏。甘泉人。道光時諸生。《周易述補》十九卷）、魏源（字默深。邵陽人。道光二年舉人。高郵州知州）、卞彬（號雅堂。歸安人。進士。左江道。《周易通解》，道光十九年自序）、李道平（字遠山。安陸人。《李氏集解纂疏》十卷，道光二十二年自序）、黃應麒（號厚菴。番禺人。舉人。《周易述翼》五卷，道光二十二年自序）、萬年淯（號彈峰。華容人。著《易拇》）、姚配中（字仲虞。旌德諸生。《周易姚氏學》十六卷，道光二十四年成）、曾國藩（字滌生。湘鄉人。道光十八年進士。大學士）、陳世鎔（號雪樓。懷寧人。道光中進士。古浪縣知縣。《周易廓》）、彭申甫（字麗笙。長沙人。道光十五年舉人。教諭。《易經解注傳義辯正》四十二卷）、陳澧（字蘭父。番禺人。道光十二年舉人。五品卿銜）、羅澤南（字藏生。湘鄉人。布政使。《周易本義衍言》）、黃式三（字薇香。定海人。《易釋》四卷，道光二十八年自序）、朱兆熊（字公望。鹽官人。《周易後傳》十卷）、李松林、丁晏（字儉卿。山陽人。中書。《周易述傳》二卷）、丁敘忠（《讀易初稿》）、丁澤安（字勉初。貴陽人。《易學節解》五卷）、俞樾（字蔭父。德清人。道光三十年進士。編修）、陳壽熊（字子松。吳江人。《讀易漢學私記》，咸豐元年自序）、方潛（字魯生。桐城人）、方宗誠（字存之。桐城人。五品卿銜。其昶從受學）、張文虎（字孟彪，號嘯山。南匯人。訓導）、馬徵麟（字素臣，號鍾山。懷寧人。太平縣教諭。贈五品卿銜。《筮法直解》一卷）、姚濬昌（號慕庭。桐城人。竹山縣知縣。其昶外舅也。有《易說》四卷）、吳汝綸（字摯父。桐城人。同治四年進士。冀州知府。五品卿銜。有《易說》。其昶從受學）、沈善登（字穀成。桐鄉人。同治時庶吉士。《需時眇言》十卷）、鄭杲（字東父。遷安人。光緒六年進士。即墨籍、刑部主事）、柯劭忞（字鳳生。膠州人。光緒十二年進士。典禮院學士）、王樹

枏（字晉卿。新城人。光緒十二年進士。新疆布政使。《費氏古易訂文》十二卷）、楊增新（字鼎臣。蒙自人。光緒十五年進士）、宋書升（字晉之。濰縣人。光緒十六年進士。庶吉士。《周易要義》）、嚴復（字幾道。侯官人。直隸候補道）、李哲明（字星橋。漢陽人。光緒十八年進士。侍講）、黃翼曾（字鶴雲。高安人。光緒十九年舉人）、劉文鳳（字仲儀。懷寧人。諸生）、姚永樸（字仲實。桐城人。光緒二十年舉人）、姚永概（字叔節。桐城人。光緒十四年舉人）、陳漢章（字伯弢。象山人。光緒十四年舉人）、胡遠濬（字淵如。懷寧人。光緒十七年舉人）、吳翊寅（陽湖人。《象傳大義述》二卷）、劉啟琳（字少儀。上元人。諸生）、李國松（字健父。合肥人。光緒二十三年舉人）。

◎劉聲木《桐城文學撰述考》卷四「馬其昶撰述」（摘錄）:《周易費氏學》八卷《敘錄》一卷。

◎馬其昶（1855～1930），字通伯（白），晚號抱潤翁。安徽桐城人。光緒舉人。光緒三十四年（1908）授學部主事，民國元年任京師大學堂教習，受聘《清史館》總纂。民國十五年病痹歸里。又著有《禮記節本》六卷、《三經誼詁》三卷、《尚書誼詁》、《孝經誼詁》一卷、《大學誼詁》一卷、《中庸誼詁》一卷、《中庸篇義》一卷、《抱潤軒集》三百餘卷、《桐城耆舊傳》十二卷。

馬守愚　二五陳數啟蒙　二十四卷

◎民國《懷寧縣志》卷十一《文藝》:清馬守愚《二五陳數啟蒙》二十四卷。

馬王堆漢墓帛書整理小組釋定　馬王堆帛書六十四卦釋文　存

《文物》1984 年第 3 期刊本

馬星度　周易暢言　十卷　佚

◎《中州藝文錄》《河南通志藝文志稿》著錄。

◎馬星度，字序柳。河南密縣（今新密）人。順治副貢生。受易於族兄鳴鸞，尤篤好之。遂專心河洛之學，精研二十餘年，悟其旨歸。

馬星翼　子夏易傳遺文　一卷　存

山東藏民國山東省立圖書館鈔魚臺馬氏叢書本

山東文獻集成第二輯影印山東藏民國山東省立圖書館鈔魚臺馬氏叢書本

◎屈萬里《魚臺馬氏著述記》摘錄〔註5〕：著述名山墨尚馨，百年鄉國有耆英。遺聞博證翻經說，孤訓旁說訂字聲。蟲簡萬言藏魯壁，鴻文三代繼鄒平。後生何幸能私淑？不負湖陵買棹行。

◎馬星翼（1790～1873），字仲張（章），號東泉（居士／老人）、繹陽子。祖居山東省魚臺縣池頭聚村（今滕州市大塢鎮池頭集村），隨父移居鄒縣西曹社安馬莊（今滕州市界河鎮西安樓村）。與父馬邦玉、季父馬邦舉皆精金石之學，世稱「魚臺三馬」。與孟雨山、董聽泉、杜伯和、樂陵潘松岩、閻榴崖、南皮張小雲、何紹基、嵇春原、濟南郡首余芰蘅、日照許瀚、孫孟廣均等多所倡和。嘉慶十八年（1813）與兄星房同舉於鄉。道光十五年（1835）大挑官樂陵、臨朐、招遠、荏平等縣教諭。嘗主講鄒縣近聖書院。著有《尚書廣義》、《詩廣義》、《論語輯說》、《孝經集說》、《國策補遺》、《名儒世系圖考》、《繹陽隨筆》、《鳧繹舊聞》、《重纂三遷志》、《東泉文集》、《東泉詩草》、《東泉詩話》八卷及《續冊》七卷、《勵學篇》。

馬貞榆 周易要旨 一卷 存

湖南湖北藏清末刻兩湖文高等學校經學課程朱印本

◎陳衍《石遺室文續集・馬貞榆傳》：以縣學生肄業廣州學海堂，番禺陳澧為學長，治經兼採漢宋。貞榆受《尚書》《禹貢》《春秋左氏傳》，精舊地理之學。文筆質雅曲暢，與同學梁鼎芬相善。張之洞為兩廣總督創廣雅書院，移督湖廣創兩湖書院，皆聘貞榆分校經學、鼎芬為兩湖院長，並先後延宜都楊守敬、新化鄒代鈞、嘉興沈曾植、丹徒陳慶年輩充史學、輿地各分校，稱盛一時。未幾朝廷行新法，書院悉改學堂，貞榆為兩湖師範學堂、存古學堂教習。

◎馬貞榆，字覺渠，號季立。廣東順德人。陳澧入室弟子。又著有《尚書課程》、《左傳口義》、《經學課程》等。

馬振彪 周易學說 七冊 存

福建師範大學藏民國原稿本

花城出版社 2002 年張善文整理本

◎目錄：卷首序、整理緣起、整理凡例、易綱要、易總義。卷一至卷三上

〔註5〕1934 年 12 月 3 日《華北日報・圖書周刊》。

經。卷四至卷六下經。卷七繫辭傳。卷八說卦傳序卦傳雜卦傳。卷末引用諸家書目名氏表、整理後記。

◎序：

由善文兄領頭整理，歷經八年努力，先儒馬振彪先生之未刊遺稿《周易學說》終將刊行問世，高正備感欣慰。

眾所周知，《周易》是儒家的十三經之首，道家則將之與老、莊並列為三玄。因此，《周易》可說是中國傳統文化的大根大本。二十一世紀將是中國全面振興的世紀，也將是中國完成全方位現代化的世紀。此時，唯有重建中國人的文化主體意識，方不致在現代化的過程中喪失自身文化的主體性。就這層意義而言，《周易》的現代詮釋，即如何使潛藏於《周易》中的智慧能為中國全方位的現代化事業服務，無疑至關緊要。

八百年來，南宋大儒朱熹所撰《周易本義》，向為學易者之津梁。朱熹集宋朝理學之大成，終身講學著述不綴，乃一代大儒，史稱「南朱北孔」。清朝康熙皇帝將朱熹在孔廟的牌位移入大殿奉祀，自秦火以降，能享此殊榮者，殆無他人。閩學亦因朱熹提倡推廣書院文化而人才輩出。康熙晚年閩學大家李光地奉諭編纂《周易折中》，依《周易本義》十二篇之次，援引歷代易說兩百餘家以附之，偶發己見，以折其中。自此，《周易折中》成為學易者案牘必備之參考書矣。

而今善文兄之先師祖馬振彪先生所著《周易學說》，則廣引先秦至民國期間之易說逾二百家，於康熙以降兩百餘年之易學採擇尤多。馬振彪先生生當近世，卒於六十年代，於其晚年仍對《周易學說》修補不息。《周易學說》可說上承傳統治易之遺風，下啟治易現代化之契機，也為海峽兩岸易學交流提供更為堅實的基礎。

馬振彪先生為安徽人，而朱熹的先人則是從安徽遷居福建。高正身為朱熹二十六代孫，目睹閩學人才濟濟，善文兄及其先師黃壽祺先生早已成為當代閩學治易之重鎮。《周易學說》之付梓，彰顯其間的傳承關係與師友情誼，高正對此能略盡綿薄之力，深感與有榮焉，樂為之序。朱高正西元 2001 年 5 月 12 日於臺北。

◎整理緣起：

一、公元一九九三年十月二十二日，我與羅螢兄有幸同臺灣朱博士高正先生會晤於福州西湖大酒店，相與譚鑰《易》學，但凡象數義理，天道人事，

頗多涉獵，由是深感朱博士之於《易》，不唯積二十載之功力，覃精研熟，更欽其才思高遠，往往獨具見識。偶論清季福建安溪學者李光地總纂之《周易折中》，博士至為歎服。我因之紹介先師祖馬教授振彪先生稿《周易學說》，以為此書實能上承《折中》之餘緒，下啟後學之道業，亟待整理問世，以饗來哲。朱博士聞此，慨然表示願給整理出版事宜以各方面支持。我喜之過望，即邀羅螢、黃高憲、郭天源、連鎮標諸兄通力合作，整理點校，並請博士蒞任舉術顧問，於是乎有此書之刊行也。

二、馬教授振彪先生，字岵庭，安徽桐城人，為清末民初桐城派大師馬其昶後人，博通經史，兼精辭賦，曾執教於北平中國大學國學系，其《易》學遺稿見存《周易學說》七冊。初，馬其昶以治西漢費氏《易》知名，嘗博采周秦以降注《易》之說，纂為《周易費氏學》八卷。先生既承家學，尤以弘揚《易》道為已任，遂增補《周易費氏學》之缺略，網羅古今《易》說，旁徵博引，別裁體例，傾其畢生心血，增刪再四，積稿逾尺，釐為七冊，成此煌煌鉅著《周易學說》，堪為《易》學界有識之士共所珍寶焉。

三、清儒李光地曾撰《周易折中》，依朱子《周易本義》十二篇之次，經傳區分，雜引二百餘家之說以附之，間發論析，以折其中。《四庫提要》稱曰：「數百年分朋立異之見至是而盡融，數千年畫卦繫辭之旨乃至是而大彰矣。」至馬先生《周易學說》，則立足於觀象玩辭，會通理義，遠承費直、王弼之篇第，融合經傳於一體，以便學者，凡引先秦至民國間之《易》說二百餘家，與《周易折中》互見旨趣；洋洋六十餘萬言，較《折中》略有過之。其闡揚發揮《易》旨之處，情理交融，酣暢淋漓，常能發前賢之所未發，尤見著者學殖之深厚，辭章之繁富矣。

四、《周易學說》為馬振彪先生之未刊手稿，以行書鈔成，中間修訂補正至多，或附黏簽條，或增批頁眉、墨書之不足，又加以鉛筆書寫，圈點斑斑，立言唯謹，足見先生治學之優良風範。書中引錄諸家之說，取捨甚精，於清康熙以後《易》學採擇尤多，其中某些《易》家著述今已流散亡佚，唯賴此書以存什一於千百，則更顯此書之資料價值。至書中一章一節一爻一卦所下案語，其精闢深刻之處，可以振聾發聵，令人耳目一新，先生之精微思想又由此可見一斑矣。我曾與先師黃壽祺教授合撰《周易譯注》(上海古籍出版社，1989年出版)，間有稱引先生之語以參證爻義卦旨，先師頗為欣賞，續之者亦受感染而歎佩其說。

　　五、先師黃壽祺教授，為國學大師章太炎先生及桐城派後勁吳汝綸先生之再傳弟子，早年就讀北平中國大學國學系，受業於章氏高足吳承仕（檢齋）先生、吳汝綸高足尚秉和（節之）先生及桐城馬振彪先生門下。六十年代初，馬先生歿，身後蕭條，先師恐其遺書散佚，藉赴京之便將馬先生遺稿《周易學說》購回閩中，珍藏於福建師範大學圖書館，遂使此書得以完好保存。此亦先師心銘師恩，圖報異日，為學術界保留珍貴遺產而積下的一大善德，吾輩後學當護志之耳。

　　六、先師生前念念不忘整理出版馬先生遺著，晚年携我及羅螢兄赴美講學期間，尚囑我留意聯絡學術界友人，爭取促成此舉。詎料先師自美返回之後，積勞成疾臥榻數月，竟爾匆匆捐館，迄今已三載有餘，茲事遂成先師生前未完之一大遺願矣。今既荷承朱博士共襄茲舉，使此書得以整理問世，公諸同好，是誠著者馬先生之大幸、先師黃先生之大幸，亦為當代學術界之大幸！海內外善《易》之君子，倘有緣獲讀此書，於披覽之際，而知此書稿之纂述、流傳、整理、刊行之前後始末，其當同發一歎，而彌加珍惜焉可也。

　　張善文謹敘於福建師範大學易學研究所，公元 1993 年 11 月福州。

　　◎整理凡例：

　　一、馬振彪先生《周易學說》為未刊手稿，原本以墨筆行書寫成，有大字書寫者，有小字夾註者，有在天頭地角及字行空隙處加批加注者，有附貼大小長短不一之各色籤條增入內容者，修潤增刪之處比比皆是，蓋屬作者晚年反復推敲斟酌之重要學衍成果。今謹依全書總體條緒，為之整理點校，釐成八卷，以奉獻給學術界同道。

　　二、本書手稿中，凡錄《周易》經傳原文，僅標明該文首末數言，以「某某至某某」示之，乃作者為省文計也。今則依其所表，錄出全文，庶便讀者研習。經傳原文以清阮元刻《十三經注疏》本為底本。

　　三、原稿於經傳每節下所引歷代諸家《易》說，皆按時代先後排列。稿中偶有誤列其序者，對之適當調整。

　　四、原稿凡引舊籍資料，皆稱「某書云」；凡引前人之說，皆稱「某人曰」；凡同書同人之兩說並引者，其後說省稱「又云」、「又曰」，今亦一仍其例。間有不合此例者，則略為更動，以求統一。

　　五、原稿所引各家學說，以一家為一則按序羅列，每則空一格排次。今將諸家之說皆提行列序，以清眉目。

六、原稿頗有以某家之說為雙行小字夾註，以對照疏解該處之舊說，頗利讀者考索。今為便於閱諫，特將雙行小字夾註改為單行而變更字體置於括號內。唯某些夾註具有相對的獨立性者，或屬作者後來以小字增補入的資料而非夾註者，則酌情將之提出作為獨立的一家之說列於相應之處。

七、原稿本中所貼簽條甚多，於空白處及字行間先後補寫插入的資料亦極多，凡此皆細考資料之內容性而置於所嘗置之處。個別有重複者則刪除之，交叉疊逕者則歸併之，欲期全書明朗清通也。

八、原稿中馬先生所作案語甚為眾多，其精闢處頗可發人深省，極見先生之學術根柢，亦屬本書之精華所在。此類按語，作者或冠以「彪謹案」，或冠以「謹案」，或僅稱「案」，今一律統一為「彪謹案」；偶有語焉未盡，數「案」並作者，自第二條案語起省稱「又案」。

九、原稿引用歷代文獻至為繁富，整理時儘可能查閱原出處進行校對。稿中偶有錯訛衍脫者，或屬馬先生時之筆誤，或為其晚年資料及精力所限而未克全面校定，今則詳加審別，謹為更正，不另出校語。

十、原稿採諸家之說，多以作者之意節引之，較之原著頗有刪略，此乃先儒為學之遺風，今亦保留原貌，不作更動。至若書名、引文，整理時不加書名號、引號，以其原已排列明晰，目序了然，故不欲多贅，以令全書簡潔而暢。

十一、馬先生學殖淵深，師承有自。原稿所引晚近易家之說，以劉沅（號止唐）、李士鉁（號嗣香）、馬其昶（號抱潤）居多。其所以然者，不唯緣於學術承傳故，實更在於三家學說之精淳淵博。劉沅有《周易恒解》（書中每章節後常有「附解」，為綜論之語，馬先生所引或稱名氏，或冠以「恒解」、「附解」），李士鉁有《周易注》，馬其昶有《周易費氏學》，皆曾重於學界。本書中馬先生案語論及三家之說時，每稱止唐先生（或劉先生）、嗣香先生（嗣香師）、抱潤先生者，即尊其學也，讀者宜察鑑焉。

十二、馬先生撰此書稿之本旨，原在增益馬其昶《周易費氏學》而弘揚之，稿本尚未擬定書名。唯卷首有「周易學說」、「易總易」兩篇微引舊說之文，圖書編目者既獲書稿，乃取前題以為名。今察斯名，堪符其實，因將書前首篇文字更為「易網要」，與次篇「易總義」相承，仍置卷首，而此書《周易學說》之名於是乎定矣。馬先生有知，當亦允歟！

十三、馬先生書稿，為線裝七冊，藏福建師範大學圖書館，藏書號 411.9

／AS28／455823-29。有機會查覽此書的讀者，取而閱之，庶能一觀馬先生手稿之初始風範，而對前輩擊者嚴謹不苟的治學精神將更有感受矣。

張善文公元 2001 年 5 月寫於福州。

馬振文 易經證讀 佚

◎孫葆田《山東通志》卷百二十七《藝文志》第十：《清平縣志》本傳。

◎馬振文，字際雲，號樸園。山東清平人。道光辛丑進士，歷知偏關、寧武、稷山、陽城、洪洞諸縣。

馬徵麐 大衍筮法直解 一卷 存

吉林、南京、湖南藏光緒十五年（1889）思古書堂刻本

南京藏光緒十五年（1889）金陵清涼山半日讀書齋刻澹園全集本

◎民國《懷寧縣志》卷十九《儒林》：其著作，列在經部曰《周易正蒙》《禮原易章》《大衍筮法直解》《尚書篇誼正業》《尚書百篇異同譜》《毛詩序誼正蒙》《毛詩鄭譜疏證》《四詩世次通譜》《毛詩七聲四音譜》《學詩多識篇》《周官徵》《周官聯事譜》《考工記注》《儀禮表讀》《儀禮提綱》《禮經索疑》《禮記正蒙》《夏小正箋疏》《禮雅》《禮譜》《禮圖》《詩例》《春秋律》《禮經通釋》《六禮吾從錄》《家禮外記述訓》二十四卷、《論孟正蒙》《學庸小學六藝譜》；史部者曰《懷寧縣志》《歷代史志沿革圖說》《長江圖說》《素行居藏書目補編》《書目補編》《書目舉要》《仙緣書院藏書目錄初編》；列子部者曰《三立明辨》《教學法程》《勵士淺語》《勵士參語》《學蔀隨柔》《淡園雜錄》；列集部者曰《歷代文誠》《絕句詩選》《制藝》《養氣集》《淡園集》。已刻者未及半，未刻者多殘佚（胡遠濬分纂）。

◎此書以易象為帝王制作之大原，為諸家所未及。

◎馬徵麐，字仲（鍾）山，號泰臣。安徽懷寧人。勤學嗜古，精於禮，嘗謂禮之精義不貫不可以治羣經，又謂士宜明禮經以立體、習朝點以致用，故所為禮書準古酌今，喪祭尤多訂正。曾文正一見嘉歎，稱為當代大儒。諸經小學及讀史方輿沿革均有撰著，多所心得。惟釋《大學》君臣父子之謂物、孝敬慈信之謂格，自信深合知本之旨，而當時守程朱者輒與抵辨不相下。生平長於圖譜之學，尤見珍異域。顧性斂退，嘗補用知縣，自請改就教職，選太平教諭，有經師人師之目。其撰書院楹聯云：「文亦何奇，祗如蜂蜜蠶絲，食古自化；學能成實，便是鳳毛麟角，異代同欽。」光緒十八年，奏請特獎五品

卿銜。又著有《孟子年譜》一卷、《官制沿革表》四卷、《選舉沿革表》四卷、《長江津要》一卷、《歷代地理沿革圖》一卷、《食貨書》一卷、《澹園文集》一卷、《澹園全集四種》（《馬徵麐四種》）、《馬鍾山遺書》十六種。

馬徵麐 讀易綱領 一卷 存

　　國圖藏民國馬林等排印景印馬鍾山遺書十六種本

馬徵麐 禮原易章 未見

　　◎民國《懷寧縣志》卷十一《文藝》：馬徵麐《周易正蒙》《禮原易章》《大衍筮法直解》。

馬徵麐 筮法口誼 一卷 存

　　光緒十五年（1889）刻本

馬徵麐 仙源礪士參語 一卷 存

　　光緒十五年（1889）刻本

馬徵麐 周易正蒙 一卷 存

　　國圖藏民國馬林等排印景印馬鍾山遺書十六種本

　　◎民國《懷寧縣志》卷十一《文藝》：馬徵麐《周易正蒙》《禮原易章》《大衍筮法直解》。

　　◎此書以易象為帝王制作之大原。

馬之龍 卦極圖說 一卷 存

　　道光二十三年（1843）昆明刻本

　　雲南藏民國雲南圖書館刻雲南叢書本

　　◎跋：雪山居士山中獨處，中年出遊，寓昆明幾二十年，老矣。一日學易，客來請著書，居士遽然微笑。再請，居士曰：「上等目擊，中等口答，下等著書。」三請，居士乃援筆為《卦極圖說》。此後上等第一人來示以極圖，第二人來示以儀圖，第三人來示以象圖；中等第一人來示以成卦圖，第二人來示以重卦圖，第三人來示以全圖；下等第一人來示以《卦極圖說》，第二人來示以《三代繫辭說》，第三人來示以《周易說》，至若無等等人來，但道眠食

而已。道光二十三年癸卯七月七日，五華山東侍者謹識。

雪山居士著《卦極圖說》，後人來，示以太極圖，觀己問會麼答，未會，又示以儀圖；觀己問會麼答，未會，又示以象圖；觀己問會麼答，未會，又示以重卦圖；觀己問會麼答，未會，又令合觀五圖；觀己問會麼答，未會，乃示以說焉，有會者拜謝。居士曰：「無干我事。」道光癸卯七月十日，五華山西侍者謹識。

雪山居士出山，無時不接人，無處不接人，無事不接人，而人自不知耳。何待《卦極圖說》？雖然，此書出，則蔭庇愈廣且遠矣。居士豈可少此一舉哉？道光癸卯七月十三日，五華山南侍者謹識。

◎周按：是書首列太極、兩儀、四象、卦極一、卦極二圖，次繼以說。

◎摘錄：易卦之衍義也，順法也。順法之中有逆法在，故舉一象一爻一象，莫不有逆法在，故曰順法成物逆法成己，成己成物，易盡之矣。

成己所以成物也，成物所以成己也，成己者見極，成物者知極，而此之知見，亦不立極矣哉。

◎趙藩《馬子雲先生傳》：之龍長身立，少慧，好學，試輒前茅。顧不屑為舉子業，喜談天下古今利弊，思有以匡濟有世。嘉靖末，吏治日窳，而西洋英吉利鴉片煙入廣州，浸淫逼中國，漬處僻遠，害尤及之。之龍憤然草《去官邪鋤鴆毒論》千餘言，於提學試經古日，附試卷上之，諷以入告。提學驦詫以狂妄違功令，褫其衿。之龍遂辭家，排紅毛劍一、鐵笛一，作汗漫遊者八九年，足跡遍十三行省。目擊海釁之開也，廟謨之不定也，倦遊歸，仍僑寓昆明。博涉佛藏，寄情詩酒，絕口談時事，即詩文中亦絕不道及。當道重其為人，顧不輕延接，惟與學使吳存義、五華書院長劉大紳遊處最契。所止多就僧舍，僧徒多從之學詩，其名者麗江妙明、昆明岩棲，然於禪奧未之許也。獨存義時與講討內典，相悅以解。存義偶問梵書呵嘛喇叭爾牛六字何解，之龍曰：「此關音不關義，蓋如來以此六聲抒人六氣，可隨時持誦，猶誦字母耳。」存義大心折（《玉龍舊話》）。

◎馬之龍（1781～1851），字子雲，號雪山居士。雲南麗江大研鎮人。回族。為人剛正，博學多才，善吹鐵笛，與同鄉牛壽並稱為「牛琴馬笛」。常與沙琛唱和。卒，林則徐、吳存義題詩哀悼，吳存義題墓聯曰：「得古佛言外意，是《高士傳》中人。」又著有《雪樓詩鈔》六卷、《雪樓詩選》二卷、《臨池秘鑰》四卷、《陽羨茗壺譜》。

馬宗霍 說文解字引易考 二卷 存

東京大學東洋文化研究所藏說文解字引經考本

臺灣學生書局 1971 年影印說文解字引經考本

中華書局 2013 年影印說文解字引經考本

◎馬宗霍（1897～1976），原名驥，字承堃，別署霋嶽樓，晚號霋嶽老人。湖南衡陽縣人。少受業於王湘綺，卒業於湖南南路師範學堂。後為章太炎入室弟子。歷任暨南大學、金陵女子大學、上海中國公學、上海交通大學、中央大學、湖南大學、湖南師範大學教授。1958 年後為中央文史研究館館員、中華書局高級編審，參與國務院古籍整理工作，主持廿四史點校。著有《說文解字引經考》、《說文解字引方言考》、《說文解字引群書考》、《說文解字引通人說考》、《音韻學通論》、《文字學發凡》、《中國經學史》、《經學通論》、《書林藻鑒》、《文學概論》、《淮南舊注參正》、《墨子閒詁參正》、《南史校正》、《論衡校讀箋識》等。

麥士奇 易經翼注 佚

◎民國《崇善縣志》卷八《列傳》：所著有《易經翼注》《燕回草》。

◎麥士奇，廣西崇善（今崇左）人。康熙八年舉人。好讀書，博學洽聞，尚秦漢文詞、性理諸書。性篤孝，時狼兵寇亂，士奇負母夜走四十里，入那寅山中以避。生平好學持廉。設教三十年，卒不能殮，門人殯葬之。

毛大騰 易學源流 一卷 存

南京藏清刻徐位山叢書本

毛士 羲經註疏 佚

◎民國《靜海縣志》不分卷：補博士弟子員，送蓮池書院肄業，主講夏宗瀾最器重。夏精於易，毛士所撰《羲經註疏》，多採其說。絕意進取，日以著書為事。所撰《四書語錄》、《五經註疏》《三傳駁語》《童子問》《睡生草》《夢蝶全集》各若干卷。

◎毛士，字夢蝶，別號一瓢子。靜海人。

毛奇齡 春秋占筮書 三卷 存

山東藏康熙中李塨等刻西河合集本

四庫本

山東藏乾隆十年（1745）蕭山毛氏據康熙中李塨等刻西河合集本修補本

國圖藏光緒十五年（1889）上海蜚英館石印皇清經解續編本（一卷）

商務印書館1936年叢書集成初編據龍威秘書本排印本

臺灣廣文書局有限公司1974年易學叢書續編本（與仲氏易合印）

山東藏臺北成文出版社 1976 年無求備齋易經集成影印光緒十四年（1888）刻皇清經解續編本

山東藏1983年臺北商務印書館景印文淵閣四庫全書影印國立故宮博物院藏本

臺灣老古文化事業公司影印本（與易緯、關氏易傳合印）

上海古籍出版社1990年四庫易學叢刊影印四庫全書本（與推易始末、易小帖合印）

臺灣藝文印書館百部叢書集成影印本

叢書集成新編本

乾隆刻龍威祕書本

◎卷首云：《周易》，筮書也。《周官・卜人》以八頌占卜詞，即以八卦占筮詞，因之別設筮人掌三易以辨九筮，使占人占易，皆有成法，而惜乎其書不傳。惟《春秋》諸傳間存兩詞。其在卜詞，如陳敬仲奔齊，《傳》所云「鳳皇于飛，和鳴鏘鏘」是也。而在筮辭，則如陳敬仲初生，《傳》所云「觀國之光光遠而自他有耀」是也。今燋契不作，莗氏之卜辭可無問矣。獨是筮關《周易》，其辭象變占實出羲、文、孔子三聖所授受，故每著筮辭輒屈折幻眇隨其事之端末而言之明明指之鑿鑿，凡一十二公二百四十年間所載，其詞具在，而並無解者。雖杜氏有註、孔氏有疏，義總未明了。即或焦贛、京房、虞氏、荀氏輩偶一論及，亦且彼此卜度而不得領要，以致王弼邪說橫行于世，而宋人和之，且謂《春秋》筮辭統屬附會，一似事後言狀增損之以欺後世者，不惟占筮亡，即《周易》亦亡。夫象辭卦辭猶筮辭也，聖人設卦觀象以繫詞，猶之剛柔相推八卦相盪以玩占也。易以象為辭，而今反舍象而斷辭；易繫詞以明占，而今反舍占而專求此卦詞之字句，是詞象變占不當並設。而究其所為字句者，又仍無一解。何為涉川，何為即麓，何為戰龍而乘馬，即離日坎月、乾金震竹，牛羊甲兵，井繘床肺，凡易之觀象而繫詞者全然大貿，而乃謂兩《傳》多事，即《周官》三易亦難以考據。將韓宣子來聘所稱《易象》《春秋》《周

禮》在魯者，三書一併亡矣。予作《仲氏易》，就五易以衍三易：曰變易、曰交易、曰反易、曰對易、曰移易；且作《推易始末》，立十筮以括九筮：曰名、曰義、曰象、曰方位、曰次第順逆、曰大小體、曰互體、曰時、曰氣、曰數目、曰乘承敵應。及書成而易義明，即占易之法亦與之俱明，覺向時讀諸傳而茫然者，而今豁然向之。繹其辭，覈其事，以為必不能有是而悶然者，而今則實見其有是而巹然快然。此非三古以來數千年不傳之秘至今日而始發之乎？當說易時亦稍存其說于卷中，而觀者以為簡約多未備，且雜附難考，因專輯此書名曰《春秋卜筮》，以倖存《周官》筮人之一線焉。

◎何焜彥《易經遵孔八哲類稿》卷十二《集晢》：又毛氏《春秋占筮書》據《春秋傳》所載占筮以明古人之學，雖為《易》作非為《春秋》作，其實於易筮無當也。

◎徐敬修《經學常識》第四章《治經之方法》：如張惠言之《虞氏易禮》則以《禮》證易，毛奇齡之《春秋占筮書》則以《春秋》證易，包世榮之《毛詩禮徵》則以《詩》證詩，劉逢祿之《論語述何》則以《公羊》證《論語》，以上所述，皆以經證經也。

◎周中孚《鄭堂讀書記》補逸卷二：《四庫全書》著錄，朱氏《經義考》未載，蓋爾時書尚未成也。西河以周官占人以八頌占卜詞，即以八卦占筮詞，因之別設筮人掌三易，以辨九筮，使占人占易，皆有成法，其書不傳，惟《春秋》諸傳間存其詞，因專輯此書以明古人之易學。凡內傳十四條外傳二條，附八條，名曰《春秋占筮書》，以存周官筮人之一線體。雖顏以春秋字，而其書實為《易》作。自謂三古以來數千年不傳之祕至今日而始發，誇詡太甚，則其習氣使然也。

◎民國《蕭山縣志稿》卷三十《藝文》：《春秋占筮書》三卷（清毛奇齡撰。此編乃摭《春秋傳》之占筮以明古人之易學也）。

◎四庫提要：其曰《春秋》者，摭《春秋傳》所載占筮以明古人之易學，實為《易》作不為《春秋》作也。自漢以來言占筮者不一家，而取象玩占存於世而可驗者莫先於《春秋傳》。奇齡既於所著《仲氏易》、《推易始末》諸書發明其義，因復舉春秋內外傳中凡有得於筮占者匯記成書，而漢晉以下占筮有合於古法者亦隨類附見焉。《易》本卜筮之書，聖人推究天下之理而即數以立象，後人推究《周易》之象而即數以明理。羲、文、周、孔之本旨如是而已。厥後象、數、理岐為三家而數又岐為數派。孟喜、焦贛、京房以下其法不可殫

舉，而易於是乎愈雜。春秋內外傳所紀雖未必無所附會，而要其占法則固古人之遺軌，譬之史書所載，是非褒貶或未盡可憑，至其一代之制度則固無偽撰者也。奇齡因《春秋》諸占以推三代之筮法，可謂能探其本而足闢諸家之喙者矣。

◎周按：各卷筮例：

卷一：左傳莊二十二年傳：周史筮陳敬仲，遇觀之否，一爻變。左傳閔公元年：畢萬筮問仕於晉國，遇屯之比，一爻變。左傳閔公二年：魯桓公筮問成季之將生，遇大有之乾，一爻變。左傳僖十五年：秦穆公問伐晉，遇蠱卦，無變爻。

卷二：晉獻公筮問嫁伯姬於秦：遇歸妹之睽，一爻變。左傳僖公二十五年：晉文公筮問救周襄王，遇大有之睽，一爻變。左傳成公十六年：晉侯問救鄭，遇復，無變爻。左傳襄公九年：穆姜將入東宮，遇艮之八，即艮之隨，五爻變。附：宋時金舉兵來侵，遇蠱之隨，六爻俱動。左傳襄公二十五年：崔武子娶棠姜，遇困之大過，一爻變。附：元帝為晉王時將渡江，使郭璞筮之，遇豫之睽，三爻變。

卷三：左傳昭公五年：魯莊叔筮問穆子之生，遇明夷之謙，一爻變。左傳昭公七年：孔成子立衛靈公；問立元，遇屯；問立孟縶，遇屯之比。左傳昭公十二年：南蒯筮叛，遇坤之比，一爻變。附：東漢永建三年，立大將軍梁商女為貴人，得坤之比，一爻變。左傳哀公九年：晉趙鞅卜救鄭不吉；陽虎以《周易》筮之，遇泰之需，一爻變。國語周語：晉問成功之歸，遇乾之否，三爻變。國語晉語：重耳親筮反晉國，得貞屯悔豫。附筮例雜占七則：孔子自筮得賁，漢武帝伐匈奴得大過九五，晉元帝初鎮建業王導使郭璞筮得咸之井，郭璞問如牛之巨獸得遯之蠱，唐李綱在隋仕宦不進筮之得鼎，五代石晉高祖以太原拒命廢帝遣兵圍之勢甚急命馬重績筮之遇同人，明土木之變南冢宰魏驥將集同官上監國疏請筮得恒。

◎毛奇齡（1623～1716），又名甡，字大可，號生生、齊於、於、於一、初晴、晚晴、老晴、秋晴、春遲、春莊、僧彌、僧開、西河、河右、河右僧、阿憐翁、湘湖遺老。曾變姓名為王彥，字士方。學者稱西河先生。浙江蕭山人。康熙己未以廩監生召試博學鴻詞，授檢討，故或因官稱毛檢討。又著有《古文尚書冤詞》八卷、《尚書廣聽錄》五卷、《舜典補亡》一卷、《三江考》一卷、《國風省篇》一卷、《毛詩寫官記》四卷、《詩劄》二卷、《詩傳詩說駁

義》五卷、《白鷺洲主客說詩》一卷、《續詩傳鳥名》三卷、《昏禮辨正》一卷、《廟制折衷》二卷、《大小宗通繹》一卷、《北郊配位尊西向議》一卷、《辨定嘉靖大禮議》（《嘉靖大禮議》）一卷、《辨定祭禮通俗譜》五卷、《喪禮吾說篇》十卷、《曾子問講錄》四卷、《周禮問》二卷、《明堂問》一卷、《學校問》一卷、《郊社禘祫問》一卷、《家禮辨說》十六卷、《三年服制考》一卷、《檀弓訂誤》一卷、《何御史孝子祠主復位錄》一卷、《聖諭樂本解說》二卷、《竟山樂錄》四卷、《皇言定聲錄》八卷、《李氏學樂錄》二卷、《春秋毛氏傳》三十六卷、《春秋屬辭比事記》四卷、《春秋條貫篇》十一卷、《春秋占筮書》三卷、《春秋簡書刊誤》二卷、《孝經問》一卷、《四書索解》四卷、《四書改錯》二十二卷、《論語稽求篇》七卷、《大學知本圖說》一卷、《大學問》一卷、《大學證文》四卷、《中庸說》五卷、《四書剩言》四卷、《四書剩言補》二卷、《四書正事括略》七卷附錄一卷、《聖門釋非錄》五卷、《逸講箋》三卷、《古今通韻》十二卷論例一卷、《韻學要指》（《古今通韻括略》）十一卷、《韻學指要》一卷、《越語肯綮錄》一卷、《經問》十八卷、《經問補》三卷、《聞詩說辭》、《儀禮疑義》二卷、《馮易齋先生年譜》一卷、《王文成傳本》（《明新建伯王文成公傳本》）二卷、《勝朝彤史拾遺記》六卷、《後鑒錄》七卷、《武宗外紀》一卷、《蠻司合志》十五卷、《制科雜錄》一卷、《杭志三詰三誤辨》一卷、《蕭山縣志刊誤》四卷、《湘湖水利志》三卷、《觀石後錄》一卷、西河雜箋一卷、《說麻》十二卷、《天問補注》一卷、《西河詩話》八卷、《西河詞話》二卷、《當樓集》一卷、《夏歌集》、《桂枝集》、《灉中集》一卷、《毛西河論定〈西廂記〉》五卷、《不賣嫁》、《不放偷》連廂詞二種、《越郡詩選》八卷。

毛奇齡 河圖洛書原舛編 一卷 存

　　山東藏康熙中李塨等刻西河合集本

　　山東藏乾隆十年（1745）蕭山毛氏據康熙中李塨等刻西河合集本修補本

　　續四庫影印復旦藏康熙李塨等刻西河合集本

　　四庫存目叢書影印康熙刻西河合集本

　　中華書局 2010 年易學典籍選刊・毛奇齡易著四種鄭萬耕點校本

　　◎卷首題蕭山毛奇齡字春莊又名甡稿，陳元龍廣陵、田得名綱卿較。

　　◎卷首云：河圖洛書，其並見於經者惟《易大傳》曰「河出圖而洛出書」，而《尚書・顧命篇》曰「天球河圖在東序」（天球河圖與赤刀、大訓相對，則大訓

河圖並典籍之類，自後儒不信圖書，致俞琰謂圖書即球石之類，非是），《論語》曰河不出圖，則單言河圖。然其名則自古皆有之，大抵圖為規畫書為簡冊，無非皆典籍之類，第未嘗實指為是何規畫是何簡冊，而其所以出之者，則又未知誰誰將之誰取之也。

◎目：原舛編。大衍圖。大衍配八卦圖。改正黑白點位圖。太乙下九宮圖。九宮配卦數圖。陰陽合十五數圖。明堂九室圖。

◎圖目：大衍圖（一名天地生成圖，一名五行生成圖，即今河圖也）、大衍配八卦圖（坎、離、震、兌為四正居生數，乾、巽、艮、坤為四維居成數，此從《大傳》卦位分列與大衍位數相合者）、改正黑白點位圖（大衍有數目無黑白點，今以黑白點代數目，詭為馬圖如是也，然亦宜奇偶並列，陰陽平分。若如今圖所列一六、二七皆用複位，則有正無維，有生無成，有合數無分數，有四卦配無八卦配，其于大衍本義俱失盡矣。況《說文》云：「并者，並也」，鄭註之并正是並字，豈宜複列乎）、太一下九宮圖（此從八卦配大衍之數，復以卦數從衡相峙，各合為十五之數以立法，其法出《易緯·乾鑿度》下篇，蓋漢後道家所作）、九宮配卦數圖（此即今洛書也）、陰陽合十五數圖（《易緯》曰：一陰一陽合而為十五之謂道，故太乙取其數以行九宮，四正四維皆合于十五）、明堂九室圖（《大戴禮·明堂篇》云：九室之制，二九四七五三六一八，數本九宮法。今《相宅經》有一白、二黑、三碧、四綠、五黃、六白、七赤、八白、九紫諸說，益謬誤矣）。

◎摘錄：乃趙宋之世，太平興國之年，忽有華山道士陳摶者驟出河圖洛書並先天圖古易以示，世稱三寶……至牧而其說始行於時……然牧之言曰……則今之所雲河圖者本洛書也，今之所謂洛書者本河圖也。

◎摘錄：間嘗學易淮西，見康成所注大衍之數，起而曰：此非河圖乎？則又思曰：焉有康成所注圖而漢代迄今不一引之為據者？則又思大衍所注見於李氏《易解》者干寶、翟憬言人人殊，何以皆並無河圖之言？則又思康成所注《大傳》，其於「河出圖」句既有成注，何以翻引入《春秋緯》文（即前河圖九篇洛書六篇之說）而不實指之為大衍之數？於是悅然曰：圖哉圖哉，吾今而知圖之所來矣。摶之所為圖即大衍之所為注也，然而大衍之注之斷非河圖者則以河圖之注之別有在也。大衍之注曰：「天地之數五十有五，天一生水在北，地二生火在南，天三生木在東，地四生金在西，天五生土在中，然而陽無耦陰無配，未相成也。於是地六成水於北，與天一併；天七成火於南，與地二並；地八成木於東，與天三並；天九成金於西，與地四並；地十成土於中，

與天五並。而大衍之數成焉。」則此所為注非即摶之所為圖乎？康成但有注而無圖，而摶竊之以為圖；康成之注即可圖亦非河圖，而摶竊之以為河圖。其根其氏其曲其衷明白顯著，可謂極快，然而趙宋元明千年長夜而及今而始得之。其說有二：一則世之言河圖者亦皆知大衍之數，然第以為河圖之陽二十五點河圖之陰三十點與大衍之數一三五七九二四六八十共成五十有五者，其數相合已爾，而其天生地成地生天成或北或南為水為火能方能圓有單有複，按之可為形，指之可為象，則河圖有之大衍不得而有之也，而孰知大衍之數其為形為象原自如此，而人初不知，其長夜一。一則魏晉以後俗尚王學而鄭學稍廢，其所遺注第散見於易、《詩》、《書》、《三禮》、《春秋》疏義及《釋文》、《漢書》、《文選》諸所引注而迄無成書，故唐李鼎祚略采其注於《易解》中，而在他書則惟王氏應麟復為匯輯而補於其後，此在劉、邵言易時皆未之見。今摶得其說而不言所自，或亦轉得之他人而並其所自而亦不之知，皆未可定，則冥冥矣，其長夜二。乃幸而得白，顯有從來。但當名之為大衍圖，非然則名天地生成圖，非然則名五行生成圖，而斷不得名之為河圖。浸假河圖即此圖，則此圖固康成所注者也，其於《大傳》「河出圖」下何難直注之曰「所謂河圖即揲蓍所稱大衍之數天一地二天三地四天五地六天七地八天九地十者」，而乃又曰：「河龍圖發，其書九篇」，則豈非衍數河圖截然兩分，數不得為圖衍不得為畫乎？

　　◎周中孚《鄭堂讀書記》卷二：《四庫全書》存目，朱氏《經義考》不載，亦以其時未有成書也。其說謂河圖洛書並見於《易大傳》，而《尚書》《論語》則單言河圖，大抵圖為規畫、書為簡冊，無非皆典籍之類，第未嘗實指為是何規畫是何簡冊，而其所以出之者，則又未知誰將之誰取之也。因歷引羣書所載以相辨難，而有取於鄭康成《易大傳》注引《春秋緯》之說。至宋陳、李、劉、邵、朱、蔡諸家，皆備糾之。然其復列大衍圖、大衍配八卦圖、改正黑白點位圖、太一下九宮圖、九宮配卦數圖、陰陽合十五數圖、明堂九室圖，各為說以申明之，則是去一圖學又增一圖學矣。

　　◎民國《蕭山縣志稿》卷三十《藝文》：《河洛原舛編》一卷（清毛奇齡撰）。

　　◎四庫提要：河圖、洛書，辨者既非一家，駁者亦非一說。奇齡謂今之河圖即大衍之數，當名「大衍圖」，而非古所謂河圖。今之洛書則太乙行九宮之法，亦非《洪範九疇》。既著其說於前，更列其圖於後，其排擊異學殊有功

於經義。顧其所列之圖又復自生名例，轉起葛藤，左右佩劍相笑無休，是仍以鬮解鬮轉益其鬮而已矣。

毛奇齡 太極圖說遺議 一卷 存

山東藏康熙中李塨等刻西河合集本

山東藏乾隆十年（1745）蕭山毛氏據康熙中李塨等刻西河合集本修補本

江戶據西河合集鈔本（附西河經集凡例一卷）

中華書局 1990 年排印理學叢書附本（陳克明點校）

中華書局 2010 年易學典籍選刊‧毛奇齡易著四種鄭萬耕點校本

◎卷首云：太極無所為圖也（張南軒曰：「太極不可為圖」。林黃中曰：「太極無形，圖于何有」）況其所為圖者，雖出自周子濂溪，為趙宋儒門之首，而實本之二氏之所傳。《太極圖》一傳自陳摶，一傳自僧壽涯。或云陳摶師麻衣，麻衣即壽涯也。則時稍相去，濂溪或不能從學，然其說則從來有之。乃其所傳者則又竊取魏伯陽《參同契》中《水火匡廓》與《三五至精》兩圖而合為一圖。

◎圖目：宋乾道間朱子元晦所傳周子濂溪太極新圖、漢魏伯陽參同契圖、宋紹興間所進周子太極原圖、唐真元品太極先天合一之圖。

◎四庫提要：周子《太極圖說》本「易有太極」一語，特以無極二字啟朱陸之爭。奇齡又以其圖與《參同契》合，並引唐玄宗《御制上方大洞真玄妙經序》「無極」二字為證。因及於篇中陰陽、動靜、互根等語，謂皆非儒書所有，立議原不為無因。惟是一元化為二氣，二氣分為五行，而萬物生息於其間，此理終古不易。儒與道共此天地，則所言之天地，儒不能異於道，道亦不能異於儒。猶之日月麗天萬方並睹，不能謂彼教所見日月非我日月也。苟其說不悖於理，何必定究其所從出？奇齡此論，不論所言之是非，而但於圖繪字句辨其原出於道家，所謂舍本而爭末者也。

◎民國《蕭山縣志稿》卷三十《藝文》：《太極圖說遺義》一卷（清毛奇齡撰）。

◎中附奇齡父竟山《動靜生陰陽論》。

毛奇齡 推易始末 四卷 存

乾隆五十九年（1794）石門馬俊良大酉山房輯刊龍威秘書八集西河經義存醇十一種本

四庫本

西河合集本（康熙刻、乾隆印、嘉慶印）

皇清經解本（道光刻、咸豐補刻、鴻寶齋石印、點石齋石印）

四庫全書珍本第九集本

臺灣成文出版社 1976 年無求備齋易經集成本

1964～1970 年臺北藝文印書館輯百部叢書集成本

上海古籍出版社 1990 年四庫易學叢刊影印四庫全書本（與春秋占筮書、易小帖合印）

中華書局 1991 年叢書集成初編本

中華書局 2010 年易學典籍選刊・毛奇齡易著四種鄭萬耕點校本

叢書集成新編本

臺灣廣文書局有限公司 1974 年易學叢書續編本（與春秋占筮書合印）

臺灣新文豐出版公司 1983 年大易類聚初集影印道光九年（1829）刻皇清經解本

上海古籍出版社 1989 年起影印四庫易學叢刊本

◎卷前云：《周易》者移易之書也。雖易例有三：一曰倒易，敍卦用之；一曰對易，分篇者用之（二易見《仲氏易》卷首）；而必以移易一例為演易屬辭之用。即演易屬辭櫱有十例，曰名（如天行、地勢、雲雷屯、山風蠱諸詞皆乾坤八卦別名）、曰義（乾健、坤順、坎險、震動皆義也，詞有「順以動」、「險而健」類）、曰象（一恒象，如乾首坤腹、乾馬坤牛、乾圜坤方、乾金玉坤布釜類，皆《說卦》所有者，辭悉用之。一偶象，如震偶象缶，巽偶象牀，剝、艮偶象廬，益、坤偶象龜類，他並無象矣。俗儒以象為豕、以易為蜥蜴、以有他為蛇、以載鬼、張弧為星，皆本易所無有者，不通之極）、曰方位（坤卦以西南為離、兌，東北為艮、震；蹇、解以西南為坤、東北為艮；復以離為南國，隨以兌為西山，皆以《說卦》定方為詞，並無乾南坤北、離東坎西如陳氏先天圖者。若位，則單卦以二五為中，蒙之「剛中」、需之「正中」是也；重卦以三四為中，復之「中行獨復」、益之「中行告公用主」是也。又單卦以初為地、二為人、三為天，重卦以初二為地、三四為人、上五為天。乾之「上不在天」、「下不在田」、「中不在人」，謙之「天道」、「地道」，賁之「天文」、「人文」皆是也。又五為君、二為臣、初為民，臨五「大君之宜」、蹇二「王臣蹇蹇」、屯「初大得民」也。一二三即陽陰陽為離位，四五六即陰陽陰為坎位。凡遇純爻則兩位見，如坤三為光，以純坤而下離見，離為光；同人之象曰涉川，以純乾而

上坎見，坎為川也。若漢儒有初震位、二離位、三艮位、四巽位、五坎位、上兌位，則辭中亦未之及。至于乾一、兌二、離三、震四、巽五、坎六、艮七、坤八，則從無此位，非易義也）、曰次第順逆（自初至上為往為順，自上至初為來為逆，凡卦皆然。往前為右，來後為左。師卦「左次」、豐卦「右肱」皆是。順上為貴，逆下為賤，鼎之「從貴」、屯之「下賤」皆是。順往則初為本，上為末，咸之「志末」、大過之「本末弱」皆是。逆來則上為首，初為足，乾之「无首」，比之「无首」、「咸其拇」、「賁其趾」皆是）、曰大小體（益六爻體大離曰大光，大過六爻體大坎曰過涉，豫自初至五五爻體小比曰利建侯，大壯自三至上四爻體小兌曰「喪羊于易」、曰「羝羊觸藩」，以此類推可見）、曰互體（謙互坎曰「利涉大川」、豫互艮曰「介于石」、師互震曰「長子帥師」、隨互艮曰「係小子」。若泰之「帝乙歸妹」，以互震、兌也，震、兌者，歸妹卦也。履之名履，以互離巽也，離、巽東南，卦主禮，履者禮也）、曰時、曰氣（臨「至于八月」、復「七日來復」、豐「雖旬无咎」、革「巳日乃孚」、蠱「先甲後甲」、巽「先庚後庚」皆時也。「甘臨」土氣，「苦節」火氣，「噬黃金」金氣，「渙乘木有功」木氣，以及震、巽木甲乙，乾、兌金庚辛，坤、艮土戊巳，離火丙丁，坎水壬癸，皆氣也。若值日、卦氣、納甲、納音諸說，雖易亦有之，然詞未嘗一及，則何必矣）、曰數目（用九老陽，用六老陰，三驅七復，長陽少陽，十朋二簋，中陰少陰，其他大衍五十、天地之數五十五，二篇之策萬一千五百二十，其為數止此而已，俗儒謬增倍數，妄甚）、曰乘承敵應（上爻乘下爻曰乘，屯六二之「難乘剛」也；下爻承上爻曰承，歸妹初九「吉相承」也；初與四、二與五、三與上其陰陽相抗者曰敵，艮「上下敵應，不相與也」；其陰陽相配者曰應，比「上下應」、恒「剛柔皆應」也。若後儒有乘承比應四義，則在易爻例並無所謂比者）。而苐在當時，抽辭比旨，多取成卦之聚畫，陽與陽聚，陰與陰聚，無所間錯者而乃從而分移之，移陽于陰，亦移陰于陽。《大傳》所謂「乾坤成列」則陰陽聚也，其所謂「分陰分陽」則從而分之者也，所謂「剛柔相推」則移之也。推者移也，而總以二語概之，曰「方以類聚，物以羣分」，然後推移之旨全焉。特三聖屬辭，往往引而不發，以俟其人之自省，有曰：「書不盡言，言不盡意」，惟是神而明之，默成其德，以俟乎其人。故《雜卦》言反易，不言反易也，苐言其對峙，而反峙以明；《序卦》言對易，不言對易也，苐言其聯序，而對序以著；《繫傳》言移易，不言移易也，苐言其變易、遷易，而移易以見。是以卦之命名即有以移為名者，艮、兌名損，山澤無所為損也；巽、震名益，風雷何以有益也？澤高于地則不聚，而反名聚（即萃卦也）；風入地下則不升，而反

名升，徒以損、泰、乾則移畫在上（泰䷊、損䷨）；益、否、坤則移畫在下（否䷋、益䷩）；萃四移觀，陽而不間，則猶有聚（觀䷓、萃䷬，萃移觀上九為四，則陰間而陽不間，故萃為子母聚卦）；升四移《過》，柔而上行，則亦名升（小過䷽、升䷭，升移小過六二為四，以陰升得名，故《象傳》特曰「柔以時升」）。是當其命卦名時固早已豫啟其例，而況彖象為辭，非此不解。訟「無故而有舊德」（訟卦六三為大過上六所移，而今將訟上，故「食舊德」，《象傳》所云「從上吉」也），比何先而稱後夫（比九五為剝上所移，而今處五後，且在剝為陽，故稱夫。《象傳》所云「无首」以此）？天難入澤，安有其旋（履上九為夬之三陽所移，苟仍返為陽則純乾矣，故曰「其旋元吉」，不然上天下澤無所旋返）？一陽初畜，何為復道（小畜初九本姤四所移，今初四相畜不過，還其所相易者，故曰「復自道」，不然五陽一陰有何復道）？又況夫子所贊每故變其辭以示其義，如「剛來下柔」則明有往來（隨以否之上九、咸之九三與初六相易，是剛來而下于柔），「柔上剛下」則顯相上下（咸以否之六三與上九相易，是柔移上剛移下），「剛自外來而為主于內」則明明移彼而就此（无妄初九係遯三所移，為內震之主），「柔來而文剛」、「分剛上而文柔」則公然以兩爻為移易（賁移泰之上柔、損之三柔，而皆飾乎二之剛，又分益之五剛在上位者而文三之柔）。是移易一例，文周倡之，夫子早發明之，而漢初田何受易，傳及孟喜，有外黃令焦延壽者實始嬗移易之學，如云「一陰一陽之卦自姤、復來」、「五陰五陽之卦自剝、夬來」，已駸駸得其要領。而芇其所著書費直題其前曰「六十四卦之變，凡四千九十六章」，今所傳《易林》是也。夫《易林》本以六十四卦變之至四千九十有六，是占變之詞與六十四卦三百八十四爻本詞不同意，必焦氏當時卦變之外另有推易，而後儒不知，混之為一，故迄今所傳祗有《易林》一書，名《大易通變》，而移易之學無聞焉。乃東漢儒臣自馬融、鄭玄外，凡說易家如宋衷、干寶、虞翻、荀爽、陸績、侯果、蜀才、盧氏以及蔡景君、伏曼容諸儒，各守師承以立說，或主旁通（如地水師旁通為天火同人類），或主正變（如乾正變自姤至剝、坤正變自復至夬類），或以乾坤為父母（謂諸卦皆乾、坤所出），或以泰否為胚胎（謂泰、否陰陽各均，為諸卦包育），或兼宗六子（謂兼從六子遞變），或專本十辟（謂以復、臨、泰、大壯、夬、姤、遯、否、觀、剝為十辟卦，辟，主也），而罣十漏一，依彼失此。初未嘗不與推移相合，究之，守一則不能相通，遍易則無所自主（推一謂止移一爻，遍易謂凡爻可易），補苴傅會，未免牽強，以致王弼後起，盡掃諸前儒所說，而更以清談，以為「互體不足，遂及卦變；變又不足，推致五行」，彌縫多闕，

不如盡已之為快。而嗣此失學之徒便于飾陋，悉屏絕漢學，專宗弼說，而于是辭象變占四不存一、方體位數十亡八九矣。乃考弼所註，鹵莽蔑略，不可為訓，其萬不通處則仍不能不襲諸舊說而竊入之。賁之「柔來而文剛」，弼曰「坤之上六來居二位，柔來文剛之義也」，「分剛上而文柔」，弼曰「乾之九二分居上位，分剛上而文柔之義也。」是即卦變也。延及趙宋，則僅曉王學而不識漢學。程頤作《傳》，專斥諸卦變，而考其為《傳》，周章難明，其萬不通處亦終不能不仍取卦變而雜補之。損之「損下益上」則曰「下之成兌由三變，上之成艮由上變」也，漸之「得位得中」則曰「艮、巽之交在中二爻：巽四交三，以陽而易陰；艮三交四，以陰而易陽」也，是即移易也。是以陳摶之徒，不聞正學，反能摭京、焦餘唾，推作卦變，取移易、倒易二義雜組之以為變卦反對之圖。而南宋朱漢上震曾錄其圖于《易傳叢說》之中。至朱文公熹又謂「漢上易變祗變三爻，則似于《彖傳》不能盡通」，于是又別為之圖（即《易經》卷首所列卦變圖也），自一陰一陽起至五陰五陽止分作五部，庶幾盡變而爻止一移（如師從初移不復從上移類）、卦無三易（如屯為二陽所易之卦，祗從臨、遯易，不復從頤、萃易類），因于作《本義》時，凡一十九卦惟訟、晉二卦與圖相同，而餘即多立變法，全與圖異（如隨據圖從泰、否來，據《本義》從噬嗑、未濟來類）。其時好事諸君間作偽《關朗傳》以實圖書之言、作偽衛元嵩《元包》以實先後天卦變之旨，而文殘義闕，世多未信。于是元儒朱升作十辟卦變（十辟見前）并六子卦變（如二陰二陽之卦，其變在二三五上者即是震變，以震剛在初四也；在初三四上者即是坎變，以坎剛在二五也）。而明儒來氏知德即以反對作變易（即覆卦相易，與漢上又不同），何元子楷專以乾、坤為往來（此程氏、蘇氏諸卦皆自乾、坤來之說），雖名例稍殊而意不甚遠。大抵漢學又亡，浸失其舊。而趙宋以後則祗曉夫子《彖傳》有所未解，故必須卦變，全不識文、周為易屬辭比旨之專在乎此。所以朱氏《本義》其載卦變于卷首，但云《彖傳》以卦變為說。又云此夫子之易，而不知文、周為易，其至今晦蝕不能盡明者全以是也。夫伏羲重卦即有以移易為名者，是《周易》為辭再三致意，前既已略言之矣。苐變易、移易原有不同，不名移易而僅指為變，則其義不出。仲氏曰：「傳不云乎：『剛柔相推』，推亦變也。然而又云『觀其變而玩其占』，變所以占也。」夫子隱移易之文而謂之推，諸儒昧相推之旨而僅題以變，是舍辭象之分行而混變占為一義，毋亦其名不可居，而三易之旨遂因之以長晦與？夫猶是五部之推、十辟之展，一陰一陽以至五陰五陽之遷化，而循其名、究

其實，尋端竟委以求盡其所未盡，湛然而深思、劃然而相悅以解。以之讀《彖》而《彖》明，讀象而象顯，讀十翼而十翼以著，一若三聖在天，實有以牖其衷者。豈非所謂「肆而隱」、「推而能通」、「不盡言而可信」者乎？夫以三聖啟之歷之，漢晉唐宋元明諸儒闡之發之，而明而昧，昧而復明，續而絕，絕而復續，如是其不可沬也。予終畏其沬之也，因于作《仲氏易》成，取卦變諸圖彙前儒所已言者，而合之今說以明千世一揆之意。曰《推易始末》，後之學易者可覽觀焉。

　　◎條目：卷一漢魏晉南北朝唐儒推易遺文。卷二漢魏晉南北朝唐儒推易遺文、宋李挺之卦變反對圖（易卦有圖自宋人始）、朱漢上《易傳》六十四卦相生圖（亦李挺之作。漢上名震，是圖載《易傳》中）。卷三朱文公《本義》卦變圖（《彖傳》或以卦變為說，今作此圖以明之，蓋易中之一義，非畫卦作易之本指也）、元朱楓林十辟卦變圖（朱名升，仕明為學士，相傳是圖元末所作）、六子卦變圖、明瞿塘來氏卦綜圖。卷四何氏乾坤主變圖（何氏名楷，閩人。明儒經學之最有聲者，著《周易訂詁》此圖其所創也）、推易圖（見《仲氏易》卷首，茲不再述）、推易折衷圖。

　　◎何焯彥《易經遵孔八晳類稿》卷十二《集晳》：又毛氏《推易始末》，既作《仲氏易》，因採漢以來諸儒之言卦變者，別加綜覈以成是書。其名推易者，蓋本《繫辭》剛柔相推之文，即《仲氏易》所謂移易者。博辨則有之，切實則猶未也。

　　◎李澄中：《推易始末》者，西河毛氏發明《仲氏易》推移之義，蓋即前儒卦變、卦綜之說而暢之。

　　◎晏斯盛《學易初津》卷下、《易翼宗》、《易翼說》有駁毛氏推易之說。

　　◎周中孚《鄭堂讀書記》補遺卷二：《推易始末》四卷（《西河合集》本），亦毛奇齡撰。《四庫全書》著錄，朱氏《經義考》亦載之。西河既作《仲氏易》以明易兼五義，而其一移易之說嫌有未盡，因取漢以來諸儒之言卦變者，采輯衰次以成是編。首為總論，次即漢魏晉南北朝唐儒推易遺文，又次為李挺之變卦反對圖、朱漢上六十四卦相生圖、朱子《本義》卦變圖、朱楓林十辟卦變圖／六子卦變圖、來瞿塘錯綜圖、何元子乾坤主變圖，而終以己作之推易折衷圖。其名《推易》者，本諸《繫辭》剛柔相推之義，以為推者移易也。而又總以二語概之曰：方以類聚，物以羣分。然後推移之旨全焉。蓋推易之說前人啟之，至西河而暢大其義，以與仲氏相發明云。

◎民國《蕭山縣志稿》卷三十《藝文》：《推易始末》四卷（清毛奇齡撰）。

◎摘錄卷三六子卦變圖條首：二陰二陽之卦，其專在內體，或專在外體者，自臨、觀、遯、壯而變；其分在內外兩體者，自六子卦而變。六子主變亦無不可，第推變之例，一交可受數易，一卦不容施兩變，以多變則輾轉無定準也。六子每卦施兩變，故是不合。若何元子謂「陰陽始於一而終於六，六子之卦亦十辟卦中所生」，則竟以卦氣說卦變，姤、復生臨、遯，臨、遯生否、泰，將乾、坤亦十辟卦所生卦矣，此干令升說，不可訓也。

◎摘錄卷四推易折衷圖條首：此則予之折衷于諸儒者也。推易之說雖發自仲氏，而諸儒實先啟之。西京以後六季以前，必有早為是說者，而漢學中衰，遂致淪沒。茲從列代論變一線相沿者，稍參訂之，以求合于仲氏之旨。第學荒識淺，諸所未備，實賴後之多學者並論辨焉。

◎周按：其推易又有不易卦（謂無所移易也）、聚卦（謂陰陽各聚于一方，為分移之主也）、子母聚卦（謂本卦為他卦所移為子，然又可移之作他卦為母，曰子母聚。如移否之上九為九三而為咸，是咸為否子；然又可移咸之九五為九二而為恆，是咸又為恆母，他卦同）、分卦（此則陰陽分矣。凡一陽五陰之卦皆自剝、復而來，凡二陽四陰之卦皆自臨、觀而來，凡三陽三陰之卦皆自泰、否而來，凡四陽二陰之卦皆自遯、大壯而來，凡五陽一陰之卦皆自姤、夬而來）等目。

◎《江西通志》卷一百五十《列傳・吉安府》：蕭功健字慕姚，廬陵人。諸生。幼嗜學，潛心於易。嘗謂《易本義》前九圖與《本義》《啟蒙》不合。又考朱子與門人論易，於九圖無一語，定為贗本。又謂毛奇齡《仲氏易》多穿鑿附會，核其所撰《推易始末》《易小帖》，亦每有牴牾。其精確類如此。家居授學，以立品為先，於義利之介辨別最嚴。

◎四庫提要：奇齡既作《仲氏易》，復取漢唐宋以來言易之及於卦變者，別加綜核，以為是書。其名「推易」，蓋本《繫辭傳》「剛柔相推」一語，仍《仲氏易》「移易」義也。大旨謂朱子《本義》雖載《卦變圖》於卷首，而止以為孔子之易，未著其為文、周之易，因上稽干寶、荀爽、虞翻諸家，凡有卦變、卦綜之說，與宋以後相生、反對諸圖，具列於卷，而以《推易》、《折衷》之圖繫於後。朱子謂卦變乃易中之一義，而奇齡則以為演畫繫辭之本旨，未免主持太過。然易義廣大，觸類旁通，見知見仁，各明一理，亦足與所撰《仲氏易》互相發明也。

毛奇齡 西河說易 不分卷 存

上海藏鈔本

毛奇齡 易小帖 五卷 存

四庫本

西河合集本（康熙刻、乾隆印、嘉慶印）

四庫全書珍本第九集本

上海古籍出版社 1990 年四庫易學叢刊影印四庫全書本（與春秋占筮書、推易始末合印）

中華書局 2010 年易學典籍選刊・毛奇齡易著四種鄭萬耕點校本

◎卷五為奇齡師友弟子相問答易之語，又有弟子如李塨、盛唐論《仲氏易》數條。卷首注云：「《易帖》目有十卷，後止存五卷，且卷末多載學人雜問雜識。今節錄數條于後，《仲氏易》改繫傳舊本一條始末。」本卷條目為：《仲氏易》改《繫傳》舊本一條始末；先生嗣君姬潢南昌舟次上先生書；改傳本；李恕谷初授易舊傳本，從桐鄉署寄先生札子；先生答札子；李恕谷論《仲氏易》，盛樅陽與人論《仲氏易》。

◎朱彝尊《經義考》：《易小帖》，係西河氏雜記說易之可議者。

◎民國《蕭山縣志稿》卷三十《藝文》：《易小帖》五卷（清毛奇齡撰）。

◎何焞彥《易經遵孔八晳類稿》卷十二《集晳》：又毛氏《易小帖》皆說易之語，其門人記載成書者也。凡一百四十三條，與《仲氏易》互相發明。大抵徵引古義以糾近代說易之失，於王弼、陳摶二派掊擊尤力。其掊擊固頗是也。

◎丁日昌《持靜齋書目》卷一：國朝毛奇齡說易之語，其門人記錄成書者也。

◎劉師培《經學教科書》第三十課《近儒之易學》：明末之時，言易學者咸知闢陳摶之圖。黃宗羲作《易學象數論》，其弟宗炎復作《周易象詞》《圖書辨惑》，然不宗漢學，家法未明。惟胡渭《易圖明辨》、李塨《周易傳註》舍數言理，無穿鑿之失。毛奇齡述仲兄錫齡之言，作《仲氏易》，又作《推易始末》《春秋占筮書》《易小帖》三書，謂易占五義，牽合附會，務求詞勝。惟東吳惠氏世傳易學，自周惕作《易傳》，其子士奇作《易說》，雜釋卦爻，以象為主，專明漢例，但採掇未純。士奇子棟作《周易述》，以虞注鄭注為主，兼采

兩漢易家之說，旁通曲證，然全書未竟。門人江藩繼之作《周易述補》。棟又作《易漢學》《易例》《周易本義辨證》，咸宗漢學。江都焦循作《易章句》，其體例略仿虞注。又作《周易通釋》，掇刺卦爻之文，以字類相屬，通以六書九數之義。復作《易圖略》《易話》《易廣記》，發明大義，成一家言。武進張惠言，治易亦宗虞、鄭，作《周易虞氏義／鄭氏義》，並作《周易易禮》《虞氏消息》。姚佩中、劉逢祿、方申宗其義。佩中作《周易姚氏學》，逢祿作《易虞氏五述》，申作《易學五書》，咸以象數為主，或雜援讖緯，然家法不背漢儒。若錢澄之（《田間易學》）、李光地（《周易通論》《周易觀象》）、蘇宿（《周易通義》）、查慎行（《周易玩辭集解》）之書，則崇宋黜漢，率多臆測之談，遠出惠、焦之下。此近儒之周易學也。

◎周中孚《鄭堂讀書記》卷二：《易小帖》五卷，亦毛奇齡說易之語，其門人紀錄成書。《四庫全書》著錄，朱氏《經義考》亦載之云係西河氏雜記說易之可議者。今按其書凡一百四十三條，大抵徵引古義以糾歷代諸儒說易之失。其於焦、京、馬、鄭、王、韓以及陳、邵、程、朱皆有所舉正，而掊擊來瞿塘、何元子兩家尤不遺餘力，以兩家之學非漢非宋、自為一說者多也。核其全書，前四卷條理該括，如出一手，當屬西河自所搆草而門人編次之。至末卷首云「易帖目有十卷，後止存五卷，且卷末多載學人雜問雜識，今節錄數條於後」云云，然則此卷十九條始為門人所記錄，故盛（唐）與人論《仲氏易》二則亦附於末。蓋是書本與《仲氏易》相為表裏，以申明古學。惟其叫囂攻擊，似欠和平。此西河之所以不及顧亭林也。

◎四庫提要：國朝毛奇齡說易之語而其門人編次成書者也。奇齡所著經解惟《仲氏易》及《春秋傳》二種是其自編，餘皆出其門人之手，故中間有附入門人語者。此《小帖》凡一百四十三條皆講易之雜說，與《仲氏易》相為引伸。朱彝尊載之《經義考》云：「皆西河氏紀說易之可議者。」今觀其書徵引前人之訓詁以糾近代說易之失，於王弼、陳摶二派攻擊尤力。其間雖不免有強詞漫衍以博濟辨之處，而自明以來申明漢儒之學使儒者不敢以空言說經，實奇齡開其先路。其論《子夏易傳》及《連山》、《歸藏》尤為詳核。第五卷所記皆商榷《仲氏易》之語，初槀原附載《仲氏易》末，後乃移入此編。舊目本十卷，今本五卷，蓋其門人編錄有所刊削。考盛唐所為西河傳又稱《易小帖》八卷，蓋十卷刪為八卷，又刪為五卷也。儒者尊奉一先生，每一字一句奉為蓍蔡，多以未定之說編入語錄，故《二程遺書》朱子有疑，《朱子語類》又每

與《四書章句集注》、《或問》相左，皆失於簡汰之故。若盛唐者可謂能愛其師矣。

毛奇齡 易韻 四卷 存

四庫本

山東藏康熙中李塨等刻西河合集本

山東藏乾隆十年（1745）蕭山毛氏據康熙中李塨等刻西河合集本修補本

四庫全書珍本第九集本

文化十年橘晉明（壽庵）據西河合集本摘錄若林義齋鈔寫本

◎自序：自《尚書》古經并各傳諸子百氏周秦間文以暨《史記》、《漢書》、《淮南》、《參同》諸書，往往間及韻語。而在古經則《周易》尤甚。顧《周易》非盡用韻者，其《彖》、《象》原辭亦偶然及之。惟夫子上下《象傳》并《雜卦傳》則无一不韻，一如詩歌銘頌賦誄之所為。以其用贊体，贊必盡韻，所謂贊《周易》是也。至《彖傳》即用韻十九，《說卦》則偶有一二語入韻，而《序卦》闃然焉。

◎齊召南《寶綸堂文鈔》卷三《制科齒錄後序》（代）：即己未一科，有睢州之品行端醇（湯斌），毛朱（毛奇齡、朱彝尊），陳、潘諸公之才藻炳煥（陳維崧、潘耒），實堪道配古人，故足重也。預是科輩，其可不思自樹不朽，以上荅知遇乎哉？錄成，敬識數言於後。

◎四庫提要：古人繇詞多諧音韻。《周易》爻象亦大抵有韻，而往往不拘。故吳棫作《韻補》，引《易》絕少。至明張獻翼始作《讀易韻考》七卷。然獻翼不知古音，或隨口取讀或牽引附會，殊龐雜無緒。奇齡此書與顧炎武《易本音》皆置其無韻之文而論其有韻之文，故所言皆有條理。兩家所撰韻書互有出入，故其論《易》韻亦時有異同。大抵引證之博辨析之詳，則奇齡過於炎武；至於通其可通而闕其所不可通，則奇齡之書又不及炎武之詳慎。如《乾卦》上九用九為一節，本奇齡臆說，而此並牽古韻以實之，則尤為穿鑿。且所謂兩界、兩合鬻韻者，其中皆自申其古今通韻之例，亦不及炎武偶雜方言之說為通達而無弊。然炎武書太簡略，而奇齡則徵引賅洽，亦頗足互證。以韻讀《易》者以炎武書為主，而參之是書以通其變，略短取長，未始不可〔註6〕相輔而行也。

〔註6〕《庫書提要》「未始不可」作「亦可以」。

毛奇齡 仲氏易 三十卷 存

上海藏乾隆三年（1738）周朝濱致和堂刻本（題毛西河先生仲氏易。周芬佩參訂）

四庫本

山東藏乾隆十年（1745）蕭山毛氏據康熙中李堨等刻本修補印西河合集本

西河合集本（康熙刻、乾隆印、嘉慶印）

皇清經解本（道光刻、咸豐補刻、鴻寶齋石印、點石齋石印）

臺灣廣文書局有限公司 1974 年易學叢書續編本（與春秋占筮書合印）

臺灣成文出版社 1976 年無求備齋易經集成本

臺灣新文豐出版公司 1983 年大易類聚初集影印道光九年（1829）刻皇清經解本

1989 年起上海古籍出版社影印四庫易學叢刊本

上海古籍出版社 1990 年四庫易學叢刊影印本

◎本書前二卷為總論，卷三至卷二十六分別解析六十四卦，卷二十七至卷二十九解《繫辭》，卷三十論《說卦傳》、《序卦傳》、《雜卦傳》。

◎卷前有云：仲氏者，予仲兄與三也（古以伯仲為兄弟。《詩》「仲氏吹籥」是也。仲氏名錫齡，與三其字）。仲氏在崇禎之季避難得錮疾，授生徒以說經自娛。而尤長于說《周易》。或勸之註《周易》，不答。當予出亡時，仲氏泣送予，謂曰：「古賢處憂患者必明易，汝知之乎？」予拜而受言。暨予歸被徵，而仲氏病，至乞假而仲氏已不可見矣。顧其說易實有西漢以還魏晉六朝遺法為宋元諸儒所未及者，予哀其志，就兄子（即文輝）口授諸說易大旨暨各卦詁義而擴大之為《仲氏易》。雖然，使仲氏為易而止如是乎？仲氏之言曰：易有五易，世第知兩易而不知三易（此與《周禮》三易之法不同），故但可言易，而不可以言《周易》。夫所謂兩易者何也？一曰變易，謂陽變陰、陰變陽也（如乾變坤、坎變離類）；一曰交易，謂陰交乎陽、陽交乎陰也（如乾坤交為泰否、坎離交為既\未濟類）。此兩易者前儒能言之（朱子《本義》首猶載其說）然此祇伏羲氏之易也。是何也？則以畫卦用變易、重卦用交易也（說見後）。畫卦、重卦，伏羲之事也。若夫三易，則一曰反易，謂相其順逆，審其向背，而反見之（如屯之轉為蒙、咸之轉為恆類，然此與重卦交易不同，若交則水雷屯反之為雷水解、澤山咸反之為山澤損矣，此專取爻畫不取卦象者）。一曰對易，謂比其陰陽，絜其剛

柔而對觀之（如上經需訟與下經晉明夷對，以地對天，以火對水。上經同人大有與下經夬姤對，以五陽對五陽，一陰對一陰類，然此與後儒正變占對不同。若正變占對，則需訟自對不對晉明夷、夬姤自對不對同人大有矣。此兼取象數不專取形次者）。一曰移易，謂審其分聚，計其往來而推移而上下之（如泰為陰陽類聚之卦，移三爻為上爻，三陽往而上陰來，則為損；否為陽陰類聚之卦，移四爻為初爻，四陽來而初陰往，則為益類。然此與十辟卦變及朱子卦變之說又不同，若諸卦變則皆從兩卦遞變而順逆相接，以變占不以推演矣。此取推前演爻辭，不取變後占象數者）。此三易者，自漢魏迄今多未之著，而《周易》之所為易，實本諸此。是何也？則以序卦用轉易，分經用對易（謂上下經）、演易，繫詞用移易也。夫序卦分經者，文王之為易也；演易繫詞者，則亦文王之為易，而或云周公之為易也（說見後）。夫文王、周公之為易，則正《周易》也。今既說《周易》而曾不知周之為易也，而可乎？

◎《易小帖》卷五《盛樅陽與人論仲氏易》云：盛唐曰：《周易》有三易：序易用轉易，分經用對易，其對易取六子化體，如咸、恒、既／未濟為首尾卦，以上四對下八，而兩篇五十二卦陰陽各對，無有畸零，固已發前聖所未發矣。然其功莫大於推易。嘗細細領會，詳究始末，輒如接文、孔謦欬于在前，始而憬然，又既而爽然，又既則愉快愧悔不可名狀。蓋漢魏以還學者失師承久矣，自八比行世，率泥于功令，間有異義如馬、鄭、荀、虞諸說，輒變色搖手充塞兩耳，比聞父母之過尤甚。縱有闡精微以紹三聖如推易法，而皆睥睨不一顧。向時朱駁《程傳》，以為只說得一理，於本義不相合。然其作《本義》，則又不推原始，不詳比例，不觀參互轉側，不善觸類引伸，是仍一呺然廓落之理而已。即間及往來上下，或只据單卦如十辟之一，而不知其他；或泛引別卦如需、訟非類聚，既、未本羣分，而來而多雜。至若順文說理，罔諦前後，「剛柔得中」鑿稱五二，「陽奇陰偶」即名當位，「豕負塗」曰見污，「車載鬼」曰無有，「失前禽」曰開一面，「田獲狐」曰去媚邪，由不曉居方辨物、類聚羣分之秘而斤斤說理，理那得該？履五何為夬？同人何為遇？自道何自頤？豫何由謙？大畜無坎體而何川利涉？困三上皆陰爻而何妻不見？厥宗何宗？渙羣何羣？月何而望？日何而昃？雨何而旤？雲何而密？何一握為笑而謬誤一班？何革言三就而渾沌已審？果十分之格乎？曳翻之看乎？小時蒙師授易講義，寓目即能通曉，如看《論語》《孟子》不異，凡六十四卦三百八十四爻盡得臚而數之曰某卦何云、某爻何云，及於揲筮所得，不過如神廟籤詩，

吉凶早定，確不可移，所謂屢遷、變動者安在？雖若《春秋》史傳發綜布辭，洞如觀火曠如發矇者，鮮不目為誕漫不經，為緣飾附會，是《周易》不亡於後世而亡於人心，不亡於人心而亡於謬說流傳、正義晦蔑。夫易道難窮，聖人韋編三絕尚蘄假年，末學小子，干祿鄙夫，談何容易？曩者侍坐艾堂，吾師曾舉坤屯二卦而說其大義，恍然于心。既讀《仲氏易》，反覆研尋，累日不能了數卷，自恨根鈍智昏，不得與聞斯道已。再發憤苦力研索，遂稍稍達其條理，一日至讀得十數卷，大哉推易！由聚而分，因移而辨，屢易而終不易，凡焦贛、康成、范賢、侯果、虞翻知之不盡者，悉演之而繫之，神明默成。蓋三聖在天，百世以俟，非偶然也。或曰：推移變化，抑又何常東家之東即西家之西？非株兔筌魚，則邊獐邊鹿耳，是不知率辭而揆方者也。夫東西無定，立則有定；獐鹿鶻突，左右可鶻突耶？泉從石冷，風自花香，銅山遙崩，洛鐘近應。公父文伯薄長者而厚婦人，母言之賢而婦言之妬；宋富人牆壞有盜，其子見智而鄰父見疑。試觀推易屬詞有一句一字無著落者耶？有理障義閡不具神解者耶？或曰君子引而不發，若茲之推一卦而受數卦之來、一交而具數子之象，而且卦背有錯有伏，有坎離正位，六畫有互有倒，有大象，首尾有環，上下往來以經之，廣陳卦象以緯之，語不傷盡乎哉？不知聖人嘗云爾矣：「書不盡言，言不盡意」、「生生之謂易」、「往來不窮謂之通」、「二篇之策萬有一千五百二十，當萬物之數」，則吾師推易，象其物宜，觀其會通，摩之盪之，擬之議之，猶引端焉耳。昔元仁宗朝限《程傳》《本義》取士而盡去漢易，猶有曰：「我治漢易，不過不得科第耳。」況三易之旨發自文、孔而茫然不曉，則大經淪沒，終古聾瞶，將虛生浪死，不止不取科第矣。至若王輔嗣獨標清議，世競宗之，浸淫流潰，范甯謂弼「罪浮桀、紂」。夫弼尚罪浮桀、紂，況宗弼者耶？然則吾師之功何如乎？讀者思之。

◎李塨《序目》：《周易》有五易而移易居一，非移易則易文不可解，非移易則上下《繫》、《說卦》諸傳具無所屬，非移易則《春秋傳》官占史筮諸法悉千載如長夜。先生既得其傳於仲氏，乃復參之損益升萃諸卦名，其旋復道諸《象詞》剛上柔下、剛來柔來諸夫子家傳，以及田何、費直、虞翻、荀爽輩，旁通正變八十九家諸義疏，為之剖析畫象立變解占，使三易五易一旦豁然，官占史筮諸法了若指掌。神哉移易，三聖神明悉於先生發其局矣。

◎惠棟《九曜齋筆記》：蕭山毛大可《仲氏易》、南海屈介子《易外》，非漢非宋，皆思而不學者也⋯⋯漢人傳易各有源流⋯⋯識得漢易源流乃可用漢

學解經。否則如朱漢上之《易傳》、毛西河之《仲氏易》，鮮不為識者所笑。

◎盧見曾《周易述序》引惠棟之言：及近日黃梨洲、毛大可，雖嘗習李《傳》，而於荀、虞二家之學稱說多訛。

◎梁啟超《中國近三百年學術史》：駁雜的地方也很多，但提倡漢儒──荀爽、虞翻諸人的易學，總算由他開創。後來惠定宇之《易漢學》，卻受他的影響……但這部書專憑個人臆見，學無淵源，後來學者並不重視他，所以影響也甚小。

◎全祖望《題仲氏易》引錢唐龔鑒：聞其書之名，則友恭之意藹然。及讀之而爽然，愿者齒冷，強者髮指皆裂矣。非仇其兄而何？甚矣夫，其兄之不幸而有此弟也。

◎李塨《周易傳注》多取奇齡《仲氏易》、《河圖洛書原舛編》與胡渭《易圖明辨》之說。

◎民國《蕭山縣志稿》卷三十《藝文》：《仲氏易》三十卷（清毛奇齡撰）。

◎張敘《易貫・卷首下・易論・卦變論》：卦變之說自漢以來有之，《孔疏》、《本義》尚衍其法。夫凡卦皆生於乾坤，六子各得其體之一耳。及八卦成列，因而重之，則八卦相重，只一變而六十四卦已成，三百八十四爻自具，烏有既成卦後，此復自彼而來，彼又自此而往，上復自彼而下，下又自此而上之理乎？自麻衣易有「八卦皆從變上推」之語，而《仲氏易》衍為推易，以此爻推彼爻，乃以彼卦移此卦，又附會「剛柔相推而生變化」之文，以增高其術。其實即是卦變之法，而私立名號以欺世耳。其說始於毛奇齡而蠡縣李塨宗主之，近復有鑿為生易、交易、倒易、對易、動易、變易、通易七例者，其生、交、倒、對、動五例不過反對交錯用九用六之別名，而變、通二例所矜為獨得者，乃襲推易之法而分為二，又於其中強生枝節而益加鑿矣。

◎錢維喬《竹初文鈔》卷三《與蔣立菴書》解「女子許嫁曰字」論及《仲氏易》。

◎阮元《揅經室續集》卷二《擬儒林傳稿》：奇齡少穎悟，明季避兵其縣之南山，築土室讀書其中（盛唐《西河先生傳》），已著《毛詩續傳》三十八卷。既已避讐流寓江淮間，失其稿，乃就所記憶著《國風省篇》《詩札》《毛詩寫官記》。復在江西參議道施閏章處與湖廣楊洪才說《詩》，作《白鷺洲主客說詩》一卷。明嘉靖中，鄞人豐坊偽造《子貢詩傳》、《申培詩說》行世，奇齡作《詩傳詩說駁議》五卷，引證諸書，多所糾正（《四庫書提要》、盛《傳》、《西河

經集凡例》）。暨在史館，著《古今通韻》十二卷進呈，聖祖仁皇帝善之，詔付史館（盛《傳》、李天馥《西河集序》）。歸田後僦居杭州，著《仲氏易》，一日著一卦，凡六十四日而書成，託於其兄錫齡之緒言，故曰仲氏。又著《推易始末》四卷、《春秋占筮書》三卷、《易小帖》五卷、《易韻》四卷、《河圖洛書原舛篇》一卷、《太極圖說遺議》一卷。其言易，發明荀、虞、干、侯諸家，旁通卦、卦變、卦綜之法，是後儒者多研究漢學，不敢以空言說經，實自奇齡始。而辨正圖書，排擊異學，尤有功於經義（《提要》）。先是奇齡官翰林時，康熙乙丑會試為同考官，分閱《春秋》房卷，心非胡《傳》之偏，有意撰述（盛《傳》），至是乃就經文起義，著《春秋毛氏傳》三十六卷、《春秋簡書刊誤》二卷、《春秋屬辭比事記》四卷，條例明晰，考據亦多精核（《提要》）。又欲全著《禮經》，以衰病不能，乃次第著昏喪祭禮、宗法、廟制及郊社、禘祫、明堂、學校諸《問》，多發先儒所未及（盛《傳》、《經集凡例》）。至於《論語》《大學》《中庸》《孟子》，亦多所考證，而《大學證文》及《孝經問》皆援據古本，力傳後儒改經之非，持論甚正（《提要》）。奇齡之學，淹貫羣書（《提要》），所自負者惟在經學，數稱東漢人行誼，謂足見人真性情（《紹興府志》）。惟好為駁辨以求勝，凡他人所已言者，必力反其詞。如《古文尚書》自宋吳棫後多疑其偽，及閻若璩作《古文尚書疏證》，奇齡則力辨以為真，遂作《古文尚書冤詞》，又刪舊所作《尚書廣聽錄》為五卷，以求勝於若璩。而《周禮》《儀禮》奇齡則又以為戰國之書，至所作《經問》，其中所排斥者如錢丙、蔡氏之類，多隱其名，而指名攻駁者惟顧炎武、閻若璩、胡渭三人，以三人皆博學重望足以攻擊，而餘子則不足齒錄，其傲睨如此（《提要》），故不得為醇儒（沈德潛《別裁集》小傳）。奇齡素曉音律，其家有明寧邸所傳唐樂笛色譜，在史館時據以作《竟山樂錄》四卷。及在籍，聞聖祖仁皇帝論樂，諭羣臣以徑一圍三、隔八相生之法，因推闡考證，撰《聖諭樂本解說》二卷、《皇言定聲錄》八卷。康熙三十八年聖祖南巡，奇齡迎駕於嘉興，乃以《樂本解說》二卷進呈，蒙諭獎勞。聖祖三巡至浙，奇齡復謁行在，賜御書一幅。是時奇齡已歸蕭山故居，越數年卒於家，年九十有四。無子，以兄子遠宗嗣（盛《傳》、《蕭山志》）。遺命勿輯文集。歿後其門人蔣樞編輯，分經集、文集二部。經集自《仲氏易》以下凡五十種；文集合詩賦序記及他雜著凡二百三十四卷。《四庫全書》收奇齡所著書目多至四十部。奇齡弟子陸邦烈、盛唐、王錫、章大來、邵廷寀等著錄者甚眾，李塨最知名。廷寀、塨自有傳（見本集及《四庫書提要》）。邦烈字又

超，平湖人，嘗取奇齡《經說》所載諸論，裒為《聖門釋非錄》五卷，謂聖門口語未敢盡非也（《四庫書提要》）。

◎何焯彥《易經遵孔八哲類稿》卷十二《集哲》：毛氏奇齡《仲氏易》述其兄錫齡之遺說，故以仲氏為名。大旨謂易兼五易：一變易、二交易為先儒之所知，三反易、四對易、五移易，皆先儒之所未知，其言甚辨。大致雖有所根據，非純搆虛詞可比，然而去易猶遠也。

◎周中孚《鄭堂讀書記》卷二：《仲氏易》三十卷（《西河合集》本），國朝毛奇齡撰（奇齡一名甡，字大可，一字兩生，一字齊于。號秋晴，一號初晴，一號晚晴，一號春莊，一號春遲。又以郡望稱西河。蕭山人。康熙己未以廩監生召試博學鴻詞，授翰林院檢討）。《四庫全書》著錄，朱氏《經義考》亦載之。前有自序稱：「仲氏，予仲兄與三（錫齡）也。以說經自娛，而尤長于說《周易》。其說易實有西漢以還魏晉六朝遺法，為宋元諸儒所未及者，予就兄子（文輝）口授諸說易大旨暨各卦詁義而擴大之，為《仲氏易》。」今按其書依王、韓本逐章逐句詮釋，而前二卷則為總論，大旨謂易有五易，世第知變易、交易而不知反易、對易、移易，此三易者，自漢魏迄今多未之著，而《周易》之所為易，實本諸此。故以序卦用轉易，分經用對易（謂上下經）、演易，繫詞用移易也。五易之說雖出於創，而多有根據。其有未盡，則復為《推易始末》諸書以暢發之，故前又有蠡吾李（塨）總序一篇。

◎沈豫《皇清經解提要》：《仲氏易》以易兼五易為說。五易者，曰變易、曰交易、曰反易、曰對易、曰移易。謂變易、交易為伏羲易，前人之所知；反易、對易、移易為文王、周公之易，實寒噤以來所未知。故以序卦為用反易，以分篇為用對易，以演易繫詞用移易，言辯而不悖理。李塨《周易傳註》多采其說。自謂本於仲兄錫齡，故曰仲氏。或謂實奇齡所自解也。

◎四庫提要：初，奇齡之兄錫齡邃於易而未著書，惟時時口授其子文輝。後奇齡乞假歸里，錫齡已卒，乃摭文輝所聞者，以己意潤飾成是書。或傳奇齡假歸之後僦居杭州，一日著一卦，凡六十四日而卦成，雖以其兄為辭，實即奇齡所自解。以理斷之或當然也。大旨謂易兼五義：一曰變易、一曰交易，是為伏羲之易，猶前人之所知。一曰反易，謂相其順逆，審其向背而反見之，如屯轉為蒙、咸轉為恒之類。一曰對易，謂比其陰陽，絜其剛柔而對觀之，如上經需、訟與下經晉、明夷對，上經同人、大有與下經夬、姤對之類。一曰移易，謂審其分聚，計其往來而推移上下之，如泰為陰陽類聚之卦，移三爻為

上爻，三陽往而上陰來，則為損；否為陰陽類聚之卦，移四爻為初爻，四陽來而初陰往，則為益之類。是為文王、周公之易，實漢晉以來所未知，故以序卦為用反易，以分篇為用對易，以演易繫辭為用移易。其言甚辨，雖不免牽合附會以詞求勝之失，而大致引據古人，終不同於冥心臆測者也〔註7〕。

毛錫績 易經字考 不分卷 存

新疆大學藏清刻本

◎乾隆《吳江縣志》卷四十六《書目》：《字考》（毛錫績）。

◎同治《蘇州府志》卷一百三十八《藝文》三：毛錫績《字考》。

◎毛錫績，江蘇吳縣人。又著有《四書五經字考》。

毛一豐 易用 五卷 存

上海藏稿本

續四庫影印上海藏稿本

◎目錄：卷一周易上經集說。卷二周易下經集說、繫辭傳集說。卷三易經總論集說、古例卦值衍數集說。卷四春秋傳古占攷證、張氏醫易。卷五衍數推原、太極總卦合圖、六爻卦變例圖。附中星歲差攷、二十八宿星圖、中星表（從徐節錄）、二十八宿分度。

◎例言：

一、是書卦爻集說依經傳序次節錄，以二卦一連者，宗文王序卦孔子雜卦錯綜脈絡之義。

一、易有聖人之道者四焉，辭變象占也。於凡尚辭者，前賢頗悉，《程傳》備矣，故程子曰：「予所傳者，辭也」。有謂象失其傳者，則其變之與占無待言矣，蓋卦象並未失傳也。

一、先儒詁解經傳，多按全文遞釋。是書以宗來氏發明卦象之餘間有未盡經義，攸關卜筮尚占者，遂節錄互詳，故不逐句遞考。

一、是集恪遵御案，錄諸《周易折中》，敬述御製文集乃高宗純皇帝二集之文也，解諸儒之惑，開四聖之易，作之君，作之師，大哉一中，斯其至矣。

〔註7〕《庫書提要》「終不同於冥心臆測者也」作「終不同於冥心臆測、純用空言遂謂能契畫前之易者。是亦可備一家之說也」。

一、攷據前哲諸論，或證《來注》之異同，或詳《來注》之未備，節錄之下悉詳某人某集，追其本也。間有管窺附按，即從經傳互攷，或證諸先儒前輩，或證諸古本，或證諸篆書古文字義。

一、筮法用爻，質諸本傳，宗以八宮，闢其偏勝失中，證之精一得中，總之，義發於象，而象出義，故數合於理而理又準乎數也。

一、是書以尚占為用，故以象數為本。夫易道之義理終不出乎象數之外，言義理者謂象數為義理之末，可也。蓋本末原不殊塗，一以貫之者也。

一、是書名《易用》者，蓋「用」字《說文》載衛宏說從卜從中，用可施行也。又徐鉉等曰：「卜中乃可用也」。雖前明陳氏曾有《易用》之目，其書專言義理，彼以言者尚辭之為用，此以卜筮者尚占之為用，或可並行不悖爾。

◎朱玿弁語：易言卜筮自《洪範》始，蓋箕子所傳為最古，其《釋稽疑》曰：「卜五占之用曰二衍貣」，近惠定宇謂龜用五易用二占屬卜，衍貣就占。然《釋文》載馬注：「占，筮也」，《論語》引恆卦下曰：「不占而已矣」，正《繫辭》之稱「觀變玩占」也。是易何嘗不不言占？固知卜筮二者原相貫通，苟得其用，用且不窮。毛君安洲因以《易用》名書，大指本諸明來氏。來氏說中爻之象即漢儒互體之法，而推闡蓋詳。君之書則簡而深，更據字義以求訓詁。又來氏所未及，苦心力索之。《雜卦》讀竟，為弁數語於簡端。丁酉季冬，涇蘭坡朱玿書。

◎陳奐讀記：性道之學肇詳於程，象數之學首推於來。此書踵來而又衍其餘，廣大悉備，真一代巨斲輪也。流行于久，夫復何疑。長洲陳奐碩甫讀斁記。

◎汪福辰敘：粵稽上世演推策之經，古易傳本著之說，言乎消息盈虛則天時可紀，言乎吉凶禍福則人事備詳。迨夫八卦則乎河圖、九疇陳於洛水，天人感應，理數昭彰，其所以信時日、敬鬼神、決嫌疑、定猶與者，誠有賴於卜筮之用也。惟是聖人既往，岐說轉滋，溺術數者焦、京，談名理者王、鄭，或言理而棄數，或言數而遺理。遂至世應飛伏下同於術士之矯誣，清淨虛無旁及於異端之悖正，齊其末者不揣其本，舉其偏者寔遺其全，是蓋未明於觀象玩辭、觀變玩占之用也。今讀安洲先生《易用》一書，考究本原則宗經而特標心解，精參衍數則稽古而獨會統宗，集儒先之粹論歸於一中，立儀象之成規通乎萬里。以古事証古占，糾其舛誤；以醫道通易道，闡厥精微。引伸觸長，能事畢昭。斯假夫泰筮，堪知趨辟之由；問爾靈蓍，咸識存亡之正。是書

也固足以述古聖之道，闢諸家之謬也已。君能說易，可分席於濂溪；僕也題辭，敢附名於皇甫？道光甲午季春月，同里弟致堂汪福辰拜撰並書。

◎陳炯敍：蓋自商瞿受易，以迄田何，秦火燔籍，未遂矣蟫。炎漢初載，珠囊在握。施、孟、梁邱，遞相紹衍。自是而後，百數十傳。分流僻馳，各自為說。謬種間出，貽誤來茲。如瞽冥行，迷悶壎辟。安洲毛君，美志劬學，苟藉藝林，少歲治易，長尤精覃。凡夫乾甲坤癸，偏象圜象，初釐初奭，荄茲之文，罔不畢心，搜今競古，而於象緯繙帉尤勤。房贛諸說，互有餐采。近宗來氏，《易用》是成。夫文饒四易，體一用三，究其指目，曰天地人。揣考命名，或亦不遠。顧其徵引，有裨治經。視彼術家之言，謬妄離跂，莫可殫詰，相與衡絜，豈況霄淵耶？陳炯譔。

◎顧達尊序：昔先太史成君公以習易通籍，於李氏《集解》外最喜《來注》，蓋謂瞿唐先生取《繫辭》「錯綜其數」之說以論易象，凡所釋象義字義諸訓，自非空山獨處研思二十九年，未易成此一家之學也。我朝陳氏夢雷、喬氏萊說易雖間采其義，而陳法《易箋》八卷於來氏錯綜之義專事駁詰，如子雍之於康成。然則傳來氏之學者有幾人哉？安洲毛翁精研易理，獨深《來注》，於字義卦義實能羽翼來氏，發所未發，間以其餘通之於筮，則梁元帝之《筮經》、趙汝楳之《筮宗》也。且以其餘通之於醫，則《唐志》所云《周易服藥法》、《宋志》所云《脈六十四卦歌訣》也。題之曰《易用》，不敢自居說易，而竊附於卜筮利用之意。抑吾聞前明陳氏祖念亦纂《易用》五卷，詳論易義，務以切于人事為主。今以際安洲翁之書，其探索為何如也。同里顧達尊拜敍於閭邱小圃之秀野草堂。

◎黃壽鳳序：曩讀瞿塘先生《易註》，知於宓羲圓圖而得孔子之所謂錯，於文王序卦而得孔子之所謂綜，要不外乎「錯綜其數」一語。夫乾一、兌二、離三、震四、巽五、坎六、艮七、坤八非數也哉？有數即有象，有象即有理，自王弼掃象以後，註易諸儒止言其理，不知所謂象與數矣。故其自序也亦曰：「本朝纂脩《易經性理大全》，雖會諸儒眾註成書，然不過以理言之而已，均不知其象，不知文王序卦、孔子雜卦，不知後儒卦變之非，於此四者既不知，易不得其門而入。不得其門而入，則其註疏之所言者乃門外之粗淺，非門內之奧妙。」噫！讀易而不玩其象，烏在讀易哉！昔瞿塘先生歷二十九寒暑而成《圖註》，今安洲先生歷一十五年而成是書，其苦心孤詣可謂後先同揆者與？！而特命之曰《易用》，夫乾曰用九，坤曰用六，《繫辭》亦曰「顯諸仁，

藏諸用」，他如「利用恆」、「利用禴」、「小人用壯」、「君子用罔」，未有不以「用」言者，易之為用大矣哉。黃壽鳳同叔氏拜題。

◎楊鐸序：《易》為經學之原，古來今說者廣矣。憶自吾鄉滄曉胡文良公箸有《周易函書》、作《循環太極圖說》，歷四十年苦功精詣。世宗憲皇帝讚曰：「真乃苦心讀書人也。」李安溪先生為之序，服膺其精博。鐸隨侍遊學，自浙來吳，家嚴疾作，客居蘇城之中州三賢祠就醫，得邀毛君安洲胗治。既家嚴病愈後，見毛君所箸《易用》五卷，釋卦義辭簡義賅，釋象數理透數明，語不隨人步趨，每多以經證經，抑且醫易貫通。又輯《太極總卦合圖》，邇來廿年苦志無間寒暑，闡明易教。接前人說經之最者，正與滄曉先生後先比美也。鐸何敢為毛君讚序，謹記夫當時父疾之憂云。道光丙申長夏，中州石卿楊鐸讀畢拜撰。

◎馬釗序：易之為道廣矣大矣，要之無不切於實用，是以爻象言利用言勿用者屢矣。吾鄉安洲毛丈箸《易用》一書，於漢儒訓詁之學酌其去取、辨其是非，誠有會於執兩用中之旨也。難者曰：「是書既秉漢儒經師之說，何以於鄭、荀、虞諸家之論悉從略？不知康成之爻辰、慈明之升降、仲翔之消息，其言實開後世術數之漸，而未必一歸於用中。以是知漢儒之所長在訓詁，取其訓詁而後切於實用也。然則是書何以宗來氏之說而不宗兩漢諸儒之說？」曰：來氏易亦漢學之流也。其所謂錯卦、綜卦，與漢儒之言旁通、言飛伏、言反對何以異？惟取《繫辭》「錯綜其數」以為名，與漢儒之名不同耳。故知宗來氏即宗漢儒，且不必言錯言綜而乃謂其宗來氏也。或曰：「是書三卷以後所載，得非贅與？」曰：是惡足以言毛君之旨？聖人言易曰：「有天地焉，有地道焉，有人道焉」，然則不統天地人不足以觀易之變通，而並不足與論易之體用。三卷以後觀其變通論其體用也。或又曰：「前明陳氏祖念箸有《易用》五卷，此書亦名《易用》，書中之意迨與彼之《易用》相類與？」曰：非也。祖念之書專主義理，惟不廢漢儒互體之說；此之《易用》專主象數，足以矯宋人虛無之習。至於二書之孰得孰失，言實學者自知之，固無待余之辨別也。長洲馬釗遠林拜敘。

◎閔繹曾序：易之為用大矣哉！業資凡聖，道貫神明。當秦亡金鏡，未墜斯文。而漢理珠囊，重興儒雅。於是論易者紛紛如聚訟焉，然非近於元妙則必流於浮誕，究于世道人心間有何裨乎？嘗讀魏王輔嗣《周易略例》，其文簡，其辭約，其義詳且明，是為千秋萬世讀書識字者之功臣。吳門毛安洲先

生箸《易用》一書，字解漢儒，義宗來氏，至其為用則寡而眾，變而能通，實與王氏《略例》有可相發明者。《繫辭》曰：「顯諸仁，藏諸用」，讀是書而知易之為用洵大矣。道光十有七年歲在丁酉花朝，歸安閔繹曾拜識。

◎杜文麟序：古人治一經必實有得乎一經之用，非泛覽強識以為博也。《易》之為書廣大悉備，體大而其用不窮。仁者見仁知者見知，學者所見各異而得其用者亦各殊。夫《易》為性理之書，而其設教立言則依乎象數。舍理而言數，則誣而支離；舍數而言理，則虛而廓遠。於聖人以前民用之旨均無當也。安洲毛君研究韋編閱十五寒暑，出所箸《易用》稿見示，其於太極兩儀、四象八宮、六十四卦陰陽互根、流行消息不易之理、變易之用蓋兼該而不偏廢者。至其第五卷揲蓍求卦歸奇於扐之法，乃於遊學楚漢時親得師授真傳，尤能發前人之所未發。學易者用以揲蓍，則蓍策之數得其真，然後因蓍得占，用占悟理，凡安身立命、應事成務、趨吉避凶之旨不失諸虛，不失諸誣，誠有利用不窮者矣，豈徒用以為卜筮之書也哉？道光丙申仲秋上澣，吳郡杜文麟拜撰。

◎鄒子真敘：昔丁亥之歲，以易課徒，苦監本所集程朱《傳》《義》過於簡略，因彙《周易折中》、王注、孔疏及諸家易說，採其釋解簡易、義理洞達者，以意編輯為初學讀本。大抵詳於理而卦變、象數亦間及焉。獨於歸奇卦扐之說深有所疑，蓄之數年，無從索解。今春毛君安洲姻丈出所著《易用》一書，讀其第五卷歸奇卦扐之說，獨得真傳，使平生疑竇昭若發矇。其論應用之爻、錯綜之變，盡闢前人拘攣偏勝之見，又不流為京、焦術數家言，斯真易知易從而天下之理得者乎！夫四聖作易，前民利用，以揲蓍為根本，惟求卦之法不失，而後變化神明以示吉凶趨避之道，允彰名曰《易用》，不虛也。至其按正字畫，原本《說文》古篆，推明經旨，折衷於御製文集，蓋不獨《來注》之功臣，實為儒林之圭臬矣。獨是毛君淵源出於蜀，傳於楚，探索逾一十五寒暑，窮而學易，易窮而遇益窮。今年已逾艾，簞瓢屢空而晏然，講求不少輟，是天不予以靡麗紛華之境者，正欲其蕭然無與，竭心思智慮之能以闡明易教也。昔史序蘇秦得負郭田二頃則不能佩六國印，昌黎謂柳子厚得為將相於一時，其文學辭章必不能自力以必傳於後。今毛君得附易以傳其窮也，安得謂非幸歟？天將使四聖之易藉毛君以傳其用而後窮之，則士如毛君之窮，安可不知所勉歟？是書僅手抄成帙，公諸梨棗，以傳久遠，此同志者之責，而毛君亦未嘗求之也。道光乙未蒲月，吳縣鄒鳴鹿子真甫拜撰。

◎毛驥敘：至難言者其莫如易，至易明者亦莫如易。變易之易，常不離乎變也；不易之易，變不失其常也。其為體也則無思無為、寂然不動；其為用也則知微知彰、感而遂通。漢唐以來諸儒言易者代不乏人，孟喜之易傳自田何，焦延壽之易傳自孟氏，厥後鄭康成傳費直易，輔嗣、穎達繼之。宋則張、郭、程、朱見解異同。說者謂京房學自焦氏，其言易專主陰陽歷數，則費易未興以前，大抵以易為衍數之學已。費直長於說理，自是而下皆主其說而推廣之者。然泥於用則並昧其體，詳於體又未免略於用，良可慨已。吾家從姪安洲，自嘉慶廿年後遊學楚漢間，得古易著法，遂肆力於羲皇之書。道光丙戌旋里，知其薈萃羣書，按考經文，折衷象數，業已星歲十周。今春又自秀州歸，出所著是書，其稿凡八易，經一十五年而後告成，所謂困窮而知者。茲正於予，且屬予敘。蓋其闡幽發微則遵述乎御案文集，旁通曲暢則融會乎儒先，今古而作用之源則瞿塘來氏易為本，周子《易說》《易通》，許氏《說文》、陸氏《釋文》、阮芸臺《校勘記》等籍博采而按之者。夫易之為道廣大悉備，體用兼賅，一則曰精義入神以致用也，再則曰利用安身以崇德也。可見羲、文、周、孔數聖人闡苞符之理以發為爻象之文，亦欲天下萬世之利其用而致其用而已矣。是書主乎用言，不深得聖人之旨哉？噫！吾宗家學，淵源《詩傳》，今安洲姪又洞明易理象數，世有復正經學者，或備葑菲之采，是又不徒為經術光，且繼為氏族顯也。至體例之比附、卷帙之多寡、卦爻之體用、義蘊之詳略，則其書具在，茲不述。道光十三年歲在昭陽大荒落涂月，瓠葉山人叔驥書於胥江艸堂。

◎自序：《易》之為書，神以知來知以藏往，廣大悉備而無不包，自天子以至於庶人，咸體而用之，有不能盡者矣。觀胡氏曰：「易備六經之體，存象辭則賅乎《詩》之比賦，正心術則貫乎《書》之精一，防情偽則著乎《禮》《樂》之中和，辨吉凶則同乎《春秋》之褒貶。」然其用無不賅，一皆以言尚辭者也。究其理而不明其象，明其象而不窮其數，則無以洞見其本。逮夫卜筮尚占以前民用，尤當因動察變制宜尚象，故撲蓍衍卦者必求乎象數之淵原，先立乎易理之大本，由本立而能道生焉。蓋自漢唐以來，講求易象者代有聞人，言之未瑩。迄乎前明來氏瞿唐先生出《集注周易圖解》一書，於是理數兼賅，變象昭明。誠二千年長夜之易豁然開朗，瑩如曉日。欲知象數之學者，當從來氏為本。是集也，繼來氏變象之餘為卜筮尚占之說，故名《易用》，爰節錄經傳，互訂異同。卷首為卦爻集說。次為《繫辭傳集說》，其中遵述御案宗

旨，並采先賢明訓，凡明辨以哲、足資攷驗者，遂敬錄焉。次為《易經總論集說》、《古例卦值衍數集說》。次為《春秋傳古占攷證》。又節錄《醫易》。卷內間有管窺，附按以備參稽。後為《衍數推原》，又為《太極總卦合圖》、《六爻變卦例圖》，皆撰著明象、卦值用爻之法。竊思象數之學原出性道之先，因此會粹互攷，略資意見，如能觀象玩辭、觀變玩占，化而裁之，變通盡利用安身以崇其德、精義入神以致用，庶幾其用熟、其數精而其理亦析，其理析、其數精而其用益深。所謂聖人則而用之謂之法，民咸用之謂之神，廣大悉包之中，無非體物不遺。此易道之所以流行於天地之間，而人生有不可不用者矣。時道光十二年歲次壬辰初冬，安洲毛一豐自敘。

◎毛文采題辭（二首）：

理數兼推說貫穿，更從來氏契心傳。著爻配合歸功用，滴露研朱十五年。

吾家家學溯亨、萇，《三百篇》中訓詁詳。不纂《毛詩》纂《周易》，西河《仲氏》許齊量（家大可先生有《仲氏易》三十卷）。

右詩為翠庭叔之作也，時患手振，艱於書，以稾眛而未得筆於斯也。余苦不文，舞勺廢業，遂剟錄以為題辭奉安洲宗丈。粲之學弟毛文采書並記。

◎周按：明陳第子陳祖念亦撰有《易用》六卷，收入《四庫全書》。

◎毛一豐，字安洲。浙江衢縣人。

毛以煦　周易本義讀　不分卷　存

浙江藏清鈔本

毛異賓　總統易　三卷　卷首一卷　存

山東藏光緒十三年（1887）江山縣署刻本

茅式周　周易觀變　二卷　存

浙江藏稿本

茅式周　周易觀象　一卷　存

浙江藏稿本

茆恕　周易旁解　佚

◎光緒《宣城縣志》卷三十五《載籍》：《周易旁解》《詩經釋義》（並茆恕著）。

◎茆恕，安徽宣城人。著有《周易旁解》《詩經釋義》。

冒廣生 冒鶴亭京氏易三種 存

巴蜀書社 2009 年中華文史要籍叢刊冒懷辛、毛景華整理本

◎整理本目錄：前言。京氏易傳校記。京氏易義。京氏易表。書後。京氏易跋。參考書目。整理後記。

◎沈序：海內之言易者夥矣，競事述作，浮誕虛玄，欲贊一辭而未遑暇也。近如皋冒君鶴亭，以所著《周易京氏易義》《京房易傳校記》《京氏易表》，請一言以為序。讀竟，深歎君通變極數，明道察故，有功於京氏之學大矣。曩以惠、張、王、嚴、孫、馬諸氏所述京氏易未得其蘊，爰作《周易京氏學》《京氏易傳授考》闡述大義，於京氏微旨尚未賾隱探索。及覽君書，深愧不已。其致力之深、守法之嚴，唐宋以降，言京氏易者，孰能與之頡頏哉！漢儒言易，惟京氏為異，不囿眾說，亦別成家，世稱「孟京」。《漢書‧藝文志》載《孟氏京房》十一篇、《災異孟氏京房》六十六篇，余疑《班志》孟、京並列者，殆欲使後人辨二家之異同，非以孟說即京學也。若同而無異，翟牧、白生之倫，何至不肯仍也？自唐僧一行議歷曆，以孟氏卦氣誤為京房，人皆信之。豈知孟氏卦氣源出《稽覽圖》、京氏積算源出《乾鑿度》。而寒溫清濁，京亦采《稽覽圖》，為孟氏之所不道，是為兩家門戶各異之證，非兩書相董理，不足發明京學也。《京氏易傳》云：「陽三陰四，位之正也。三者東方之數，東方日所出，又圓者徑一而開三也。四者西方之數，西方日所入，又方者徑一而取四也。」《乾鑿度》以「三者」以下為鄭玄注語（鄭玄注「開」作「周」、「取」作「匝」）。蓋鄭氏初師京氏，取京說以解《乾鑿度》者也。今君以卦氣與積算異，孟、京分途，以訂一行之誤，將數千年疑義大明於世，此足以翼京者一也。《京房易傳》，《隋書‧經籍志》未載，世或目為偽書，聚訟紛紛，未能知其所出。晁公武博學之士，亦云今傳者曰《京氏積算易傳》三卷、《雜占條例》一卷，或共題四卷，而名皆與古不同。晁氏不知今之所謂《易傳》者係一行所集，朱熹《進漢上易傳表》文可證也。余嘗惜晁氏所謂元祐八年高麗進書，有《京氏周易占》十卷，疑隋《周易占》十二卷者，書在禁中，草莽之士未得取與《易傳》校訂。高麗本殆佚於靖康之亂，否則朱氏見之，其於京氏之學必大有所獲，得上窺西京之經說也。今君據朱震表文，正其非偽，此足以翼京者二也。律者易之餘也，《乾鑿度》曰：「五音、六律、七變，由此作焉，故大衍之

數五十,所以成變化而行鬼神也。日十干者五音也,辰十二者六律也,星二十八者七宿也。」李鼎祚《集解》引京房曰:「五十者,謂十日、十二辰、二十八宿也。」京蓋據《乾鑿度》之說,淺人讀之,多未理解。至其六十相生之法實即六律、六呂與五音相因之數。律始於黃鍾,終於中呂,此五尺之童類能知之者也。若中呂上生執始,執始下生去滅,上下相生,而六十律畢,歷代學者,如何承天、沈約、甄鸞、孔穎達之輩均未明其術,妄加詆議,使其學久絕於世。今君作《京氏易表》三,而第三表尤苦心推求,以補劉昭《續漢志》之不足。律至南,事始有緒可尋。以數千年沉埋之學,如屯之始生復萌於世,此足以翼京者三也。凡此三者,大義昭然,足以傳諸百世而無疑矣。顧京氏主星宿出大衍之數,余則主《漢書・律曆志》以五乘十之說。因其言簡而明,所包者廣,而於諸家之解皆能貫穿,此《易》所謂「莫益之,或擊之」、「損而有孚」、「與時偕行」之道也。天下之理,不損則益,損有所長,益亦有所短,能明損益,方盡消息之能事。余之損京氏者,非好為譏短,欲以見易道之大也。即就京言京,在《易傳》乾卦云:「甲壬配內外二象」,此十日也;「積算起己巳火至戊辰土」,此辰十二也;「參宿從位起壬戌」,此二十八宿也。然以二十八宿配六十四卦,其數未能適合。君初亦以是為疑,蓋泥於《繫辭》「乾坤之策言三百有六十,當期之日」之文。以二十八宿除三百有六十,則不足四日也,不知《繫辭》言三百有六十,是指日月軌度,合一歲之大概言;陸績注三百五十四日有奇,是指日月交會,準月建之大小言。而京房之法所注重在節中,惟其間進退或有差一宿至二宿者,大率一年以三百六十有五日計算,以二十八宿除之,歲得宿十三周,餘二十八分之一,此一者,即為下年冬至之宿。例如:今年甲申冬至之日其宿為鬼,去年癸未其宿必為井,明年乙酉其宿必為柳。此子奧氏所謂千歲之日至,可坐而致也。迨二十八年周而復始,仍為鬼宿,以配六十四卦,無不合也,此可補君所撰《星宿表》之遺也。又君以《易傳》姤卦云「坤宮初六爻,《易》云『履霜堅冰至』,建亥,龍戰於野,配於人事為腹、為母。於類為馬,《易》云『行地無疆』」,以為坤卦之錯簡;又遯卦「配於人事為背、為手。於類為狗,為山石」,以為艮卦之錯簡。余亦以為未是。陸績注姤之「建亥,龍戰於野」云「戌亥是乾之位,乾伏本位必戰,積陰之地猶盛,故戰。」又注「為母」云「坤順容於物。」總釋云「此釋一爻配坤象,本體乾巽,今贊姤(原文「姤」作「贊」疊字,訛,君正),一爻起陰,坤假象言之。」陸氏假象之義,又見於賁卦「起於潛至於用九」之注云:

「假乾初上為喻也。」陸氏所謂假，即《文言》所謂旁通、《繫辭》所謂變通。乾《文言》：「六爻發揮，旁通情也」，又《繫辭》「易窮則變，變則通，通則久」陸氏注云：「陰窮則變為陽，陽窮則變為陰，天之道也」，與遯卦之注義合，是旁通、變通即為假象也。干寶習京氏易者，注乾之初九曰：「陽在初九，十一月之時，自復☷☳來也。」九二曰：「陽在九二，十二月之時，自臨☷☱來也。」九三曰：「陽在九三，正月之時，自泰☷☰來也。」九四曰：「陽氣在四，二月之時，自大壯來也。」九五曰：「陽在九五，三月之時，自夬☰來也。」上九曰：「陽在上九，☰四月之時也。」坤之初六曰：「陰氣在初，五月之時，自姤☰來也。」六二曰：「陰氣在二，六月之時，自遯☶來也。」六三曰：「陰氣在三，七月之時，自否☰來也。」六四曰：「陰氣在四，八月之時，自觀☴來也。」六五曰：「陰氣在五，九月之時，自否☰來也。」上六曰：「陰在上六，☷十月之時也。爻終於酉，而卦成於乾。乾體純剛，不堪陰盛，故曰『龍戰』。戌亥，乾之都也，故稱龍焉。」干氏亦指假象言也。陸、干二家，大誼相通，以彼證此，似非錯簡，未知君以余言為然否耶？至於《積算表》案語，當增乾以戊日為閏。《盈虛表》當增盈三十六、虛二十八，為六十四卦之加減處，此艱貞晦明之際。余與君每一相見，必以經義互相講習，義有未安，必礪切不已，幾不知天崩地坼，尚有人間世也。世之學者，倘不以余二人當遯世無悶，尚析疑明辨，以求同心之言為迂腐歟！民國三十三年，歲次甲申仲春，杭縣沈祖緜拜序於上海寓次。

◎楊向奎：讀冒老先生有關易學三書，驚其學力，而以為其有功於易學。《易》不同於它經，未經秦火，文字和師說都可以流傳下來，一來沒有訓詁章句上今古之不同，二來《易》是卜筮書，多講陰陽災異，就此而論，易學世家都可以屬於今文學派，費、荀講陰陽變化，孟、京原是講陰陽變化的大本營。

◎冒廣生（1873～1959），字鶴亭，號疚齋。江蘇如皋人，生於廣州。早歲從外祖父周星詒受經史、目錄、校勘之學。光緒二十年（1894）舉人。曾任刑部、農工商部郎中，東陵工程處監修官。入民國，歷任北京政府財政部顧問，浙江甌海、江蘇鎮江、淮安等板監督，農商部經濟調查會會長，國民政府考試院委員，廣州勷勤大學、上海太炎文學院等文科教授及國史館纂修。建國後歷任上海文物保管委員會特約顧問、上海文史館館員。又著有《大戴禮記義證》、《納甲說》、《納音說》、《小三吾亭詩文集》五卷、《疚齋詞論》、《冒

鶴亭詩歌曲論著述》、《四聲鈞陳》、《唐書吐蕃世系表》、《蒙古源流年表》、《管子集釋長編》、《宋曲章句》、《傾杯考》、《冒鶴亭詞曲論集》、《後山詩注補箋》。又編刻《永嘉詩傳》《永嘉詩人祠堂叢刻》《永嘉高僧碑傳集》《二黃先生集》《潛徽錄》《楚州叢書》等。又校釋《淮南子》《晏子春秋》《文子》《列子》《春秋繁露》等。

冒廣生　京氏易表　存

　　巴蜀書社 2009 年中華文史要籍叢刊冒懷辛、毛景華整理冒鶴亭京氏易三種本

　　◎目錄：分宮表第一：周易卦序表附一、虞氏旁通表附二、虞氏兩象表附三。之卦表第二。互約表第三。變化表第四。消息表第五。貞悔表第六。納甲表第七：《太玄經》納音表附一、《夢溪筆談》納音表附二。世應表第八。飛伏表第九。建表第十：《乾鑿度》貞辰表附。積算表第十一：孟氏卦氣表上附一、孟氏卦氣表下附二。星宿表第十二：鄭氏爻辰表附二。刑德表第十三。氣候表第十四。盈虛表第十五。事類表第十六。五行生尅表第十七。五行生死表第十八上。五行生死表第十八下。元運表第十九。天官地官表第二十。律表第二十一上：上下生。律表第二十一中：實法。律表第二十一下：旋宮。占候表第二十二上：之上。占候表第二十二上：之下。占候表第二十二下：之上。占候表第二十二下：之下。師承表第二十三。

冒廣生　京氏易義　存

　　巴蜀書社 2009 年中華文史要籍叢刊冒懷辛、毛景華整理冒鶴亭京氏易三種本

　　◎目錄：例言。上經。下經。十翼：彖上傳、彖下傳、象上傳、象下傳、繫辭上傳、繫辭下傳、文言傳、說卦傳、序卦傳、雜卦傳。

冒廣生　京氏易傳校記　存

　　巴蜀書社 2009 年中華文史要籍叢刊冒懷辛、毛景華整理冒鶴亭京氏易三種本

　　◎目錄：例言。著錄。卷上：乾姤遯否觀剝晉大有震豫解恒升井大過隨坎節屯既濟革豐明夷師艮賁大畜損睽履中孚漸。卷中：坤復臨泰大壯夬需比巽小畜家人益无妄噬嗑頤蠱離旅鼎未濟蒙渙訟同人兌困萃咸蹇謙小過歸妹。

卷下。附錄：諸家載記、揲蓍詳說（程迥《周易古占》）。

◎例言：

一、《漢書‧五行志》所引《京氏易傳》皆言災異，今世所行《易傳》則唐一行所集者。朱震《漢上易叢談》云「孟喜、京房之學，其書概見於一行所集」，又《進周易表》云：「臣聞商瞿學於夫子，自丁寬而下，其流為孟喜、京房。喜書見於唐人者，猶可考也。一行所集房之《易傳》，論卦氣、納甲、五行之類。兩人之言同出於《周易‧繫辭》、《說卦》」是也，故其書至宋始見著錄。

一、此本據王謨《漢魏叢書》本，以《鹽邑志林》、《津逮祕書》、《學津討原》、天一閣諸本及《說郛》之《京氏易略》校，諸本中以王謨本較劣，《津逮》本較勝，然亦唯之與阿，相去幾何耳。

一、《易傳》以節氣、干支及數目字為最難校。其為節氣之誤者，如大過之「寒露至秋分」，「秋分」當作「春分」；蹇卦之「大暑，大寒」，「大寒」當作「大雪」等是也。其為干支之誤者，如萃卦之「建始戊寅至癸未」當作「丁巳至壬戌」；「積算起癸未至壬午」當作「壬戌至辛酉」等是也。其為數目之誤者，如節卦之「分氣候二十八」，「二十八」當作「三十六」；屯卦之「分氣候三十六」，「三十六」當作「二十八」等是也。非先作表，無以推知其誤。其他金木水火土等字，錯誤尤多。

一、《易傳》錯誤之甚者，莫如否卦注云：「君子當危難世獨志難不可久立特處不改其操」，當作「君子當危難之世，勢不可久，獨立特處，不改其操」也。比卦之「積算起熒惑」當作「積算起戊申至丁未，周而復始。五星從位起熒惑」也。巽卦注云：「火木與二十八宿分虛宿入翼上九辛卯木土」，據晁公武跋文，則「火木與」下當有「巽同宮」三字也。「虛宿」當作「心宿」、「翼」當作「巽」、「土」當作「上」。而正文應補「五星從位起鎮星，心宿從位降辛卯」也。至遯卦「能消息者，必專者敗」，今據《乾鑿度》文，則作「能消者息，必專者敗」也。震卦注：「安不動主，靜為躁君」，據王弼恆上六注文，則作「安為動主，靜為躁君」也。凡此之誤，各本皆同。又卷末晁公武跋文，「前是小王變四千九十有六卦」云云，「小王」後文中兩見，皆指王弼，弼不應在京氏前，為此一字，廢寢食者數日，後始悟為「小黃」之誤，蓋指小黃令焦贛也。贛作《易林》，每一卦六十四占，以六十四卦乘之，得四千九十有六之數。

一、《易傳》不獨有脫文誤字，且有錯簡。如姤卦之「建午，起坤宮初六爻，《易》云『履霜堅冰至』。建亥，龍戰於野。配與人事為腹、為母。於類為馬，易云『行地無疆』」。此坤卦之錯簡也，云「建午」者，即坤卦「建始甲午」之複字。「建亥」即坤卦「積算起己亥」之複字。「履霜」「龍戰」等文，均與今坤卦複。「為腹，為母」，「為馬」皆坤象，非姤象也。注云：「此釋一爻配象，本體是乾巽，今贊贊（《津逮》本贊字不重）一爻起陰，假坤象言之。」君紀求其故而不得，故有此支離之說，然亦可見《京易》在三國時已錯舛不可讀矣。又遯卦之「配於人事為背，為手。於類為狗，為山石」，亦艮卦之錯簡。

一、《易傳》有馮班、沈彤校本，均未見。見惠棟所批本，殊略，採入二條。王保訓所輯《京氏易》，卷二題《易傳》者，以《漢書‧五行志》所引《京氏易傳》為本。下及後漢、晉、宋、齊、魏、隋、新舊唐之《五行志》及《開元占經》、《乾象通鑑》易占也，與此書無涉。除王保訓外，輯《京易章句》者，有孫堂（刻《漢魏二十一家易注》中）、馬國翰（刻《玉函山房輯佚書》中）、黃奭（刻《漢學堂叢書》中），又惠棟《易漢學》、張惠言《易義別錄》並有《京氏》一卷，但不名《章句》。

一、《漢志》載易家：《孟氏京房》十一篇《災異孟氏京房》六十六篇、《京氏段嘉》十二篇（《儒林傳》作「殷嘉」），《隋志》載易家：《周易》十卷（漢魏郡太守京房章句），天文家：《京氏釋五星災異傳》一卷、《京氏日占圖》三卷。五行家：《逆刺》一卷，京房撰。《方正百對》一卷，京房撰。《晉災祥》一卷，京房撰（案京在晉前，此疑晉人所輯，故題晉字）。《周易占事》十二卷，漢魏郡太守京房傳。《周易占》十二卷，京房撰（按《周易妖張晏》十三三卷，京房撰）。《周易守林》三卷，京房撰。《周易集林》十二卷，京房撰（《七錄》云：伏萬壽撰）。《周易飛候》九卷，京房撰（梁有《周易飛候六日七分》八卷，亡）。《周易飛候》六卷，京房撰。《周易四時候》四卷，京房撰。《周易錯卦》七卷，京房撰。《周易混沌》四卷，京房撰。《周易委化》四卷，京房撰。《周易逆刺占災異》十二卷，京房撰。《京君明推偷盜書》一卷、《占夢書》三卷，京房撰。又《兵書雜占》下注：梁有《京氏征伐軍候》八卷。《曆術》下注《京氏要集曆術》四卷。《風角要占》下注：梁八卷，京房撰。《五音相動法》下注：梁有《風角五音占》五卷，京房撰，亡。《風角雜占五音圖》下注：梁十三卷，京房撰。《宋志》載五行家：《京房易律曆》一卷，虞翻注（《直齋

書錄解題》作《京氏參同契律曆志》，誤也。翻別有《參同契注》。陳振孫牽合兩書為為一書，又誤以《易律曆》為《律曆志》）。《京房易傳算法》一卷，《易傳》三卷，《京房婚書》三卷。《通志》有：《周易飛伏理》一卷、《周易四時候》四卷、《災祥》一卷、《風角雜盞五行圖》十三卷。《直齋書錄解題》又有易陰陽家類占，其中不無重複及誤入。要之京氏撰述，略盡於此（《四庫提要》所舉未備）。《易傳》在宋時名積算，故王應麟《困學紀聞》所引皆名《京氏易積演算法》。晁公武跋亦云：「今傳者曰《京氏積算易傳》三卷、《雜占條例法》一卷，或共題《易傳》四卷，而名皆與古不同。今所謂《京氏易傳》者，或題曰《京氏積算易傳》」也。今《雜占條例法》一卷又亡，所云《易傳》四卷，僅三卷矣。

一、晁跋云：「隋《經籍志》有《京氏章句》十卷，又有《占候》十種七十三卷。唐《藝文志》有《京氏章句》十卷，而《易占候》存者五種二十三卷。」云《唐志》者指《新唐書》，云《隋志・占候》十種七十三卷者，蓋除亡書外，去天文家《釋五星災異傳》一卷、《日占圖》三卷，五行家《逆刺》一卷、《晉災祥》一卷（已包括《周易逆刺占災異》十二卷中）、《周易占》十二卷（與《周易占事》複）、《推偷盜書》一卷、《占夢書》三卷、《方正百對》一卷（當是對漢元帝語，非占候），得十種七十三卷，如上數也。此余第三孫懷蘇所推得者（一《周易占事》十二卷、二《周易守株》三卷、三《周易集林》十二卷、四《周易飛候》九卷、五《周易飛候》六卷、六《周易四時候》四卷、七《周易雜卦》七卷、八《周易混沌》四卷、九《周易委化》四卷、十《周易逆刺占災異》十二卷）。

一、《御覽》所引京氏撰述為《京房易傳》《京房易說》《京房易飛候》《周易集林雜占》《京房別對災異》《京房風角要占》《風角要訣》《京房易妖占》《京房五星占》《京氏律術》，《乾象通鑑》所引則為《京房易傳》《京氏外傳》《京房星經外傳》《京房易飛候氣候》《京房易妖占》《京房易占》《京房五星占》《京房災異後序》《災異後論》。

一、《困學紀聞》引「《京氏易》積算法……孔子云：《易》有四易：一世二世為地易、三世四世為為人易、五世六世為天易，游魂歸魂為鬼易」，此為京氏世卦之本。又《左傳・昭二十九年》秋龍見於絳郊，蔡墨曰：「《周易》有之，在乾之姤曰『潛龍勿用』，其同人曰『見龍在田』，其大有曰『飛龍在天』，其夬曰『亢龍有悔』其坤曰『見羣龍無首，吉』，坤卦之剝曰『龍戰於野』」，

此為之卦說易之始。《京氏易》之次第即用之卦。

一、《史記‧仲尼弟子列傳》，《正義》引《中備》（案：即《易緯辨終備》）云：「魯人商瞿使向齊國，瞿年四十，今後使行遠路，畏慮，恐絕無子。夫子正月與瞿母筮，告曰：『後有五丈夫子。』子貢曰：『何以知？』子曰：『卦遇大畜，艮之二世。九二甲寅木為世，六五景子水為應。』」（今本《易緯辨終備》此文佚）又《左傳》昭五年《正義》云：「初與四、二與五、三與上，位相值為相應。」《乾鑿度》：「初為元士，二為大夫，三為三公，四為諸侯，五為天子，上為宗廟。」又曰：「三畫已下為地，四畫已上為天……動於地之下則應於天之下，動於地之中則應於天之中，動於地之上則應於天之上。初以四、二以五、三以上，此之謂應。」此為京氏世應之法之本。

一、《左傳》莊二十二年周史為陳侯筮，遇觀之否，曰：「坤土也，巽風也，乾天也，風為天於土上，山也。」杜預注：「自二至四有艮象，艮為山。」（《困學紀聞》云：「京氏謂：二至四為互體，三至五為約象。《儀禮疏》云：二至四、三至五，兩體交互，各成一卦，先儒謂之互體。」今《儀禮疏》無此文，殆誤以《左傳》為《儀禮》）此為京氏互體之法之本。鄭康成注《易》用互卦，蓋京氏學。鄭先從第五元受京易，後始從馬融受費氏易也。

一、《易》說卦：震為決躁，巽其究為躁卦，巽與震為飛伏，此為京氏飛伏之法之本。

一、《月令正義》引《易林》：「震主庚子午，巽主辛丑未，坎主戊寅申，離主己卯酉，艮主丙辰戌，兌主丁巳亥。」《易林》為焦贛作（今本《易林》祇存繇辭）。此為京氏納甲之法之本（魏伯陽、虞翻以月體有納甲，非京氏法，後儒併為一談，紛紛作圖，無怪其扞格而不能通）。

一、《淮南‧天文訓》：「陰陽刑德有七舍。何為七舍？室、堂、庭、門、巷、術、野。十一月德居室，先日至十五日，後日至十五日，兩徙所居，各三十日。德在室則刑在野，德在堂則刑在術，德在庭則刑在巷，陰陽相德則刑德合門。」此為京氏龍德虎刑之說之本。

一、《淮南‧天文訓》：「子生母曰義，母生子曰保（保寶聲同），子母相得曰專。母勝子曰制，子勝母曰困（困繫聲同）。」此為京氏五行生剋之說之本（《抱朴子‧登涉篇》引《靈寶經》云：支干上生下曰寶日，下生上曰義日，上克下曰制日，下克上曰伐日，上下同曰專日）。

一、《淮南‧天文訓》：「木生於亥，壯於卯，死於未，三辰皆木也；火生

於寅，壯於午，死於戌，三辰皆火也；土生於午，壯於戌，死於寅，三辰皆土也。金生於巳，壯於酉，死於丑，三辰皆金也。水生於申，壯於子，死於辰，三辰皆水也。」此為京氏五行生死之說之本。

一、《尚書・堯典》：「日中星鳥，以殷仲春……日永星火，以正仲夏……宵中星虛，以殷仲秋……日短星昴，以正仲冬。」《繫辭》：「仰則觀象於天。」此為京氏星宿用事之法之本。鄭康成後受費氏易，費有《周易分野》一書，乃改京氏法用爻辰。

一、《月令正義》：「節氣有早晚。若晚，則在當月之內；若早，在前月之中。」此為京氏盈虛之說之本（《後漢書・律曆志》注：中必在其月，節不必在其月……驚蟄在十六日以後，立春在正月；驚蟄在十五日以前，立春在往年十二月）。

一、《左傳》僖九年秦伯伐晉，卜徒父筮之，其卦遇蠱，曰：「蠱之貞，風也。其悔，山也。」《國語・晉語》韋昭注：「震在屯為貞，在豫為悔。」此為京氏貞悔之說之本（案：「悔」當作「𢇍」。《說文》：「𢇍，易卦之上體也。《商書》『曰貞曰𢇍。』」《商書》即指《洪範》。許君所見尚是𢇍字。今《尚書》《左傳》《國語》並誤作「悔」矣）。

一、《乾鑿度》：「能消者息，必專者敗。」此為京氏消息之法之本。

一、《稽覽圖》：「溫為尊，寒為卑，故尊見卑益自尊，卑見尊益自卑，則寒溫決絕矣。兩尊兩卑無所別，則寒溫微，不決絕。」此為京氏風雨寒溫之法之本。

一、京氏不用十二辟卦也。十二辟卦有辟，有侯，有大夫，有卿，有公。京則用宗廟、天子、諸侯、三公、大夫、元士，名稱不同。除乾、坤外，復、臨、泰、大壯、夬皆屬之坤宮，姤、遯、否、觀、剝皆屬之乾宮，不以為辟也。此為京異於孟者一。

一、京氏不用四方伯卦也。四方伯卦，以坎值冬至、離值夏至、震值春分、兌值秋分。京則坎建始起戊寅至癸未，其月為正至六，其候為立春至大暑，不與冬至值也；離建始起戊申至癸丑，其月為七至十二，其候為立秋至大寒，不與夏至值也；兌建始乙卯至庚申，其月為二至七，其候為春分至立秋，不與秋分值也；震則六五值春分，非初九，不得云首也。此為京與孟異者二。

一、京氏不用六日七分法也。甲子卦氣起中孚，出《稽覽圖》，每卦直六日七分，其一年為三百六十五日四分日之一。京氏則分八純卦為八宮，每宮

七卦，不起中孚至頤也。其積算，六十四卦，每卦各皆直半年一百八十日，全年為三百六十日，不以三百六十五日四分日之一為一年也。此為京與孟異者三。自漢以來皆誤合孟氏家法為京氏家法。余求其故，蓋由《漢志》「《孟氏京房》十一篇。《災異孟氏京房》六十六篇」兩家合為一書。京既得禍，傳其學者蓋寡。馬融提倡費易，康成亦棄京學而學費。馴至王弼易行，唐以之立學官，則微獨京學亡，孟學及其他漢易學皆亡。雖有名儒，而不出自口授，無能分其孰為孟學孰為京學。自王充、薛綜、張晏、孟康、臣瓚至乾嘉諸儒，無一不仞京為有十二辟卦、有方伯卦及六日七分法矣。夫《漢書・五行志》所引《京氏易傳》有「方伯分威，厥妖牡馬生子亡」一語，此方伯泛指臣下言，非指坎離震兌，京於日食占云「伯正越職，茲謂分威」可證也。此言《易傳》屢言辟，皆泛指君言，非指十二辟卦也。唐一行深於曆學者，其《卦議》云：「京氏又以卦爻配期之日，坎離震兌，其用事自分至之首，皆得八十分日之七十三。頤晉井大畜（四卦皆在分至之首）皆五日十四分（四卦共少二百九十二分），餘皆六日七分。」此必修《乾象曆》時所改，殆因《儒林傳》有「唯京氏為異黨」云云，遂求其與孟異。其實減頤晉井大畜所少之二百九十二分，以增坎離震兌四卦之二百九十二分外，其他仍六日七分法耳。一行知其不經，而不知其非京氏家法也。《隋志》云「梁有《周易飛候六日七分》八卷，亡」者，梁時人以孟喜之六日七分法與京之飛候合為八卷，而並目之曰京房，猶宋時人以魏伯陽之《參同契》與京之《易律曆》合為一卷，而並目之曰京房也。《後漢書・郎顗傳》言其「父宗學京氏易，善風角、星算、六日七分」者，學《京氏易》是一事，善風角、星算及六日七分又是一事也。《漢綏民校尉熊君碑》云「治《歐羊（即陽字）尚書》，六日七分，截然兩事，不得謂六日七分為《歐陽尚書》」也。顗「七事」所云「今夏當旱，夏必有水，臣以六日七分法候之可知。」蓋其父子皆兼學孟氏易，此猶康成先學京氏後學費氏也。《顗傳》不言兼學孟氏易者，史家省文耳。若王充《論衡・寒溫篇》云「京氏布六十四卦於一歲之中，六日七分，一卦用事。」斯為誤矣。既云六日七分，一卦用事，則統計六十卦，所直已滿三百六十五日四分日之一。若布六十四卦於一歲之中，每卦各六日七分，不將成三百八十九日四十八分為一歲耶？充特未之思爾。京本傳言「六十卦，更直日用事」，宋祁曰別本作六十四卦，別本不誤也。《郎顗傳》注引《前書》即有「四」字。後人信孟康言，除坎離震兌四卦，故將正文「四」字刪去。然康言「一爻主一日，六十四卦為三百六十日，

餘四卦震離兌坎為方伯監司之官。」則康亦誤也。京無方伯卦，已詳上文。依康言，一爻主一日，六十四卦，全年為三百八十四日，非三百六十日。每卦每六日少七分，按之六日七分法亦不合，可云進退失據矣。且既云六十四卦，又云餘四卦，不將成六十八卦耶？此「四」字蓋即涉正文所少之「四」字而衍矣。京學沉埋數千年，不知西京學術者，鄙為術數之書（《四庫》入之術數，不合。《漢志》明明在易家），既屏置不觀，一二治漢易學者，亦不過瀏覽及之。刻本錯誤，不能終卷也。癸未八月如皋冒廣生寫畢記。

梅馥 太極圖說詳解 二卷 存

◎嘉慶《宣城縣志》卷二十七《載籍》、光緒《宣城縣志》卷三十五《載籍》：《太極圖說詳解》二卷、《洪範皇極本義》六卷、《易義別觀》三卷（並梅馥著）。

◎嘉慶《宣城縣志》卷十七《文苑》、光緒《宣城縣志》卷十八《文苑》：幼年殫究諸史，有言及《資治通鑑綱目》者，輒背誦數十頁不謬一字。繼則沿流溯源，尋繹《春秋三傳》，得其要領，著《三傳本義》二十四卷。又著《周禮集解》十二卷。潛心理蘊，直窺濂洛祕旨，著《易義別觀》三卷，又《太極圖說詳解》二卷、《洪範皇極內篇本義》六卷，俱自寫，蠅頭細楷。

◎梅馥，字至馤。安徽宣城人。庠生。孤貧力學，精研經史。終日兀坐一室，雖炊煙不繼，而口吟手批晏如也。乾隆十六年與修郡志天文、田賦、祥異諸門。

梅馥 洪範皇極本義 六卷 佚

◎嘉慶《宣城縣志》卷二十七《載籍》、光緒《宣城縣志》卷三十五《載籍》：《太極圖說詳解》二卷、《洪範皇極本義》六卷、《易義別觀》三卷（並梅馥著）。

◎嘉慶《寧國府志》卷二十九《人物志·文苑》：著《三傳本義》二十四卷，又著《周禮集解》十二卷。潛心理蘊，通窺濂洛祕旨，著《易義別觀》三卷，又《太極圖說詳解》二卷、《洪範皇極內篇本義》六卷，俱自寫，蠅頭細楷。

梅馥 易義別觀 三卷 存

安徽藏清刻本

◎嘉慶《宣城縣志》卷十七《文苑》〔註8〕：著《三傳本義》二十四卷，又著《周禮集解》十二卷，潛心理蘊，直窺濂洛秘旨。著《易義別觀》三卷，又《太極圖說詳解》二卷、《洪範皇極內篇本義》六卷，俱自寫蠅頭細楷……所著僅刻《易義別觀》三卷。其《春秋》付友人庠生胡以清校刊，馥歿，以清亦旋卒，遂失。今藏之敗笥中者，則有手錄《周禮》一帙、《太極圖說詳解》、《洪範皇極內篇本義》，俱刪改初稿。

◎嘉慶《宣城縣志》卷二十七《載籍》：《太極圖說詳解》二卷、《洪範皇極本義》六卷、《易義別觀》三卷（並梅馥著）。

◎光緒《宣城縣志》卷十八《文苑》：所著僅刻《易義別觀》三卷。

◎光緒《重修安徽通志》卷二百二十六《人物志‧文苑》五：力學，潛心理窟。著有《易義別觀》《太極圖說詳解》《洪範皇極內篇本義》《三傳本義》《周禮集解》（《寧國府志》）。

◎光緒《重修安徽通志》卷三百三十五《藝文志》：《易義別觀》三卷（梅馥著）。

梅驥 周易指微 佚

◎嘉慶《寧國府志》卷二十九《人物志‧文苑》：所著有《詹言集》《寂寥草》《周易指微》藏於家。

◎嘉慶《寧國府志》卷二十《藝文志‧書目》：《寂寥草》《周易指微》，並梅驥著（宣城）。

◎光緒《宣城縣志》卷十六《懿行》：所著有《詹言集》《寂寥草》《周易指微》藏於家（《省志》見《孝友》）。

◎光緒《宣城縣志》卷三十五《載籍》：《周易指微》《寂寥草》，並梅驥著。

◎梅驥，字巨源。安徽宣城人。歲貢生。性篤孝，性狷介不妄交遊，然好獎掖後進。學術賅綜，於書無所不讀，制舉文尤工。卒年五十七。

梅克芳 易經旁訓 佚

◎民國《續修安順府志》卷十九《藝文志》著作輯目：梅雨庭《易經旁訓》。

〔註8〕光緒《宣城縣志》卷十八《文苑》所記略同。

◎梅克芳，字雨亭（庭）。嘉慶十八年（1813）以貴州安順普定籍舉於鄉，充覺羅官學教習。天性孝友，事父母，先意承志，父母歿，事諸兄如父，至老不懈。其待人則溫厚和平，天真爛漫。制藝、詩、古文皆工，尤工書法。善誘後進，郡人士多出其門。在京時，同人有真理學之稱。

梅克芳 周易常解 佚

◎一名《易經常解》。

◎咸豐《安順府志》卷三十六：所著有《易經常解》。

梅人鑒 易經解 二卷 佚

◎民國《台州府志》卷六十四《藝文略》一：是書見採訪冊，今未見。

◎梅人鑒，字文衡，號甦庵。浙江天台人。貢生。詩學大蘇，書宗二王，暮年尤工草書。屢客東陽周顯岱家，寓新安寺，與僧二悟稱莫逆交。又著有《三傳異同辨》三卷、《思鳳樓詩鈔》十八卷。

梅士昌 周易麟解 佚

◎光緒《宣城縣志》卷三十五《載籍》：《周易麟解》（梅士昌著）。

◎梅文鼎父，梅士昌，字大幹，號期生。安徽宣城人。邑庠生。少有經世之志，自治經外，若象緯、坤輿、陰陽、律曆、陣圖、兵志、九宮、三式、醫藥、種樹之書靡不搜討殫盡，務求實用，尤精象數。明亡後，棄儒服，杜門屏跡。

梅照璧 周易摘要集解 十一卷 存

江西藏鈔本

◎梅照璧，江西南城縣人。舉人。嘉慶十六年任分宜訓導。

梅周 易經晰義 佚

◎光緒《宣城縣志》卷十六《懿行》：著有《易經晰義》《忠勤堂詩文稿》藏於家。

◎梅周，字弼臣，號寧齋。安徽宣城人。少孤，績學力行，屢困童試，年逾強仕始遊庠，補邑增生。雍正二年舉賢良方正，堅辭不受。

門靜涵 河洛原理圖解 一卷 存

山東藏萬國道德總會 1939 年鉛印本

1942 年再版本

◎門靜涵注述，田雲浦編輯。

◎目錄：河洛原理自序。河洛原理序。河洛原理序。河洛原理解。河洛原理詩。太極圖。祖氣圖。先天生成第一圖。先天生成第二圖。先天生成第三圖。先天生成第四圖。先天生成第五圖。先天生成第六圖。古河圖（選自《周易闡真》）。先天陽五行圖（續選）。先天陰五行圖（續選）。河圖解（續選）。洛書原理。後天剋制第一圖。後天克剋第二圖。後天剋制第三圖。後天剋制第四圖。後天剋制第五圖。後天剋制第六圖。洛書圖。古洛書圖（選《周易闡真》）。陰陽五行錯亂（續選）。陰陽五行綜整圖（續選）。洛書解（續選）。先天五行變後天五行說。返還原理。返還第一圖。返還第二圖。返還第三圖。返還第四圖。返還第五圖。返還第六圖。三華聚頂五氣朝元圖。五行綜整剋中返生說。圖書合一圖（由此以下皆係續選）。圖書合一解。先天八卦相生次序圖。說明。伏羲八卦圖。先天圖說。伏羲八卦次序橫圖。先天橫圖解。文王索生八卦圖。文王八卦方位圖。後天圖說。後天順行造化圖。後天逆運變化圖。周子太極圖。太極圖說。先後八卦合一圖。先後八卦合一解。河圖洛書先後天合一圖。圖書先後天合一解。中字圖。中字圖解。心易圖。心易發微伏羲太極之圖。說明。

◎門靜涵，號星橋。

蒙會牲 周易圖書疏附 三卷 存

南京藏清鈔本

◎一名《易經常解》。

◎鄭獻甫序〔註9〕：河出圖洛出書，聖人則之，易《繫》特渾舉為說耳。以圖屬羲易、以書屬禹疇，始於孔安國、劉子駿、鄭康成諸人。然言易之焦、京流為術數，未嘗涉河圖也；言疇之向、歆，流為災異，未嘗涉洛書也。自陳希夷倡為先天卦圖，李之才詡為後天卦變圖，而邵子推而盡之，朱子拓而尊之，後人拘而守之，於是河圖之數大行，而洛書之數亦略具。雖然，漢儒言易

〔註9〕錄自民國《貴縣志》卷十六《人物》。鄭獻甫《補學軒文集外編》卷一亦收錄此序，題《蒙易生圖書疏附序》。《廣西近代經籍志》卷一亦收錄。

不廢數，故支離穿鑿，參以別說，為爻辰、為卦氣、為互體、為納音，令導其緒者繚繞而益棼。宋人言易多主數，故引申湊合，似為自然，如方圓、如體用、如縱橫、如順逆，令索其解者深沉而自得。昔人謂輔嗣易行無漢學，不知希夷圖出而並無晉學，是古來圖書象數之大變也。本朝胡文良著《周易函書》，並采象數諸說，博而雜。胡朏明著《易圖明辨》，力斥卦變諸圖，又專而狠。吾鄉易生蒙君，積平生之力，於河圖以兩相從、洛書以三相從，寶能通貫其言。所論河洛之數，皆確然有獨得處，亦自然無相礙處。如曰氣數之加減始於二之兩，而即統於兩；氣數之乘除全於三之參，而即統於參。又曰自一至十，凡各數上三實象，其數則有十者，數三體之，實而全也；自一至十，凡各數間三虛象，其數又止九者，數三用之，虛而神也。又曰二八七三一九六四，皆能加減河圖之數，使之流行不已，天道也。若乘除，則惟三與七能圓其數而不已，餘則不能，人道也。又曰河圖之加減乃兩儀為之，非人之責；若洛書之乘除，則三才為之，是人之責。然非聖賢在上，則人非其人，雖兩儀之加減如故，而三才不備則參數不行。有加減無乘除者則氣數衰，有乘除而無加減則氣數盛。皆能發前人所未發，並能解後人所欲解。惜乎不得令胡文收入《函書》而胡朏明參之《明辨》也。獻甫之生，後君不過五六年，相距不過數百里，平時絕不相聞。蓋君蕭然著書，而余則祿然應世，所從事於觀象玩辭者甚粗，乃浪以經生得名，致君亦以文人相許，故臨終屬其子壽琪茂才挾其書乞序。丁卯秋於桂林鄉試時偶以他事至，得寓目，則君已久歸道山矣。撫卷驚服，下筆慚感，謹以其所能知者為引喤。祿位如獻甫、容貌如獻甫，未必能為君書重。然此豈藉鄙言重哉？聊書之，不審君冥冥中以為何如也。時丁卯秋八月之二日，書於桂林寓齋〔註10〕。

◎廣西學政詹嗣賢序（節錄）〔註11〕：甲申按試潯州，鄉貢士蒙生壽祺呈其先人所著《河洛圖疏》一卷，大旨不外發明河圖用兩、洛書用三之義，而以爻象剖別先後天卦，雖重言數，於理實相貫穿。所增諸圖係自諸圖中衍出，皆自然之理。其疏河洛異同，據洪範之用立說，至為有本。謂無洛書則河圖道廢，尤為不刊之論。

〔註10〕《廣西近代經籍志》、鄭獻甫《補學軒文集外編》卷一《蒙易生圖書疏附序》「謹以其所能知者為引喤。祿位如獻甫、容貌如獻甫，未必能為君書重。然此豈藉鄙言重哉？聊書之，不審君冥冥中以為何如也。時丁卯秋八月之二日，書於桂林寓齋」作「正不知冥冥中以為何如也」。
〔註11〕錄自民國《貴縣志》卷十二《學藝・著述彙載》。

◎民國《貴縣志》卷十二《學藝‧學術‧哲學》：邃於象數，著《周易圖書疏附》，象州鄭獻甫為之序曰：「吾鄉易生蒙君，積平生之學，於河圖以兩相從、洛書以三相從，所論皆確然有獨得處，亦自然無相礙處。非世之苟且著書、襲故說而逞偏見者所能窺見也。其中如論氣數之加減始於二之兩，而即統於兩；氣數之乘除全於三之參，而即統於參。又曰自一至十，凡各數上之實象，其數則有十者，數三體之，實而全也；自一至十，凡各數間三虛象，其數又止九者，數三用之，虛而神也。又曰河圖之加減乃兩儀為之，非人之責；若洛書之乘除，則三才為之，是人之責。然非聖賢在上，則人非其人，雖兩儀之加減如故，而三才不備，則參數不行，有加減而無乘除者則氣數衰；惟皇極有極成位其中，三才理得則參數行，有乘除以相加減則氣數盛。皆能發前人所未發而能解後人所不解。」遺著雖未付梓，讀彼鄭序，足見一斑。

◎民國《貴縣志》卷十二《學藝‧著述彙載》：《周易圖書疏》一卷（清蒙會牲著。象州鄭獻甫、儀徵詹嗣賢旭。稿本。見梁《志》）。

◎民國《貴縣志》卷十六《人物》：家貧嗜學，精易理。著《周易圖書疏》若干卷，象州鄭獻甫序之，謂其貫通全旨，能發前人所未發而能解後人所不解。光緒甲申，學使詹嗣賢復為之序。

◎蒙會牲，原名亶孩，字易生。廣西貴縣郭南里人。諸生。事親以孝稱。

孟光鄒　大易闡義　三卷　佚

◎同治《新化縣志》卷第三十三《藝文志》一：《大易闡義》三卷（邑人孟光鄒撰）。

◎孟光鄒，字嶧來。湖南新化人。幼受讀則過目成誦，人以神童目之。及長，潛心經史，博極群書。所著《五經摘解》《大易闡義》，學使姚頤雪門稱駁辨精明、論斷的確。又著有《孟光鄒文稿》一卷。

孟學中　易解大義　佚

◎光緒重修《嘉善縣志》卷三十《藝文志》一：《易解大義》（戈《志》。國朝孟學中著）。

◎孟學中，浙江嘉善人。著有《易解大義》。

孟應麟　易經膚解　佚

◎民國《紹興縣志資料第二輯‧書目》著錄。

◎孟應麟，字文叔，號西園。浙江紹興會稽人。

閔廷楷 周易集註便讀 十五卷 佚

◎同治《湖州府志》卷六十一《藝文略》六：閔廷楷《周易集註便讀》十五卷（干克襄序）。

◎閔廷楷，浙江烏程（今湖州）人。道光七年（1827）補兩淮角斜場大使，調任武佑場。著有《周易集註便讀》十五卷、《海天秋色譜》。

閔廷楷 周易集注粹言 十六卷 存

上海藏清鈔本

鳴鳳壇鈔傳 心易䑶奧 四卷 存

山東藏清蔡氏刻本（蔡瀛刪訂）

繆篆 周易大象簡義注 存

臺灣文聽閣圖書有限公司 2009 年林慶彰主編民國時期經學叢書本

◎繆篆（1877～1939），原名學賢，字子才。江蘇泰州人。范曾外王父。嘗師從章太炎。早年留學日本。先後執教廈門大學、中山大學。著有《周易大象簡義注》《馬氏文通答問》《英德拉丁法國動字變化表》《老子古微》《顯道》《鄰德》《禮人十一書》《齊物論釋注》《國故論衡子部注》《檢論注》《繆氏考古錄增補》《先祖餘園詩抄校本》《文存》《詩存》等。

牟欽元 周易圖 一卷 存

國圖藏雍正元年（1723）盱眙汪根敬致用堂刻、道光二十五年（1845）重修六經圖說本

◎牟欽元，雍正元年（1723）署河南巡撫，官至太常寺卿。又著有《六經圖說》、《燕趙吟》不分卷、《琅琊草選》一卷。

牟庭 學易錄 佚

◎《雪泥書屋道書目錄》著錄。

◎牟庭（1759～1832），初名庭（廷）相，字默（陌）人，自署鹵蝦道士。山東棲霞人。乾隆乙卯貢生，嘉慶丁卯舉人。官觀城縣訓導。與萊陽趙曾友善。又著有《周公年表》一卷、《先秦宮殿考》一卷、《投壺算草》一卷、《兩

句合與兩股較》一卷、《帶縱和數立方算草》一卷、《雪泥書屋雜志》四卷《遺文》四卷《雜文》一卷、《楚辭述芳》二卷。

牟庭 周易注 一卷 存

濰坊博物館藏道光四年（1824）稿本（存上經）

山東藏民國初山東省立圖書館鈔本

山東文獻集成第一輯影印山東藏民國初山東省立圖書館鈔本

◎《清史列傳》六十九《儒林傳》下二：與郝懿行友善，同研樸學。庭少懿行二歲，懿行每有著述，輒與商榷。庭嘗謂孫叔炎受學康成，而鄭注《士昏禮》曰堉悉計反，從士從胥；又《漢書‧陳勝傳》應劭注沈音長含反；《地理志》應劭注杳音長答反；《項羽傳》注，服虔曰惴音章瑞反；《揚雄傳》注，服虔曰踢音石奚反。應、服與鄭同時，年輩大於叔炎，然則謂反語始於叔炎，非也。懿行以為然。庭博通羣經，兼明算術，尤好今文《尚書》之學。所著書五十餘種遭亂亡佚，獨《詩切》一書首尾完具。

牟應震 周易直解 二卷 存

山東師大藏道光八年（1828）刻本（二卷首一卷）

山東文獻集成第一輯影印道光八年（1828）刻本

◎孫葆田《山東通志》卷百二十七《藝文志》第十：是書刊於道光戊子。卷首《圖說》別為一冊。上卷釋上經，下卷釋下經。但釋卦辭、爻辭，《彖》《象》《文言》皆刪而不錄。又以《繫辭》、《文言》、《說卦》、《序卦》、《雜卦》非孔子作，未免果於自用。其解經兼用納甲、飛伏、歸魂之說，頗能尋漢人之墮緒。其以《說文》訓釋字義，以《詩》、《書》之義證《易》，則精確者居多。惟以爻辭稱公者為周公，自謂似不可通。

◎光緒《增修登州府志》卷六十一《藝文》：歿於道光五年，臨終猶改二爻義之未安者，時年八十二。

◎牟應震（1742～1825），字寅同，號盧坡。山東棲霞人，乾隆四十八年（1783）舉人，官禹城訓導，以青州教授歸。又著有《毛詩質疑》（《詩問》六卷、《毛詩物名考》七卷、《毛詩古韻雜論》一卷、《毛詩古韻》五卷、《毛詩奇句韻考》四卷、《韻譜》一卷）、《夏小正考》、《四書貫》、《胡盧山人詩稿》）。

牟宗三 從周易方面研究中國之元學及道德哲學 六章 存

山東藏 1935 年天津大公報館鉛印本

◎目錄：張東蓀序、自序一、自序二、漢之天人感應下的易學、晉宋的佛老影響下之易學、清胡煦的生成哲學之易學、清焦循的道德哲學之易學、易理和之潔合、最後的解析。

◎牟宗三（1909～1995），字離中。山東省棲霞人。畢業於北京大學，曾任教於華西大學、中央大學、金陵大學、浙江大學、臺北師範學院、東海大學、香港大學、香港中文大學、新亞研究所、臺灣大學。曾主編《歷史與文化》、《再生》雜誌。著有《心體與性體》《才性與玄理》《中國哲學十九講》《中西哲學之匯通》《現象與物自身》《佛性與般若》等。

N

南明信 周易象解 四卷 存

哈佛大學、北大、山東藏乾隆絳州喬佐洲校刻本（前有易經卦爻辨一篇）

山東大學藏清鈔本（二卷）

國家圖書館出版社 2016 年海外中華古籍珍本叢刊·哈佛燕京藏古籍珍本叢刊影印乾隆刻本

◎易經象解序：《易》本明道之書，與《中庸》相發明，蟠天際地，無所不該，其大無外也。自秦漢來言易家始夥，各抒所見各存其說，雖亦闡發所未盡，而於經文訓詁則略而未之詳，不知訓詁未詳，其義焉著？欽定《折衷》取程朱之義理，萃諸儒之箋疏，若日月麗天江河委地矣。但詞深理奧，究非淺學者所易識。塾中所傳誦如《朱註合參》等編，按文訓詁矣，則又辭費而未便於後學，求其言簡義該了無疑義者，未見也。吾鄉可亭先生以聰敏超出之才，博覽羣籍，生平尤嗜易。早經一貫，著有《易經象解》，非第於河洛先後天等圖口講指畫，如數家珍，且別出心裁，視諸儒舊說為更捷，又能於卦之對待流行倒互錯綜無不能之的而抉其妙緣。叩之者眾，久欲付梓以公世，而資無出。志瀛公，學易者也，披閱而奇之，慨然以為己任，囑序焉。余維先生才清嗜古已足風世，茲又嘉惠來學，推取能以能人之所不能，其有功於世為何如也？學者誠能潛心焉，庶幾易理可明而《中庸》亦漸可通矣。況由此而求，則《折衷》不又有進境乎？爰為序之如右。蔬園馮雁題。

南錢子 易解 不分卷 存

復旦藏稿本

◎南錢子，生平不詳。

倪璠 周易兼兩 七卷 存

南京藏清鈔本（丁丙跋）

◎或題九卷。

◎丁丙《善本書室藏書志》：《周易兼兩》九卷，錢塘倪魯玉撰。是書首曰論三古易，次曰易含三義，附錄周易本義八論，三曰總論二十九卦，四曰論易律度，五曰論易曆數，六曰正易正法辨誤，七曰反說成艮說，八曰筮儀，九曰廣師春，十曰廣說卦。大抵發明占筮之義，為漢學之支流。雖雜用緯書，而推闡詳明。由此而讀漢儒易注，洵有裨益。題曰兼兩者，以易雖占人事，兼仰觀俯察為義，蓋取諸《繫辭》語也。惟據序尚有《周易天象賦》一篇，此本無之，殆傳寫者脫佚耳。

◎劉啟瑞《續四庫總目提要》：《周易兼兩》不分卷，鈔本。清錢塘倪璠撰。璠別有《庾子山集注》十六卷，已著錄四庫，入集部別集類。本書分十篇。卷首曰論三古易；次曰易含三義，附錄周易本義八論；三曰總論二十九卦；四曰論易律度；五曰論易曆數；六曰正易正法辨誤；七曰反說成艮說；八曰筮儀；九曰廣師春；十曰廣說卦。大抵發明占筮之義，為漢學之支流。題曰兼兩者，以易雖占人事，兼仰視俯察為義，蓋取繫辭語也。據序尚有《周易大象賦》一篇，此本無之，殆傳寫脫佚。本書於占筮之義推闡詳明，惟雜用偽書讖緯不加別擇，根本漢儒之說不分家法，此在清初諸儒往往有之，固不獨璠為然也。然由此書以讀漢儒易注，亦不無裨益云。

◎胡玉縉《四庫未收書目提要續編》卷一：《周易兼兩》九卷，錢塘倪璠撰。璠有《庾子山集注》，《四庫》已著錄。是書首論三古易，次易含三義，附錄《周易正義》八論，次總論二十九卦，次論易律度，次論易曆數，次正易正法辨誤，次反兌成艮說，次筮儀，次廣師春，次廣說卦。大抵發擿占筮之義，為漢儒之易，非宋儒之易。雖雜引緯書，如易止有變易一義，簡易、不易皆非其義，不能有所辨正，而推闡詳明，悉根據舊義，迥非肊說者可比，頗足以資參考。其名「兼兩」者，以易雖占人事，兼仰觀俯察為義，蓋取諸《繫辭》語也。此江南圖書館所藏鈔本，據序尚有《天象賦》一篇，此本已佚，未知藏書

家有無別本可以校補也。

◎毛奇齡《經問》卷十八：康熙四十一年，淮安閻潛邱挾其攻古文書若干卷名曰《疏證》，同關東金素公來，亦先宿姚立方家。而後見過，但雜辨諸經疑義，並不及古文一字。次日復過予，時金素公、沈昭嗣、倪魯玉、姚立方俱在座。

◎倪璠（1654～？），字魯玉。浙江錢塘（今杭州）人。康熙四十四年（1705）舉人，官至內閣中書舍人。與萬經、徐倬、毛奇齡、聶晉人、錢宮聲、尤侗、閻若璩、沈昭嗣、金素公諸人等人為友。又著有《神州古史考》、《庾子山集註》、《方輿通俗文》、《武林伽藍記》等書。

倪濤 周易蛾述 七十二卷 佚

◎一名《周易四尚》。

◎周易蛾術凡例〔註1〕：

《繫辭傳》云：「以言者尚其辭，以動者尚其變，以制器者尚其象，以卜筮者尚其占。」《易》有聖人之道四，此為兼總之書，缺一不可者也。《困學紀聞》云：「初九潛龍，辭也；有九則有六，變也；潛龍，象也；勿用，占也。」輔漢卿謂：「《易》須識辭、變、象、占四字。」

《易》之所謂辭，即理也。《易》注之說理，至程子、朱子至矣盡矣。然朱子《本義》專為象占而作，則言理者舍程子其誰歸哉？朱子曰：「自秦漢以來，考象辭者泥於術數，而不得其宏通簡易之法；論義理者淪於空寂，而不適乎仁義中正之歸。求其因時立教，以承三聖，不同于法同於道者，則惟伊川先生程氏之書而已。」朱子之推崇程氏如此，故此書于尚辭之下多載程子，但《易傳》太繁，不能備載，則依元儒李蒙齋所節之本而錄之。又佐以漢、宋、元、明諸儒之說，亦取其不悖經史垂世立教者，其間或有異同，俱注明於附錄之下，以便誦習。尚辭之後低一字書者曰附錄，集諸儒之別解也。魏鶴山云：「聖人之道，如置樽衢中，取之不禁，隨其淺深高下皆足以自得，寧可拘以一律哉？」

漢儒多言象變，未免穿鑿，王輔嗣斥之于前，程伊川辟之於後，而馬、鄭、荀、虞之學幾亡矣，其見於唐李氏《集解》者，寥寥數語。其餘言變言象者，某以淺陋，未嘗備見。所得全窺者，宋朱子發之《漢上易傳》、明來矣鮮

〔註1〕錄自汪惟憲《積山先生遺集》卷七。

之《梁山易注》、昭代毛晚晴之《仲氏易》三書而已，故收錄者止此三家。其間或有分析，亦因文立義，未敢輕為剪截也。至宋元諸儒，如項平甫、胡云峰等所說經義，亦有涉象變者，偶有所見，亦并載焉。

王氏炎曰：「焦延壽、京房、孟喜之徒，遁入于小數曲學，無足深誚，而鄭玄、虞翻之流，穿鑿附會，象既支離，理滋晦蝕。王弼承其後，遽棄象不論，後人樂其說之簡且便也，故漢儒之學盡廢，而弼之注釋獨傳於今。」陳氏振孫曰：「自漢以來，言易者多溺於象占之學，至王弼一切掃去，於是天下宗之，餘家盡廢。然弼好老氏，魏晉談玄，自弼輩倡之。易之道四而去三存一，豈足為訓？」丁氏易東曰：「漢去古未遠，諸儒皆以象變言易，言象變而遺理，不可也。輔嗣一掃而去之，夫以其遺理而去之可也，并象變而去之，則後之學者不知三聖命辭之本心矣。」某觀三先生之評王注者，可知得意忘象之多漏矣。夫日月與山水皆天地之象也，日月有日月之象而後晝夜成，山水有山水之象而後林澤美，若盡舉而空之，則昏冥晦塞，豈復知天地耶？易為卜筮而作，故其辭必根於象數。先儒云：「偏於象占而不說義理，則于易之義不明；偏于義理而不及象占，則于易之義不備。朱子《本義》之作，所以補程《傳》之所未足也。」前輩之論如此，而今之宗《本義》者，乃盡刪去象占而專言義理，似與朱子之意不相符合。某竊病之，故列《本義》于尚占之下，亦欲以發明朱子之本意。

安溪李氏曰：「閒嘗論易之源流，四聖之後，四賢之功，為不可掩。」蓋自周子標太極之旨，邵氏定兩儀以下之次，而伏羲之意明；程子歸之于道德性命之要，其學以尚辭為先，而文、周之理得；朱子修而兼用之，又特揭卜筮以存易之本教，分別象、占以盡易之變通，於是乎由孔子以追羲、文，而易之道粲然備矣。故某此書於象、占不敢遺焉。

朱子嘗言：「《易》最難讀，以開卷之初，先有一重象數，必明象數而後《易》可讀。」則卦象之圖，不可廢也，故列鄭東鄉卦圖於卦下，雖取義不同，亦可互相印證。卦主者，卦之所由以成者也。知卦主，則知卦義矣，故載義例之說于卦辭尚辭之下。《象傳》中有剛柔上下往來之文，故儒者爭言其所從變，此卦變不可不知也，故備列諸家生變之圖于卦辭尚變之下。六十四卦之中各有互卦，言象者多取之。漢上云：「互卦之義，不可不講也。」故取《易裨傳》之《互卦圖》、《三易備遺》之《互卦說》列于卦辭尚象之下。朱子《易學啟蒙》每一卦變六十四卦，卦各有圖，然其圖太多，不能悉載，故取林氏之

圖，以一爻之變例六爻之變，觀者可以舉一反三也。又世應納甲本京氏之學于易義無關，然朱子已取分宮卦象次序列于《本義》之首，而朱漢上《易傳》亦多引納甲為說，是亦易中之一事，況今卜筮之家又以此定吉凶者乎？故列三圖于卦辭尚占之下。

卦氣之說，今讀《易》之家皆所不講。然朱子於十二辟卦，俱注曰「某月之卦」，則卦氣之說，朱子亦所不廢。況臨之八月、復之七日皆卦氣也，儒者可不知乎？故載卦氣之說，而附以《太玄》之所擬者。

濂洛關閩性理諸書，俱從《周易》衍出，所謂道學也。雖程朱語錄不能備載，而《觀物內外篇》、《通書》、《正蒙》等書多與易義相關。今摘其言易者，附于諸卦諸爻之後，或可以見四聖之心傳歟？

夫學欲博而不欲雜，眾言淆亂則折諸聖，善乎歐陽氏之論古也！君子之說如彼，聖人之說如此，則舍君子而從聖人；眾人之說如彼，君子之說如此，則舍眾人而從君子。欲經緯以合宜，必搜羅乎眾美，而後斟酌古今，折衷盡善也。楊誠齋說易，每爻引一古人作證，郝氏敬譏之曰「以此為初學舉一隅則可，以此證易，所失甚多」。某謂引證雖不足以盡易，而未始非易之理也。惜胡五峰之說止於剝卦、楊誠齋之說未見全書，故于諸爻不能悉備，但遇說易之家有引及史事者，見輒錄之，雖于易義不能盡合，然亦可見易之包舉萬有也。

今日部頒經書，天下同文矣。然自漢諸儒，家自為師，所傳字義句讀每多不同，故史傳文集所引用者各有承襲，人驟見之未有不疑為錯誤者。茲錄陸氏《釋文》之說，俾人知古人用易，各有所本。

《本義》首列六圖，本之邵子，寔出于陳圖南者也，朱子極為表章，見於《啟蒙》諸說。同時則林黃中、袁機仲攻之，後世則宋濂溪、歸震川議之，薛文清亦云「程子之易主孔子，朱子之易主邵子」者，亦以此也。然則朱子之欲更定《本義》而未能者，未必不因乎此。故某分載六圖於《繫辭》、《說卦》本文之下，備載朱子之說，而附錄諸家之說於其後。如林如袁，人皆指為異端，其書不可見矣，今所載者黃東發、宋濂溪、歸震川諸人之書耳。非敢悖朱子也，特恐人以尊朱之故，誤認陳圖南之圖為伏羲氏之圖，而駕于文王、孔子之上也。

蘇東坡《易傳》，貫六爻之義以立說，頗多奇創，但與諸家易說迥然不同。今講義所取者不過摘其一二語與傳意相近者而已，若全錄之，不免為今人所

怪，故但依諸家所采者錄之。

林黃中博通經學，所著《經傳集解》，未必無當，特以其與朱子相攻，故其書不行於後世耳。其時楊敬仲慈湖有《易論》、黃中有《易解》，或曰「林黃中文字可毀」，朱子曰「卻是楊敬仲文字可毀」，似朱子未嘗盡非之也。特全本未見，見於《大全》者，得一遺十，雖非其大旨之所在亦存之。

楊誠齋《易傳》，向合程《傳》并行，名曰《程楊二先生易傳》。至胡雙湖《纂注》竟無片字及之，論者遂謂楊《傳》足以聳動文士之觀瞻，而不能使窮經之士心服。然楊氏士奇則曰：「此書本程子，其於說理粹然，而多引史傳為證，則其說不可廢也。」今未見全本，第于《學易記》所采者盡錄之。

郭白雲《易說》，白雲名雍，賜號沖晦處士，謚曰頤正先生，兼山先生郭忠孝之子。魏鶴山以忠孝學于程氏，自黨論起，絕跡程門，歿不設奠，故廢其書并其子雍所著《白雲易》黜之。然兼山歿于王事，白雲徵辟不起，大節凜然。楊氏士奇曰：「頤正先生于《易》發明精到」，今《折中》亦多採取，則其說何可沒也。但其書浩繁，不能盡載，今錄十之三四。

朱漢上《易傳》，《大全》及《折中》俱采入，僅取其說理者而已，至言象變之處概置不錄。然其作書之意則專主象變也，特取意艱深頗費思索，易理廣大，安可不存此一種？故十錄其七八。

《周易折中》所輯諸說，理極精純，義極正大，謹錄于尚辭之下，以為說經者標準。

來矣鮮《易注》，稍用漢儒之說，頗為後儒推許。然以錯綜言易，取象太廣，本卦兩體既有錯綜，中爻兩體又有錯綜，且言爻變更有錯綜，則一卦之中八卦皆具，以此言象，何象不可取乎？又多采舊人之說為己說，以非朱子，并以先天圖為伏羲氏圓圖，以證卦辭，俱似未穩，故僅載十之一二焉。

《仲氏易》，蕭山毛晚晴奇齡所著也，其書不宗程朱《傳》《義》，宜為世人所不道。然其論涉新奇，而理亦深穩，不襲前人之言，自成一家之說。且疏一爻則貫穿六爻，立一義則照應全部，雖為名士之書，未可謂全乖易理也，故於此書附錄於象變之下。至其詆訶古人，獨伸己見，則此書之病也，概削之。

◎周易蛾術自序〔註2〕：古人之學，學苦其繁；後人之學，學病其陋。古人自束髮受經，至白首而卒業者，窮年矻矻，廢食忘寢。聞一家之說，必參考

〔註2〕錄自汪惟憲《積山先生遺集》卷七。

眾論，以求其是；成一氏之書，必采擇眾言，以要其中。夫然後乃得為專門名家，而其書傳世行遠，歷久彌新。是古人之學非好繁也，由博反約，其工夫必積累而成，其學術必由勤苦而得也。《大易》傳注，卓卓不朽者無慮數十百家，自費直以《彖》、《象》、《文言》參入卦中，而陳元、鄭眾之徒皆祖之，馬融、荀爽并為傳，鄭玄、王弼并為注，至唐孔穎達以王弼不主象數而主理，乃本之作《正義》。迨宋而邵子專言數，程子專言理，朱子《本義》則理數兼明，至今學官尊焉。竊嘗思之，朝廷之取士莫先於科舉，科舉之程式莫大於尊經。經之傳注不畫一，則無以一道德而同風俗，其弊也勢必戶自為說家自為書，眾言朋興，迄無定論。故《易本義》之列於學官，猶規矩之陳而不可越，繩墨之設而不可踰，而未嘗謂《本義》之外禁棄一切，使夫學者閣束不觀，茫乎不得其所從來者也。宋司馬氏有言：「經猶的也，一人射之，不若人人射之，期於中者多爾。」是故天地未判，道在天地；天地既分，道在聖賢；聖賢之歿，道在經傳，此豈細故也哉？凡自千百年來，融經會傳，羽翼大道，辭象昭然，與易理足發明者，皇極藉以建，彝倫藉以敘，人心藉以正，日用起居動靜之理藉之以決疑從是，倘概置之勿道，其何以通一經耶？一經不明，又何以研諸經耶？此皆後儒自錮其聰明，而謂功令使趨之至於簡陋也，過矣！某不敏，未敢謂邃通易理，然自《本義》而外，足以表章聖經者，往往搜輯采擇，條分派別，釐為七十二卷。書雖掛漏，或自此而求之，沿流遡源，於四聖四賢之旨未必竟無當也。夫辭本於象，故曰「君子居則觀其象而玩其詞」，況「天一地二」、「易有太極」二章并言數之所自始。朱子嘗曰「易只是為卜筮而作」，故《本義》之中專言象占，而蒙師俗儒一切刪抹，是為遵《本義》而悖《本義》，尤某之所不敢知者也。撰錄既成，取《記》云「蛾子時術」之義，以名是書。蛾子初生小蟻也，亦時時術學啣土之事，而後成大垤。為學之道，自小學以至大學、小成以至大成，豈一朝一夕之故哉？至於鄙意所未盡者，於凡例備言之。

◎李格《杭州府志》卷一三八：倪濤字山友，錢塘人。幼聰穎，過目不忘，嗜讀書，榜其齋曰『蛾術』，於四部之書無所不窺，銳意著述，考史傳同異、六書源流、秦漢以來金石文字，次第編纂，貧不能致鈔胥，與其子棠手自繕錄。室無斗儲，而家人相對訢然，以鈔書為樂。後乃專於治經，撰《周易四尚》，分辭、變、象、占，折衷諸儒之說。謂先天後天河圖洛書位置巧合，但以陳摶之圖而竟指為伏羲先天、以孔子之言而反目為文王後天，則近於僭；

有河圖而謂伏羲因以作易，有洛書而謂神禹因以演疇，則近於鑿。注釋愈多，攻辨遂起，因分載六圖於《繫辭》、《說卦》之後，而附以諸家之辨，自比於春秋調人，識者蚩之。以歲貢生授遂安訓導，老病乞歸，年八十餘卒。所著書多散佚，其存者得七百二十六卷（《武林道古錄》）。

◎潘衍桐《兩浙輶軒續錄補遺》卷一：倪濤字山友，號崐渠，錢塘人。《府志》：「濤幼聰穎，過目不忘，嗜讀書，榜其齋曰『蛾術』，於四部之書無所不窺，銳意著述，考史傳之同異、六書之源流、秦漢以來金石文字，次第編纂，貧不能致鈔胥，與其子棠手自繕錄。室無斗儲，而家人相對訢然，以鈔書為樂。後乃專於治經，撰《周易四尚》，分辭、變、象、占，折衷諸儒之說。謂先天後天河圖洛書位置巧合，但以陳摶之圖而竟指之為伏羲先天、以孔子之言而反目之為文王後天，則近於僭；有河圖而謂伏羲因以作《易》，有洛書而謂神禹因以演疇，則近於鑿。注釋愈多，攻辨遂起，因分載六圖於《繫辭》、《說卦》之後，而附以諸家之辨，自比於春秋調人，識者蚩之。」《武林道古錄》：「濤性簡靜，見人訥然如不能言，人亦罕知其學者。年八十餘卒，所著書多散佚，其存者得七百二十六卷。」

◎蔣光煦《東湖叢記》卷一：山夫又著有《周易蛾術》七十四卷，有自序。又《文德翼傭吹錄注》及刊削《水經注》、《倪氏鈐說》諸書。吳城云：山夫以貢生任遂安司訓，年八十餘終。

◎《皇朝文獻通考》卷二百十二《經籍考》二：《周易蛾術》七十四卷，倪濤撰。濤字崐渠，錢塘人，歲貢生，官遂安縣訓導。臣等謹按：是書原名《四尚》，四尚者即尚辭、尚變、尚象、尚占。每節首列本義，次以四者為綱，而采綴諸說於後，又次則卦主體用，性理引證四條，其他如納甲卦氣、圖書方位，亦備列之。

◎汪惟憲《積山先生遺集》卷一《同陸譽凡金雨叔侄久征過倪山友新居納涼尚未遷》（摘錄）：脈望窺殘簡，蟫蛸避屋椽。魯魚徵舊史，篆隸出名箋。詎比腥羶逐，聊同文字筵。

◎汪惟憲《積山先生遺集》卷二《倪丈山友讀書圖》：秋樹根邊風疏疏，石上執卷者誰歟？經師不遠在比閭。頭白無異就塾初，朝吟夕諷自唱於，如筑執削農執鋤。曹倉柳篋忘勤劬，奚止茂先三十車。窗前滴墨復研朱，手腕脫矣丐公徐，抄錄豈肯煩小胥。年來慵更籤蟲魚，羲、文、周、孔為菑畬。我嘗問字頻造廬，儉腹亦得嘗膏腴。鐘因人叩為舉隅，謙退寧自謂有餘，通天

地人始為儒。嗚呼，先生讀書真讀書，讀書之樂樂何如。

◎汪惟憲《積山先生遺集》卷七《述倪山友著書》：

同學倪君山友，名濤，一字崐渠，元儒道川先生後裔。道川先生居休寧之隱塘，其自隱塘遷杭州，則山友之祖國勳先生始。山友幼聰穎過人，長而博極群書，過目輒不忘。為人謙謙然若不足，懷材抱器，無所遇合，山友一無介意，日以文史自娛。筆墨之緣，老而彌篤，其撰述則有文燈巖《傭吹錄注》二百餘卷、《周易述》百卷、《周易蛾術》七十二卷，皆托亡子棠字惠南以存其書，而不欲自有其名。棠故學于余，頗嗜讀書，有《漢書錄雋》十卷，惜其不壽，中道而夭。山友抱西河之痛，凡所著錄署棠名，所以寄千行之淚，解無益之悲也。余年十八即與山友連牀山館，飲食教誨待余不異親昆弟。蓋山友與余非友也，兄也；亦非吾兄也，吾師也。比年又以所居同巷，有疑必相質，山友為之剖別，證據今古，曾不吝惜。自恨陋劣，無能為役，楊修《答臨淄侯箋》所謂「見西施之容，歸憎其貌者」矣。

《周易蛾術》一書，較《周易述》尤簡要，其中發明，極有條理。大概以辭、變、象、占四字為綱，而件係先儒名言偉論，參以己意。其《序》曰，《凡例》曰云云〔註3〕。

山友之論易，反復詳明如此，其於此經，可謂三折肱矣。余嘗讀宋文憲公濂文集，而有味乎其言也，曰：「治古之時，非惟道德純一而政教修明，至於文學之彥亦精贍宏博，足以為經濟之用。蓋自童丱之始，十四經之文，畫以歲月，期於默記。又推之於遷、固、蔚宗諸書，豈直覽之，其默記亦如經。基本既立，而後徧觀歷代之史，察其得失，稽其異同，會其綱紀，知識益且至矣。而又參于秦漢以來之子書，古今撰定之集錄，探幽索微，使無遁情。於是道德性命之奧，以至天文地理、禮樂兵刑、封建、郊祀、職官、選舉、學校、財用、貢賦、戶口、征役之屬，無所不詣其極。或廟堂之上有所建議，必旁引曲證以白其疑，不翅指諸掌之易也。自貢舉法行，學者知以摘經擬題為志，其所最切者，惟四子一經之箋，是鑽是窺，餘則漫不加省。」嗟乎，此言真中學者之病！若吾友山友，發種種矣，而不廢箋述若此，雖不見之於經濟，是亦所以濟世也。

余晨夕登山友之堂，見其牙籤滿架，手披目覽，抄謄幾愁腕脫。然後知讀書之可樂也，然後知余之不學為可恥也。山友作書，雖匇遽及與卑幼，未

〔註3〕此下與上引自序、凡例同，不贅錄。

嘗一筆作行草勢，其恭謹處姑舉一端，而他可以例推。

近又取古人事蹟前後相類、語句相同者，略分門戶，注釋百餘卷，名曰《破虮錄》。雖其高才似不費力，然求之吾黨，罕有倫比焉。晚年手注《六藝之一錄》，自秦漢鐘鼎款識，至有明大家法書碑板，可考者悉載無遺，共三百卷，藏於家。

◎金姓《靜廉齋詩集》卷一《倪山友濤先生小照》（倪注《傭吹錄》一百卷、著《周易四尚》七十四卷。丙辰）：秦時松樹千章植，中有幽人研道德。陰崖草屋風蕭蕭，硯水自生山石泐。先生宛在東牆東，蹤跡不同風致同。五千文字掃除盡，想見一畫開鴻蒙。世間何物縈懷抱，此生甘向書中老。莫輕爾雅注蟲魚，只笑童蒙拾香草。賢良文學公車徵，蜩鳩喜得隨鯤鵬。似聞病鶴作人語，丹霄萬里愁騫騰。名山事業憑相付，副在京師傳掌故。即今空自帶經鉏，石室之藏孰緘固。已知高拱謝浮名，不能免俗心怦怦。強箭難穿魯縞破，寸莛欲發洪鐘聲。先生把卷睨後生，霜天那忽蒼蠅鳴，眼前圖史陳縱橫。

◎金姓《靜廉齋詩集》卷十六《閑中雜詠》（其六）：世業真堪嗣帶經，畢生著述半飄零。侯芭傳得存窮巷，劉向編來貢大廷。一藝專精書告備，六丁待取易通靈。誰能更借吹噓力，褒賞儒官示典型。（故遂安訓導倪山友濤先生著《周易四尚》七十四卷、《六藝之一錄》四百一十八卷，子孫凋落，書藏甡家者垂二十年，今上之四庫全書館，幸得採錄。）

◎金姓《靜廉齋詩集》卷十七《醉倪山友先生墓》：爭看著述滿家存（著書十七種，共七百二十卷），誰測崐渠（先生別號）星宿源。《六藝》一書應告備，三才四尚共探玄。未堪王粲傳文籍，聊比侯芭受法言。藉手總教登秘府，奠觴猶不愧陳根。

◎金姓《靜廉齋詩集》卷二十《題倪山友濤先生碑陰》：崐渠注海，孰窺津涯。先生著述，其書五車。貢之天府，副在王家（所著《周易四尚》、《六藝之一錄》二種，昔於癸巳歲為上之書局，已徵採錄。甡歸田時，將局付收照呈履邸、質邸，俟局竣檢取原稿分藏）。揚雄無後，傳者侯芭。

◎趙昱《愛日堂吟稿》卷十二《山友過訪卻寄》：先生胙枕得心安，兩鬢蒼顏歲月寬。老去何妨讀《周易》，人間憂患不相干。

◎乾隆《杭州府志》卷五十七《藝文》一：《周易蛾術》七十四卷、《周易圖說述》九卷（國朝遂安訓導錢塘倪濤崐渠撰）。

◎四庫提要：其書於每卦中分尚辭、尚變、尚象、尚占四類，各采錄舊

說發明之，故又名《周易四尚》。其言義理多以程《傳》為主，其言象占則遵馬、鄭、荀、虞之說，而自稱折衷於朱子。然以世應納甲列圖於每卦之前，乃京氏之學，非朱子之學也。所引諸書往往止載姓氏而未錄其辭，蓋亦編纂未成之稿本耳。

◎倪濤（1669～1752），字崐渠，一字山友。祖籍安徽休寧，後寄籍浙江錢塘（今杭州），子孫遂為錢塘人。與杭郡厲鶚、杭世駿、丁敬、梁文濂、倪國璉、汪惟憲、趙昱、吳焯、汪師韓、金姓等相師友。著有《傭吹錄注》二百餘卷、《周易述》一百卷、《周易蛾術》七十四卷、《周易圖說述》九卷、《南北史匯類鈔》二十四卷、《破虱錄》一百二十卷、《異聞合璧》二十四卷、《六藝之一錄》四百六卷《續編》十四卷、《水經注類鈔》、《武林石刻記》、《文房四譜》四種。

倪濤 周易述 一百卷 佚

◎潘衍桐《兩浙輶軒續錄・補遺》卷一引《武林道古錄》。

倪濤 周易圖說述 九卷 佚

◎乾隆《杭州府志》卷五十七《藝文》一：《周易蛾術》七十四卷、《周易圖說述》九卷（國朝遂安訓導錢塘倪濤崐渠撰）。

倪象占 周易索 一卷 存

天一閣藏稿本

◎阮元《兩浙輶軒錄補遺》卷八：與陳旭峯之綱、周竹崖光裕、邵雙橋洪、阮實崖增榮諸先生有金蘭之契，而學益精進。

◎倪象占，初名承天，字九三（韭山），晚年自號佩絃居士。浙江象山丹城（今寧波）人。乾隆三十年（1765）南巡迎駕，拔優貢，分纂《大清一統志》。任嘉善訓導十二年，卒於官。又著有《抱經樓藏書記》無卷數、《蓬山清話》十六卷附《九山類藁》二卷、《九山詩文》二卷、《近稿偶存》一卷、《青橢館集》五卷、《鐵如意詩稿》一卷、《青橢館詩鈔賦稿》三卷《詞稿初鈔》一卷。

倪象占 周易索詁 十二卷 首一卷 存

國圖、北大、上海、南京、遼寧、湖北、浙江、中科院藏嘉慶六年（1801）

順受堂刻本

四庫未收書輯刊第三輯影印嘉慶六年（1801）順受堂刻本

◎目錄：首一卷：卦目圖、反對圖、八卦立體圖、八卦運行圖、陰陽變化圖、卦變象主圖、大卦圖、十辟圖、互卦圖。卷一乾、坤、屯、蒙。卷二需、訟、師、比、小畜、履。卷三泰、否、同人、大有、謙、豫。卷四隨、蠱、臨、觀、噬嗑、賁、剝、復。卷五無妄、大畜、頤、大過、坎、離。卷六咸、恒、遯、大壯、晉、明夷。卷七家人、睽、蹇、解、損、益、夬、姤。卷八萃、升、困、井、革、鼎。卷九震、艮、漸、歸妹、豐、旅。卷十巽、兌、渙、節、中孚、小過、既濟、未濟。卷十一繫辭上傳、繫辭下傳。卷十二說卦傳、序卦傳、雜卦傳。附：自序一首、復蔣樗庵書一首。

◎周易索詁序〔註4〕：易以文著道者也。道何在？在包羲則取天地之數以為畫而名舉，在文王則演包羲之卦以成象而義開，在周公則師文王之象以計爻而變備。皆文也，皆道也，皆藏其道于文而假教于筮史以前民用者也。所以然者，天下大矣，人民眾矣，萬事紛矣，既非若《書》之謨訓、《詩》之風喻、《禮》與《樂》之節文度數，在在可指事而陳，而假畫成文，準天地之道以道之，而其用無窮其教彌廣，則道之昭垂殆未有過于此者矣。然自周之東見于傳者，惟韓宣子在魯見《易象》與魯《春秋》而嘆，則是其道之所識在人者，殆惟當時筮史乃職守此文爾。噫，小矣！且筮史用數占事、即事效神，而神不可測，幾若聖人姑設一象一辭云云，而自符應天地未來之大道者，則其跡既幻，其辭轉懸；其象既無所取，而其數轉散而無紀，宜其道之日流于術而專指《易》為卜筮之書也。孔子曰：「文王既沒，文不在茲乎？」蓋謂是道也。自包羲以來，聖聖相傳為文字之本立言之教，至我周而彌見宏且密之具于此者也。故于《象辭》則詳以析之而未盡包羲仰觀俯察之旨也，則為之極推其名類而未盡，學者持身應世之要也，則為之舉大象以抉示內聖外王之矩範。于爻辭則約以提之而未盡《象》《繫》之縕也。則略舉《文言》為之涵泳其歸趣而未盡陰陽變化之本根也，則為之上下傳以窮其廣大而闡其精微，與命名之體例，用占之遺法而又為之《說卦》以博其象，為之《序卦》以貫其篇，為之《雜卦》以補其反對之局兼存之義，此先儒所謂十翼也。而後易之道

〔註4〕又見於民國《象山縣志・藝文考目》，末有案云：是書刻本甚精，每卦爻雜取漢宋各家卦變、爻變諸說，有一爻再三變者，所詁義說又不盡出象變，其欲合程子《易傳》、朱子《本義》而為一書者歟？

于是乎彬彬矣。是故易有古本，以彖爻之辭自為一編者，所以存筮史之舊也。所謂動則觀其變而玩其占者也。應占以事道在知來者也，所謂蓍之德圓而神者也。今本以《翼傳》分附彖爻下者，所以明孔子之易學也，所謂居則觀其象而玩其辭者也。原辭于畫道在藏往者也，所謂卦之德方以智者也。夫來無定跡往有明文，故神不具論。且論聖智，智藏于密而文成焉，文依于數而道顯焉，彼此相因，條條秩秩，辭無泛設，咎斷如分，其惠吉逆凶則《書》之謨訓也，托物引類則《詩》之風喻也，上下有位、時稱而和則《禮》之節文《樂》之節度也，而旌善懲惡則又《春秋》屬辭比事之大凡也。賾不可惡，動不可亂，取畫以籌之，按圖以檢之，據變以索之，援象以校之，因名指事，彖經爻緯，數極循環而文之，所由乃確然其可會。湛然其至清也，是故无與于筮史，而筮史之所不能測其神者也。小子不揣，竊用心者八年于茲，亦似于注家之外可備一解者，然意欲伸而未能悉達，語欲減而不覺已煩，日月其馳，所得僅此，無以進也，用是繕錄成帙，就正同好為讀易之問，不知有當于大道之萬一否也？大清嘉慶三年歲次著雍敦牂之壯月壬辰朔十有五日丙午，象山倪象占謹撰。

◎復蔣樗庵書：己未二月日某拜復樗庵先生侍者，去冬協兒回署，得奉手教，幸甚。詳審起居，知抱恙中扶杖出見，慰誨溫至，何敢當，何敢當！易稿兩函，前啟留之左右，不拘時日，賜覽開示，希有引言。誠以不急之務，不如是則恐未暇究其始末、診其脈絡耳。不圖伏枕之際，半月之間，頓煩神慮，遽已付下也。惠教殷殷，標明趣向，略摘象由，謂其過拘，良中鄙病。但謹察誨言，似怪其不從王氏《略例》而無端又立名目者，又似疑其舍順文之解釋而無端轉求隱賾者。然也而未盡然也。何以言之？王氏之例自鍾會創始以來，無論當日荀顗如何相難，其便人也固已久矣。況自此分門，前儒之相從裁正，更醇且備。即辭求理，美矣富矣，有何不足？而于廣大場中別尋蹊徑，正以得魚忘筌、得兔忘蹄，有一轉語耳。何者？聖人之智，動無不照，垂之為言則言皆有實。易前民用，故隨爻擬議；諸象雜陳，教人類推。其可忘者，在言得而理具。猶之引《詩》者，斷章取義耳，若專解詩義，則當云是為美某人而作是為刺某人而作，鳥獸草木皆有會心，非泛然也。故《詩》則見物比興、《易》則因卦見象，例雖不同，而引言之本當先得據則一也。今謂盤有魚兔，甘之而已，叩筌問蹄，拘則必泥，是魚可不必筌得也，兔可不必蹄得也。魚不筌得則魚方游泳于清泠之淵，兔不蹄得則兔亦跳躍于閒曠之野。言不象得則少之

可簡于中，多之可溢于外，又何必安排布滿此六十四卦哉？且易注自卜子以下，按之朱氏《經義考》中所列已一千五百餘家，其以為同歟，則數家外不必有言矣；其以為異歟，則無許多異理也。然而人有所見，見各不同，不欲嘿嘿，聊復申意，亦其大較也。蓋決科則義取所準，所以壹誦習也；解經則心期所會，所以盡推測也。往者自卓立，來者亦無窮；操五穀而同治饗，殽養一身而各資饘飲。若云唐宋元明，其義具足，不須再求，則明人說易，有直謂孔子于羲、文不嫌影略者矣，其然豈豈其然？王氏末流遂至于此。此鄙見所由據翼傳以求象爻，拘經例而不拘各家之注例者也，是以不引舊注者，吾自有吾之脈絡也。其同也，非襲之而同也，不辨舊例者人自有人之始末也；其異也，不妨其各異也。伏承所標，試其反覆以報，何嘗不趣向了然？然亦或經營已歷，而必彼非此是，則又以經義起爭端矣。日月在天，要不過大家懸度定其日至，是以歲差不準則累更之，所以然者，中自有步算也。若其不然，則唯之與阿相去幾何？況自屬稿以來，謬惟籌運奇耦，固已積紙盈寸，迨至數與算符，因而言象，並得譬之律呂，相取相生，旋相為宮，合成一局，體物不遺，雖未敢謂賾即能探、隱即能索，而有此一解，庶幾其存之為同志者告耳，故不望人人之即見是也。鄙序一篇，初以不敢前列，因傚漢儒注家之例，附書于末，亦過拘之一也。想未照及，故復錄呈之，並申鄙見所在，然非先生之諒直，亦何由使之罄其愚而縱之言乎？益多矣，敢不陳謝？春來牙痛月餘，舊已落二，茲復動搖，勢將繼之。氣強力盛之慰，何以能然。伏惟先生頤養多方，隨時履吉，天涯比鄰，承示不遠，用慰企懷。謹此奉復，希鑒不宣。某再拜。

◎光緒《嘉興府志》卷八十《經籍》一：倪象占《周易索詁》十二卷（卷首列卦目圖、反對圖、八卦立體圖、八卦運行圖、陰陽變化圖、卦變象主圖、大卦圖、十辟圖、互卦圖。其復蔣樗庵書云據翼傳以求象爻，拘經例而不拘各家之注例；其自序又謂按圖以檢之，據變以索之，援象以校之，因名指事，象經爻緯，數極循環而文之，所由乃確然可會。蓋已道其所自得也）。

◎民國《象山縣志・藝文考目》「《彭姥詩蒐》十二卷清倪勵編」條：其淵源有自焉。尊甫九山先生，博洽經史，精於著述，所著《周易索詁》一書，頡頑《傳》《義》。

◎民國《象山縣志・先賢傳》四：（乾隆）五十三年……越二年，纂《周易索詁》，於注家外別備一解，有以為過於費神者，曰：「吾司訓，著書，吾本

職事也。」積八歲而成。適歙縣鮑廷博過訪，即屬其書局梓之（按今《知不足齋書》無此書，蓋別行）。

倪以埴 易說諸說異同考 佚

◎光緒《重修嘉善縣志》卷二十四《人物志》六《文苑》：著有《四書諸說異同考》《易說異同考》《斜塘竹枝詞》《銀簾館集》。

◎倪以埴，字心培，號默卿。浙江嘉善人。倪景點子。國子生。鄉薦不售，遂棄帖括，矢志經學。考據博洽，兼精天文地理雜學等書。與龔自珍、朱慶祺、汪世樽等以文字論交。

聶鎬敏 易理象數合解 二卷 存

道光二年（1822）思誠堂刻聶氏叢書本

國圖藏清賜書堂四種本

◎自序謂秦漢迄今，言易者凡二千餘家，而言理者多遺象數，言象數者多悖理，故以所得於心者，為圖為解，故其書欲使易理與象數兼明，以矯漢人及宋儒之流弊。

◎歐陽厚均《嚴州府知府聶京圃同年墓誌銘》（道光乙未）〔註5〕：著有《賜書堂詩賦》、《守嚴雜誌》、《松心居士詩》二集、文二集，《易理象數合解》、《讀經析疑》、《論孟中庸說約》、《談經瑣錄》梓行於世。

◎聶鎬敏（1772～1834），字豐陽，號京圃。世為江西清江人，太高祖應禪僑寓湖南衡山縣城，遂家焉。嘉慶六年（1801）進士，選庶吉士，授編修。擢右贊善，遷中允，視學安徽，以整飭士習、釐正文體為己任。甫數月，丁外艱歸。所選刻《試牘》及《皖江采風錄》，操觚家奉為圭臬。起復仍補左中允講官，擢洗馬，改兵部郎中，俸滿保舉繁缺知府。年五十有一，奉旨授浙江杭州府遺缺知府，後補嚴州府，蒞任五載。年五十五引疾歸。杜跡不履公庭，惟以循陔色養、閉戶著書為事居。與弟銑敏同官詞垣，均負時望。又著有《古本大學通解》二卷、《論語說約》二卷、《中庸孟子說約》二卷、《讀經析疑》二卷、《宮商角徵羽古聲》一卷、《五聲述古》二卷、《韻學古聲》五卷、《安徽試牘》一卷、《賜書堂詩賦》、《守嚴雜誌》、《松心居士詩》二集文二集，《談經瑣錄》、《賜書堂經進初稿》、《館閣詩賦》。

〔註5〕摘自歐陽厚均撰《歐陽厚均集》。

聶銘 周易說匯 十卷 佚

　　◎同治《六安州志》卷三十三《文苑》：以著述自娛，梓有《周易說匯》十卷、《尚書最豁解》十卷、《四書口授錄》三十八卷行於世。

　　◎同治《六安州志》卷三十五《孝友》聶溥：弟聶銘，庠生。有《周易說〔註6〕匯》十卷、《尚書最豁解》十卷、《四書口授錄》三十八卷藏於家。

　　◎聶銘，字景西，號問渠。安徽六安人。郡庠生。生性恬淡，不屑逐名。卒年七十六。

聶顯 易經纂義 佚

　　◎同治《續輯漢陽縣志》卷之二十一《文苑》：讀書不輟，著有《分國左傳》，楚史晉乘，一望犛然。《易經纂義》取前人精義薈萃成編。

　　◎聶顯，湖北漢陽人。庠生。年五十四卒。

牛見龍 易義解 佚

　　◎民國《定陶縣志》本傳著錄。

　　◎牛見龍，字施普。山東定陶人。光緒甲午歲貢。以明經終，授徒廿餘年。

牛鈕 孫在豐 日講易經解義 十八卷 筮儀一卷 圖說一卷 存

　　哈佛大學藏康熙二十三年（1684）內府刻本

　　四庫本

　　摛藻堂四庫全書薈要本

　　山東藏 1983 年臺北商務印書館影印景印文淵閣四庫全書國立故宮博物院藏本

　　山東藏臺灣新文豐出版公司 1983 年大易類聚初集影印文淵閣四庫全書本

　　海南出版社 2000 年故宮博物院編故宮珍本叢刊本

　　中醫古籍出版社 2011 年宋書功、蕭紅豔校注

　　海南出版社 2012 年李升召標點注釋本

　　華齡出版社 2012 年賈理智、平生點校本

　　中央編譯出版社 2013 年張海豔點校本

〔註6〕下說字當為衍文。

中國書店出版社 2016 年簡體橫排標點注釋本（李孝國、楊為剛等今注）

◎目錄：卦圖：朱子圖說：河圖、洛書、伏羲八卦次序、伏羲八卦方位、文王八卦次序、伏羲六十四卦次序、伏羲六十四卦方位、文王八卦方位、卦變圖、分宮卦象次序、右卦象，右卦變、筮儀。卷一乾。卷二坤屯蒙。卷三需訟師比小畜。卷四履泰否同人大有。卷五謙豫隨。卷六蠱臨觀噬嗑賁剝復。卷七無妄大畜頤大過坎離。卷八咸恒遯大壯晉。卷九明夷家人睽蹇解。卷十損益夬姤萃。卷十一升困井革鼎。卷十二震艮漸歸妹豐。卷十三旅巽兌渙節。卷十四中孚小過既濟未濟。卷十五繫辭上傳（第一章至第六章）、卷十六繫辭上傳（卷第七至卷第十二章）。卷十七繫辭下傳。卷十八說卦傳序卦傳雜卦傳。

◎御製日講易經解義序：朕惟帝王道法，載在六經，而極天人、窮性命、開物前民、通變盡利，則其理莫詳於《易》。《易》之為書，合四聖人立象設卦繫辭焉，而廣大悉備。自昔包犧、神農、黃帝、堯舜，王天下之道咸取諸此。蓋《詩》《書》之文、《禮》《樂》之具、《春秋》之行事，罔不於《易》會通焉。漢班固有言：「六藝具五常之道，而《易》為之原。」詎不信歟！朕夙興夜寐，惟日孜孜，勤求治理。思古帝王立政之要必本經學，嘗博綜簡編，玩索精蘊，至於大易，尤極研求。特命儒臣參攷諸儒註疏傳義，撰為《解義》一十八卷，日以進講。反復卦爻之辭，深探作易之旨。大抵造化功用，不外陰陽，而配諸人事，則有貞邪淑慝之別。運數所由盛衰、風俗所由治亂、君子小人所由進退消長，鮮不於奇偶二畫屈伸變易之間見之。若乃體諸躬行，措諸事業，有觀民設教之方，有通德類情之用，恐懼修省以治身，思患豫防以維世，引而伸之，觸類而長之，而治理備矣。於是刊刻成書，頒示天下。朕惟體乾四德以容保兆民，且期庶司百執事，矢于野渙羣之公，成拔茅允升之美，則泰交媲於明良，而太和溢於宇宙，庶稱朕以經學為治法之意也夫。康熙二十二年十二月十八日。

◎日講易經解義進呈疏：經筵日講官起居注翰林院掌院學士兼禮部侍郎加一級支二品俸教習庶吉士臣牛鈕、經筵日講官起居注翰林院掌院學士兼禮部侍郎教習庶吉士臣孫在豐等謹題，為進呈刊完《日講易經解義》仰祈睿鑒事，臣等於康熙十九年三月十九日奉旨《易經講章》應行刊刻，欽此，臣等叨侍經幃，欣承聖藻，伏覩皇上體天德以行健，觀人文而化成。四子六經，討論原委；百家諸史，綜貫古今。頒行歷有成書，研究精於大易，蓋明天道、察民

故，已傳四聖之心；而觀會通、行典禮，乃冠五經之首。發揮自羲、文、周、孔，參稽於濂洛關閩，旨則遠而辭則文，古皇先哲之精微悉歸典要，陽必扶而陰必抑、君子小人之情狀，備極形容。此蓋聖衷自具乾坤，其於奡郿何知損益？九重宵旰，時親東魯；韋編一介，衡茅日給。西清筆札，每聆天語，皆圖書未發之英華；兼授人時，本河洛以來之理數。舉而措之為事業，默而成之於象言，煥發絲綸，光生梨棗。惟自強不息，雖隆寒盛暑常披玉軸芸編；乃教思無窮，俾荒濊退阪盡作文河學海。行且家傳而戶誦，有如懸象以著明。臣等未測幾深，難酬高厚，用集微塵於山嶽，敢同爝火於日星。抱著以求，在儒者學程朱之學；垂裳而治，惟吾君心堯舜之心。勉效修辭以立誠，猶慚覆餗而滋咎。總訂二篇之策，彙呈乙夜之觀。校刻加詳，裝潢成帙，伏願皇上悅心亹亹，成性存存，王道易知以簡能，聖修德崇而業廣。臨豐履泰，常思謙巽以致中孚；解困渙屯，永躋升恒而登大有。則廣矣大矣，推行及乎億萬年；而鼓之舞之，利用暨乎千百國。臣等不勝區區之願。謹具題恭進以聞。

經筵日講官起居注、翰林院掌院學士、兼禮部侍郎、加一級支二品俸、教習、庶吉士臣牛鈕，經筵日講官起居注、翰林院掌院學士、兼禮部侍郎、教習、庶吉士臣孫在豐，經筵日講官起居注、侍讀學士臣常書，日講官起居注、侍讀學士加一級、又加一級支四品俸臣朱馬泰，日講官起居注、侍讀學士臣王封溁，日講官起居注、侍講學士加二級臣阿山，日講官起居注、侍講學士加一級臣邵吳遠，日講官起居注、侍講學士臣徐乾學，日講官起居注、侍講學士臣高士奇，康熙二十三年四月二十日題。本月二十二日奉旨：《易經》闡發天人理數，道統攸關。朕朝夕披玩，期造精微。講幄諸臣殫心剖晰，深有裨於典學。這所奏知道了，著即頒行該衙門知道。

總裁官：經筵日講官起居注、翰林院掌院學士、兼禮部侍郎、加一級支二品俸、教習、庶吉士臣牛鈕，經筵日講官起居注、翰林院掌院學士、兼禮部侍郎、教習、庶吉士臣孫在豐，日講官起居注、翰林院學士、兼禮部侍郎臣張瑛。

分撰官：通議大夫、經筵日講官起居注、詹事府詹事加一級臣傅臘塔，日講官起居注、詹事府詹事、兼翰林院侍讀學士、加禮部侍郎、降一級留任臣沈荃，資政大夫、日講官起居注、詹事府少詹事、兼翰林院侍講學士、仍加詹事府詹事臣蔣弘道，通議大夫、日講官起居注、詹事府少詹事、兼翰林院侍講學士、仍加詹事府詹事臣嚴我斯，經筵日講官起居注、翰林院侍讀學士、

奉政大夫臣常書，日講官起居注、翰林院侍讀學士加一級、又加一級支四品俸、奉政大夫臣朱馬泰，日講官起居注、翰林院侍讀學士臣王封溁，日講官起居注、翰林院侍講學士加二級、中憲大夫臣阿山，日講官起居注、翰林院侍講學士加一級、朝議大夫臣邵吳遠，日講官起居注、翰林院侍講學士臣徐乾學，日講官起居注、翰林院侍講學士臣高士奇，日講官起居注、翰林院侍講、加侍讀學士、加一級臣董訥，日講官起居注、翰林院侍講臣翁叔元，日講官起居注、左春坊左中允、兼翰林院編修臣秦松齡，日講官起居注、右春坊右贊善、兼翰林院檢討臣王頊齡，日講官起居注、翰林院修撰、儒林郎臣歸允肅，日講官起居注翰林院編修、文林郎臣曹禾，日講官起居注、翰林院檢討、徵仕郎臣嚴繩孫。

校閱官：日講官起居注、翰林院侍讀學士加一級、又加一級支四品俸、中憲大夫臣多奇，翰林院侍講學士臣鄔黑，翰林院侍讀加三級、中憲大夫臣明圖，翰林院侍讀、承德郎臣思格則，翰林院侍講、承德郎臣戴通，翰林院侍講、承德郎臣傅繼祖，奉直大夫、左春坊左諭德、兼翰林院修撰加一級臣陳論，左春坊左中允、兼翰林院編修臣朱阜，右春坊右中允、兼翰林院編修臣李振裕，左春坊左贊善、兼翰林院檢討臣沈上墉，翰林院編修、文林郎臣李濤，翰林院編修、文林郎臣費之逵，翰林院編修、文林郎臣馮雲驌，翰林院檢討加一級、徵仕郎臣徐潮，翰林院檢討、徵仕郎臣閻世繩，翰林院待詔、登仕郎臣星格禮。

收掌官：翰林院典簿加一級、文林郎臣明輔，翰林院孔目加一級、文林郎臣圖克善，翰林院孔目臣朱叔琪，翰林院八品筆帖式、修職郎臣折庫納，翰林院八品筆帖式、修職郎臣哈什，翰林院八品筆帖式、修職郎臣李弘文，翰林院筆帖式臣雅圖，翰林院筆帖式臣鄂琦。

翻譯官：翰林院待詔加一級、又加俸一級、修職郎臣敦代，翰林院八品筆帖式加一級、又加俸一級、文林郎臣郭琭，翰林院八品筆帖式加一級、又加俸一級、文林郎臣常綬，翰林院八品筆帖式加一級、又加俸一級、文林郎臣石殿柱，翰林院八品筆帖式加一級、文林郎臣殷特布，翰林院八品筆帖式、加俸一級臣阿哈達，翰林院八品筆帖式、修職郎臣查哈喇，翰林院八品筆帖式、修職郎臣黑色，翰林院八品筆帖式、修職郎臣夏之濬，翰林院八品筆帖式、修職郎臣魯天錫，翰林院八品筆帖式、修職郎臣王國華，翰林院八品筆帖式、修職郎臣阿都，翰林院八品筆帖式臣汪國弼，翰林院八品筆帖式臣薩

鼎，翰林院八品筆帖式臣艾哈濟，翰林院八品筆帖式臣額爾泰，翰林院筆帖式臣邁蜜大。

滿文謄錄官：翰林院八品筆帖式加一級、文林郎臣圖禮，翰林院八品筆帖式、修職郎臣倪隴阿，翰林院八品筆帖式、修職郎臣宋颺，翰林院八品筆帖式、修職郎臣塞克參，翰林院八品筆帖式、修職郎臣覺霍拓，翰林院八品筆帖式、修職郎臣石禮，翰林院八品筆帖式、修職郎臣吳進泰，翰林院八品筆帖式、修職郎臣達祖，翰林院八品筆帖式臣阿哈達，翰林院八品筆帖式臣黑色，翰林院筆帖式臣塔蘭泰，翰林院筆帖式臣薩克薩里，翰林院筆帖式臣花色。

◎徐旭旦《世經堂初集》卷二十三《擬上命儒臣纂修易經講義書成特諭講幄諸臣殫心剖晰並勅刊刻頒行以廣文治，羣臣謝表》（康熙二十三年）：伏以河洛呈書，嘉祥開乎道統；羲、文敘卦，至諦肇於心傳。鳳勅來自三階，絲綸煥發馬圖。垂於萬禩，梨棗光生。義訂西清，編輝東壁。臣等誠惶誠恐稽首頓首上言：竊惟治道美夫成化，文明宇宙；心源由於藏密，道贊清寧。錯綜達剛柔之變，典禮窮性命之微。《連山》《歸藏》，彰自夏殷之道；彖辭卦說，傳於洙泗之庭。漢號專家，標三家之異；晉興明象，論六象之殊。從侍石渠，考其同異；晉等齊聖，剖其信疑。昭素之辯乾爻，陽升陰退；馮元之推泰象，君子小人。閣上言需，義昭建極；筵前論鼎，道謹官才。采輯成編，宣于含芳殿上；齊纂為集，頒自永明歲中。十有六卷之書，彙於武帝；百有五十之帙，昉自文宗。迨夫聚雪密雲，徒工駢對；潛虛鈎隱，無補性情。疏出河南，旨多浮誕；學傳河北，義罕研精。挾貴克宗，朱生折其角；辯才弘正，張子摧其鋒。淳熙之粹言，不宣講幄；治平之經義，罔列經緯。未有闡四聖之微言，溯源於太極，繼三古之道脈，煥采於人文如今日者也，茲蓋伏遇皇帝陛下聰明睿智，光大含弘，裕義和仁，長之模愛，周利溥蘊。乾健坤貞之體。資始廣生，風化洽於寰中；文經武緯，聲教訖於海外。遠至邇安，乃政事彌勤常切；宵衣旰食，載籍廣覽恆瞻。夜寐夙興，猶以大易首於五經，奧旨備於八索。法施生之道，萬類歸懷；循翕闢之宜，一氣流連。彌綸天地，酬酢神明，窮經務探實蘊，講說弘闡遺經。特命儒臣，詳明纂輯。頒行天下，殫力天人。經筵啟沃，是究是圖。文治光昭，如彪如炳。仰觀俯察，識其旨於幽明；語簡義深，通其神於變化。歡騰眾職，業著千秋。臣等粗知章句，謬意編摩，觀象玩占，未晰京房之推測；陳爻說繫，莫窺康節之精深。勉效修詞以立誠，

猶慚覆而滋咎。伏願悅心亹亹，誠性存存。王道易知而簡能，聖德崇效而卑法。臨豐履泰，常思謙巽以致中孚，解困渙屯，永躋升恆而登大有，則廣矣大矣，推行及乎億萬年；而鼓之舞之，利用曁乎千百國矣。臣等無任瞻天仰聖激切屏營之至。

◎徐乾學《憺園文集》卷二十七《資政大夫經筵講官內閣學士兼禮部侍郎牛公墓誌銘》：

庚申三月，充經筵講官，又撰《易經講義》。充總裁官，滿漢文勢齟齬，翻譯者往往失其本意，且辭不雅馴公刻意覃思，求其融會，必至不可易而後止……上亦知公學問，朝臣無在其右者，凡文獻之事未嘗不以屬公。

◎徐乾學《憺園文集》卷二十七《內閣學士兼禮部侍郎孫公神道碑銘》：（孫在豐）所著《明史》諸《帝紀》及制誥諸代言之文，副在史館。他如《周易》，《尚書》《四書》《通鑑講義》《扈從筆記》、《東巡日記》《下河集思錄》、《尊道堂詩文》各若干卷藏於家。

◎四庫提要：易為四聖所遞傳，則四聖之道法治法具在於是。故其大旨在即陰陽、往來、剛柔、進退，明治亂之倚伏，君子、小人之消長，以示人事之宜，於帝王之學最為切要。儒者拘泥章句株守一隅，非但占驗禨祥漸失其本，即推奇偶者言天而不言人，闡義理者言心而不言事，聖人立教豈為是無用之空言乎！是編為講幄敷陳睿裁鑒定，其體例與宋以來奏進講義大致略同，而於觀象之中深明經世之道。御製序文所謂「以經學為治法」者實括是書之樞要，亦即括六十四卦、三百八十四爻之樞要。信乎帝王之學能見其大，非鯫生一知半解所能窺測高深也。

◎庫書提要：《日講易經解義》十八卷，聖祖仁皇帝欽定，康熙二十二年製序頒行。易自漢以後象數、義理之說分而讖緯空虛之弊起。朱子集諸家之成。作為《本義》，簡而能該。我聖祖仁皇帝服膺朱子之書而悅心研慮，訂為斯編，仍詔講幄諸臣日以進講，蓋心契三聖之微言，以闡造化之功用。序所云「以經學為治法」者，崇德廣業咸基於此矣。乾隆四十一年三月恭校上。

◎光緒《宣城縣志》卷十八《文苑‧茆薦馨》：己未，獲雋南宮，廷對第二人，授翰林院編修，讀中秘書，時命詞臣纂修《五代史》及《易經講義》，薦馨分輯不懈。

◎牛鈕（1648～1686），字樞臣。康熙九年（1670）進士，甲寅正月充太宗實錄纂修官，二月轉侍讀，踰年充日講官，庚申充經筵講官。辛酉二月任

恤朝鮮正使，壬戌二月進詹事，五月除掌院學士兼禮部侍郎，六月充《鑑古輯略》、《明史》總裁，十月充殿試讀卷官，十一月兼《方略》副總裁，甲子八月轉內閣學士仍兼禮部侍郎。

◎孫在豐（1644～1689），字屺瞻。浙江德清人。世居浙江歸安（今湖州）菱湖。康熙九年（1670）進士，授翰林院編修。直起居注，升侍講侍讀、侍講侍讀學士，充日講官，分撰日講《四書》、《易經》、《書經》。著有《扈從筆記》、《東巡日記》、《下河集思錄》、《尊道堂詩文》等。

牛運震 周易解 九卷 存

國圖、山東、上海藏嘉慶二十三年（1818）刻空山堂全集本

山東文獻集成第三輯、四庫存目叢書本、續四庫影印嘉慶二十三年（1818）刻空山堂全集本

◎四庫提要（題《空山易解》四卷）：是編務在通漢晉唐宋為一，然大旨主理不主數，故於卦氣、值日及虞翻半象、兩象等說皆排抑之。是仍一家之學，不能疏通眾說也。

◎汪師韓《上湖分類文編》卷九《牛真谷哀辭》（并序）：滋陽牛君運震字真谷，與余交幾三十年。君長余一歲，雍正癸丑，余年二十七，始以進士同年識君；其壬子舉於鄉亦同……君之再會於京師也，則在解組秦安、講學皋蘭之後，示以所撰經解、古文、雜詩。君於易每用爻變說象，余不謂然也，君亦不余是。余所見當代學易者，興縣孫文定公說亦然。其後詔求通經之彥，易注尤多，大概法京、鄭則鑿空俯張，於所互異不可難（去聲），難輒語塞；遵《傳》《義》者又無體驗之實，而務為小變以立異，于是增設圖象，紊亂經文，於所當求解者不解也，故經不徒說也，反求諸身心而躬行之，仁智之見不必同，而各有所得，文定與君豈不焯焯在人耳目哉！

◎牛運震（1706～1758），字階平，號真谷，一號空山。山東滋陽人。雍正十年舉人，十一年進士。乾隆元年（1736）召試博學鴻詞。官平番縣知縣。精金石考據。乾隆十四年（1749）夏，主講蘭山書院。後講學三立、河東、少陵諸書院。又著有《詩志》、《空山堂春秋傳》、《論語隨筆》、《孟子論文》、《史記評注》、《讀史糾謬》、《金石圖》、《空山堂詩文集》等。

O

歐陽厚均 易鑒 三十八卷 存

遼寧藏道光二十七年（1847）歐陽氏刻本

北大、上海、湖北、遼寧中科院藏同治三年（1864）安仁歐陽世洵刻本

臺中文聽閣圖書有限公司 2010 年晚清四部叢刊第一編影印同治三年（1864）刻本

湖湘文庫據同治三年（1864）刻本整理本（方紅姣）

◎羅汝懷序〔註1〕：經學惟易家最繁，《漢書》稱丁將軍易說三萬言，訓故舉大誼而已，而列於《志》者凡十三家。魏王氏著易悉屏之，漢學遂廢。李鼎祚采輯舊文，於前漢僅得孟、京二家，蓋其時丁說已久佚矣。自時厥後心智百出，亦如易之變易無方，二千年來說易之家幾與年數相垺，而要之前聖作易以垂教、後聖學易以寡過，其堅為詭僻、曲為比附而不切實用、無當於四聖人之經旨者，皆棄言也。侍御歐陽坦齋先生受學於先族曾大父慎齋鴻臚之門，繼之主講麓山二十餘載，講授之暇，成《易鑒》三十八卷。所引漢以來易說百家有奇，間附案語引申之，體例即具其中，專推天道以明人事。凡名理之杳冥、圖書之膠轕皆弗之及，而又能兼集眾長，無漢宋門戶之見。心術之端、學術之正，具於書乎見之。夫《易》之為書廣大悉備，天地萬物無不綜括，雖方技之末亦得竊其一端以為據依。然以語學士之討論吾儒之循習，則必其炯然法戒，可為身心性命之準者，始足以傳於人。宋儒自司馬溫公專以

〔註1〕又見於羅汝懷《綠漪草堂文集》卷十三，題《易鑒敘》。

人事說易，逮李泰發、楊誠齋更以史證經。然漢魏諸家已開其例，先生之纂是書，殆本李、楊兩家之旨，而因以博涉羣書，彙而萃之，不獨使遺編之霾蘊重出人間，即其為寡聞鮮見者作饋貧之糧，抑亦不少矣，某於己丑之歲撫軍，合河康公從遺卷中甄送麓山肄業，其時適已授徒它所，未及躬廁門牆。迨丁卯應選拔科，復與先生次孫世隆同譜，衣食奔走，卒卒鮮暇，比思執經請益，而先生已歸道山矣。家孫學博世洵刊書成，來屬為敘其緣起，可謂能承家學。蒙意以書所引姓氏宜著其時代爵里及所著書，其中史事宜注所出，並詳其顛末，更為嘉惠來學。惜鋟木已竟，無從補入，學博它日當別為一書附是書以行，抑經有大義有小學，如乾六爻自初至上由潛而見有漸進之象，九四或躍在淵，淵不下於田可知也。《本義》訓淵為上空下洞深昧不測之所，似不如《說文》訓淵為回水之確。大有九四象辭「明辨晢也」，晢之義為明，其字從日折聲，與訓色白之皙從白析聲者音義皆別，而今本多譌，以至相沿用明皙字樣，此皆小學之宜究者。某向為《易詁》之書，取自漢迄唐之故訓，以補丁將軍三萬言亡佚之闕，日月奄忽，卒業無期，易中疑義不得起先生於九原而質之。睹是編之成，益為之感慨太息也。道光強圉協洽春三月湘潭羅汝懷謹敘於長沙分守署之萬業軒。

◎周玉麟序：嶽麓為四大書院之一，乾嘉間羅慎齋鴻臚主講斯地二十七年，吾師安仁歐陽坦齋侍御夫子，相從受業。越十稔而師以乞養歸里，繼在麓山講席亦二十七年，教澤之深，歷年之久，若合符節，湘人士至今傳誦不衰。玉麟弱冠從遊，日見吾師手握一編，丹鉛不廢，無間寒暑。十餘年後以選貢入成均，郵書寄示，有「假年學易，日求寡過」等語，足見吾師既耄猶勤。深惜函丈久離，未得稍窺其涯涘也。玉麟通籍之歲，吾師遽歸道山。詢悉平生著作甚夥，尚未付梓。惟《易鑒》三十八卷乃其晚年訂本，先付手民，幾乎不脛而走。詎料湘西寓廬兵燹蹂躪，微特板片無存，即吾師手訂原本亦成灰燼，而是書不可復見矣。戎馬倥傯，不遑收輯，邇來年文孫信甫太守歸自吳門，悼先澤之將湮，朝夕購求，乃從坊肆中覓得舊本。玉麟始得受而讀之，補前所未見，不可謂非幸也。夫《易》之為書廣大悉備，自漢宋以迄近代，注易者無慮數百家，惟楊誠齋《易傳》就治道之興替得失見易理之悔吝吉凶，可與史傳相表裏。吾師擇其精粹而簡明者彙為是書，名之曰《易鑒》。間亦特捹己見，闡前人未盡之蘊，啟後學無窮之悟，使讀易者怵然於餘慶餘殃之戒，真如鑒之在室，拂拭生明，其裨益世道人心良非淺鮮。信甫太守闡揚先緒，

將重付剞劂以垂久遠。吾師晚年嗜學之苦心與其教人之深意，歷刼不磨，未始不有數存乎其間也。爰不揣固陋而志其顛末於此。時同治三年八月既望，門下士長沙周玉麟謹序。

◎歐陽世洵序：世洵舞勺歲即侍先大父鄉賢公於麓山講席，公於經無所不通，而指示人者往往切於日用行習，不徒為帖括資。惜世洵質鈍，未克領會於萬一也。晚年尤耽學易，玩索不置，嘗謂易理無所不包，但天地之道高遠難言，不若反求近取，爰萃諸家之說，峕擇其以人事詁易而足以觀感勸懲者彙為一編，間亦附以己意，名曰《易鑒》。蓋鑒古即以鑒今，顯示窮經致用之旨實隱寓轉移世道之機，於人心風俗補救豈淺鮮哉？書甫就，公遽反道山，世洵時與錫穀、錫疇二叔校勘付梓，藏板麓山書舍。以費不繼，印行者無多。不幸洪逆之變焚擾湘西，公平生著述各稿及此板俱燼。世洵頻年追隨戎馬間，每一念及，未嘗不痛恨手澤之就湮也。辛酉自吳歸，物色於省垣肆中，適得舊印本，驚喜過望，謹復為刊刻。迄乙丑冬間始克告成，以公諸世。嗚呼！鄉賢公著作甚富，其經義僅存此一書。後之覽者，於經濟學問亦可見其一斑矣。同治四年歲次乙丑冬十月，長孫世洵謹識，時年六十。

◎歐陽厚均《易鑒》卷末《易鑒卷賢錄・誥授朝議大夫晉贈通奉大夫浙江道監察御史坦齋歐陽公鄉賢錄》：故御史學問淵博，著述甚富。少時壎篪倡和，著有《同懷課藝》八卷、《棣友堂試帖》四卷。及官京師，著有《望雲書屋試帖》四卷。歸里後，纂修《安仁縣志》十六卷。暨主講嶽麓，編集《嶽麓詩抄》三十五卷《文抄》十八卷《詞抄》一卷《賦抄》三卷《課藝》四集十六卷，又著有《嶽麓山長傳略》四卷。晚尤邃於易義理象，證以史事，著有《易鑒》六十卷。蓋好學至老不倦云。

◎歐陽厚均（1766～1846），字福田，號坦齋。衡州安仁縣人。嘉慶四年（1799）進士，授戶部主事，官至監察御史。嘉慶二十三年（1814）起任嶽麓書社山長達二十七年。著有《坦齋全集》，今存《望雲書屋文集》二卷、《有方遊草》二卷、《來念堂詩草》二卷、《粵東遊草》一卷，編纂有《安仁縣志》十四卷、《嶽麓詩文鈔》五十七卷。

歐陽夢旗　易經集解　佚

◎光緒《江西通志》卷九十九《藝文略》一《國朝》：《易經集解》，歐陽夢旗撰（《彭澤縣志》）。

◎歐陽夢旗，江西彭澤人。著有《易經集解》。

歐陽易 易學六原 三十一卷 存

山東藏嘉慶十九年（1814）初錫堂刻本

山東藏同治十一年（1872）歐陽棫補刻本

◎內編二十二卷首一卷外編九卷。

◎光緒《江西通志》卷九十九《藝文略》一《國朝》：《易學六原》，歐陽易撰（《安福縣志》）。

◎歐陽易，字易堂。江西安福人。廩貢生。嘉慶丙午任進賢縣訓導。

歐陽貞明 易經講義 佚

◎光緒《吉水縣志》卷三十七：嘗與進士李次蓮〔註2〕從施閏章講學青原。精於易，於易著有《易經集解》。

◎歐陽貞明，字扶光。江西吉水黃金湖人。

〔註2〕李次蓮，字幼清。江西吉水谷村人。康熙戊戌進士。選授中書，以母老乞養歸，從施閏章講學青原、白鷺、石蓮間。

P

潘炳勳　周易折衷　佚

◎光緒《黃州府志》卷三十二《藝文志》:《周易折衷》，蘄水潘炳勳撰（《縣志》）。

◎潘炳勳，湖北蘄水人。著有《周易折衷》。

潘采田　易經精義錐指　佚

◎民國《台州府志》卷六十四《藝文略》一：是書見《寧海志稿》。今未見。

◎潘采田，字玉如。浙江寧海官莊人。拔貢生。

潘道南　周易闡蘊　佚

◎道光《徽州府志》卷十一之四《人物志·文苑》：所著有《十三經通義》《周易闡蘊》《學庸講義》《正字辨譌》及詩文集等書。

◎潘道南，字佩三，號仰峯。安徽婺源（今屬江西）坑頭人。生四月而孤，年十六隨季父健齋及族叔耘經學，論心性要義務窮旨趣。博學力行，以程朱為的。秉鐸鳳陽、寧國、宿松等處，教人皆先器識而後文藝。

潘第　易經參微　佚

◎道光《徽州府志》卷十一之三《人物志·儒林》：著有《易經參微》《尚書講意》《正心錄》《迪吉錄》。

◎道光《徽州府志》卷十五《藝文志·婺源》：潘第《易參微》。

◎潘第，字仲高，自號念菣。安徽婺源（今屬江西）桃溪人。諸生。潛心聖學，精研性理諸書，於程朱奧旨多所闡發，編列日月星辰四笥，子孫珍藏之。

潘矩從 易義粹精 佚

◎民國《濟寧直隸州續志》卷十二《人物志》：覃精經義，合古今諸儒箋疏，擇其當者手抄成帙，時以己意引伸之。生平精力所萃，尤在《易義粹精》一書，匯集京、焦、鄭、王、程、朱之說而通其郵，義例略同納蘭容若書而深博過之。

◎潘矩從，字景周，號佩蓬。山東濟寧人。潘遵放子。諸生。

潘好儉 大易卦變 佚

◎道光《濟寧直隸州志》卷八之二《人物志》二：築草堂於東郭，著《大易卦變》諸書。

◎道光《濟寧直隸州志》卷九之一《藝文志》一：潘好儉《大易卦變》《讀史錄》《性學闡異》《質言編》《音律考》《韻律正訛》《甲乙詩集》。

◎孫葆田《山東通志》卷百二十七《藝文志》第十：是書見《州志》。

◎潘好儉，字允慎，學者稱端白先生。山東濟寧人。諸生。以子應賓貴，贈通議大夫。

潘鑑濚 漢易輯要 一卷 存

宣統三年（1911）翰元樓刻周易輯略附本

◎潘鑑濚，字琴生。廣東南海西城鄉人。少好學，工文詞，尤邃於易。年逾三十始補縣學生。曾充八旗官學教習。

潘鑑濚 周易輯略 八卷 存

宣統三年（1911）翰元樓刻本（六卷）

◎自序〔註1〕：予性魯善忘，且少失學，年二十四先嚴見棄，家貧授徒自給。道光甲辰始受知於督學李文園先生，得補弟子員。先生一代儒宗，以聖賢實學自任，是歲考試經，古賦以震不于其躬于其鄰命題。進庠後謁見先生，以砥行勵學相勖，謂予易學生疏，宜加考究。濚聞悚然，因念易學家非失之

〔註1〕又見於宣統《南海縣志》卷十一《藝文略》。

太簡則失之太繁，簡者不能推究其所以然，繁者又入於支離，愈講愈晦。惟我朝御纂《折中》闡四聖之精微，萃諸儒之蘊奧，誠經傳羽翼也。但汪洋浩瀚，在初學亦未易遽窺。咸豐丙辰，館於良溪何氏務稼園，地僻離俗，人蹤罕至，日對樹林桑竹，常聞蟲鳥聲，課徒閒暇，每讀易以求寡過。因會集羣書，質以平日所聞父師良友之說，隨文疏釋。又於每爻綴以史事，令讀者明白易曉。同治甲子始成上下二經，適番禺楊斅臣世講入京，付呈文園先生鑒正。先生復諭曰：「披閱來書，理象並舉，援證簡明，足徵實學，宜更加勉。」卒成其業。濚承師訓，復從事於上下《繫詞》、《說卦》《序卦》《雜卦》，並旁及漢易之學、占筮之儀。計始事丙辰四月，蕆事丁卯十月，歷十三載乃成，名曰《周易輯畧》。蓋取《中庸》石氏《輯畧》意也。鈔傳為家塾讀本，令門人及子孫輩有所持循，自知淺見寡聞，每多舛謬，尚祈續學之士，不棄鄙陋而教誨焉。

　　◎宣統《南海縣志》卷十九《文學傳》：著有《周易輯略》十卷行世。

潘晉齡　周易經義　佚

　　◎民國《南安縣志》卷二十七《人物志》之四、乾隆《泉州府志》卷五十一《循續》：所著有《周易經義》百餘篇，座師崐山徐公炯為之序。

　　◎潘晉齡，字式九，號松年、盧村。福建南安縣人。康熙庚午舉人。授雲南令。歸老養親二十餘年。年六十五卒於家。

潘開甲　易解　佚

　　◎吳德旋《初月樓聞見錄》卷三：其為學一主乎敬。躬行實踐，不為虛談。嘗論學于家，其子問朱陸異同優劣。東暘不悅，誨之曰：「學者宜收拾身心，勿道聽途說。業日修，得失自見，先儒優劣辨之不差毫釐，與我何涉耶？」所著有《易解》、《春秋傳考》、《家禮》、《小學外篇》、《天文星野辨》、《方輿曆法錢法備荒法》、《律呂志》、《河渠考》、《花月田家曆》、《東齋隨筆》藏於家。

　　◎《國朝耆獻類徵初編》引朱彝尊撰墓志銘：問其著述何書，則有《易解》、《春秋傳考》、《家禮》、《小學外篇》、《天文星野辨》、《方輿曆法錢法鹽法備荒法》諸書、《律呂志》、《河渠考》、《花月田家曆》、《東齋隨筆》。又以《儀禮經傳通解》經朱子草剏，未成足本，思取先後鄭氏、孔氏、賈氏、王氏、魏氏、敖氏諸家，會粹為《五禮》，條目繁重，一手未果論定也。富哉立言矣乎！

◎潘開甲（1634～1704），字東陽（暘），號湛庵。浙江烏程（今湖州）人。康熙四十一年（1702）歲貢生。又著有《春秋傳考》《河渠考》《東齋隨筆》等。

潘克溥 周易說約 佚

◎民國《夏津縣志續編》卷九《藝文志》：著有《四書精義》《四書備考》《詩經說鈴》《周易說約》《經廚餘芳》，潘克溥著。

◎潘克溥，字霖洽，號澤農。山東夏津縣城南趙官屯人。道光元年（1821）舉人。翌年任武昌知縣。又改任沔陽縣令，勤政有令譽。歷官蘄州知州。著有《四書精義》《四書備考》《詩經說鈴》《周易說約》《武昌集》《沔陽集》《蘄州集》。

潘耒 遂初堂易論 一卷 存

北大藏日本嘉永元年（1848）大久保奎刻本（日本大久保奎校點）

日本國會藏日本嘉永二年（1849）江戶山城屋佐兵衛等刻本

臺灣成文出版社 1976 年無求備齋易經集成影印日本嘉永二年（1849）刻本

◎周按：《遂初堂文集》中亦有論易之篇，如卷二畫卦不本圖書論、四象非五行論、九六七八論上、九六七八論下、參天兩地論、卦揲論、易圖論、九圖十畫論上、九圖十畫論下，卷三卦德論、卦位論、卦變論、卦氣論、納甲納音論。

◎潘耒（1646～1708），字次耕，一字稼堂、南村，晚號止止居士。江蘇吳江（今蘇州）人。潘檉章弟。師事檉章、吳炎、王錫闡、徐枋、顧炎武，博通經史、曆算、音韻、算數及宗乘之學。康熙十八年鴻博，授翰林院檢討，與修《明史》，主纂《食貨志》六卷。為忌者所中，以浮躁降職，後因母憂歸。康熙四十二年（1703）春復原官，後不復出。晚好佛學。藏書室名遂初堂、大雅堂。著有《類音》八卷、《遂初堂文集》二十卷、《遂初堂詩集》十五卷《補遺》一卷、《別集》四卷。

潘麟翔 周易經傳通解 三卷 佚

◎西昌龍敘倫序略曰〔註2〕：此書於漢人飛伏、納甲、爻辰一切易外別傳

〔註 2〕錄自道光《安陸縣志》卷三十三《藝文》。

與夫互象、變卦為易中所自有而非正義所急者，無一語闌入，而每卦必根據《序卦》《雜卦》為指南，可謂獨抱遺經究終始矣。

◎道光《安陸縣志》卷三十三《藝文》：《周易經傳通解》三卷、《詩次補注條解》二卷、《律呂音韻圖》四卷、《書經傳註彙纂》四卷、《春秋考義》二卷、《左衡》二卷，貢生潘麟翔撰。

◎道光《安陸縣志》卷二十九《人物》：諸經皆有論說，《周易經傳通解》尤所自負。

◎潘麟翔，字紫巖。歲貢生。舉鄉飲大賓。少穎悟，喜讀書，醫卜甘石青鳥家言以及琴書技藝之屬，靡不淹貫。尤邃於經學，生平喜覃思，多與人異。

潘鳴球 易經寡過錄 二卷 佚

◎民國《順德縣志》卷十四《藝文略》：《易經寡過錄》二卷（國朝潘鳴球撰）。

◎潘鳴球，廣東順德人。著有《易經寡過錄》二卷。

潘泉 周易經傳集解 十二卷 存

國圖、南京、湖北藏光緒二年（1876）廣陵雙梧書屋重刻本

◎潘泉，江蘇靖江人。邑增生。咸豐七年（1857）繼劉和之後，主纂《靖江縣志稿》十六卷。

潘泉 周易口訣義備考 一卷 存

國圖、南京、湖北、山東藏同治元年（1862）潘泉刻本

潘泉 周易口訣義補 一卷 存

國圖、南京、湖北、山東藏同治元年（1862）潘泉刻本

潘任 周易講義 一卷 存

宣統元年（1909）江南高等學堂鉛印鉛印七經講義本

◎一名《易經講義》。

◎章鈺《題常熟潘毅遠詩稿》：群經歸寫定，餘事到詩篇。字早禾中釋，官將柳下傳。絳雲商舊隱，白雪怨遙年。風雅未衰息，逍遙有後賢。

◎潘任（1874～1916），字毅遠，號希鄭。江蘇常熟人。室名希鄭堂、博約齋、味閑齋。心廣子，欲仁孫。諸生。任湖北候補按察司司獄，歸里後抑鬱不得志，中年病歿。師李慈銘、汪鳴鑾、繆荃孫。又著有《希鄭堂叢書》（一名《虞山潘氏叢書》）七種七卷、《孝經集註》一卷、《孝經講義》一卷、《孝經鄭氏解疏》十卷、《御纂七經綱領》一卷、《博約齋經說》三卷、《江南藝文志》十七卷、《希鄭堂四書文》不分卷、《周禮學》二卷、《周禮序官考》一卷、《周禮故書考》一卷、《周禮故書疏證》六卷、《周禮釋註》二卷、《周禮補註》六卷、《周禮札記》一卷、《周禮畿內授田考實》一卷、《周官指掌》五卷、《周官恆解》六卷、《讀孝經日記》一卷、《倫理學大義》一卷、《戰史大略》一卷、《太質學》一卷、《學吟集》三卷、《列國軍制》一卷、《味閒齋吟草》二卷、《羊山詩鈔》四卷。又創《常昭月報》以改良新風。

潘瑞文 周易參義 佚

◎民國《壽光縣志·撰述目錄》著錄。

◎潘瑞文，字羲甫。乾隆庚午副貢，學於進士蘇一圻，日以廉隅自礪，時以漢茅容比之。又著有《約言明道編》。

潘三極 易經闡微集解 佚

◎光緒《分水縣志》卷九《藝文志》：《易經闡微集解》，（國朝）潘三極箸。

◎潘三極，浙江分水（今桐廬）人。著有《易經闡微集解》《易注河洛要言》。

潘三極 易注河洛要言 佚

◎光緒《分水縣志》卷九《藝文志》：《易注河洛要言》，（國朝）潘三極箸。

潘士藻 洗心齋讀易述 十七卷 佚

◎道光《徽州府志》卷十五《藝文志·婺源》：潘士藻《洗心齋讀易述》十七卷。

◎潘士藻，安徽婺源（今屬江西）人。著有《洗心齋讀易述》十七卷。

潘思榘 周易淺釋 四卷 存

國圖藏乾隆十八年（1753）刻本

四庫本

山東藏臺北商務印書館 1983 年景印文淵閣四庫全書影印國立故宮博物院藏本

◎周易淺釋跋：補堂先生之于易也，幼從塾師受《本義》，初見卷首諸圖，別繪于紙，出入觀玩。既冠，益治之，遂以易為學官高才生。後成進士，出合河孫公之門。孫公海內大儒，提唱正學，先生從論性天有契，益專意研求易道。自改庶常，跋歷中外，公退即獨坐點閱徐氏《經解》，惟在秋曹及粵臬時日夜以刑獄為急暫輟耳。既移南方，得《易象正》《三易洞璣》《周易訂詁》，益氾濫諸家之說，思為一書以惠學者。偶有所得隨手劄記。庚午朝京師歸，監省試，卒卒無暇。其明年撫閩蓋三歲矣，境內晏然，漸以無事，于是萃其向所記者重為編撰，自尅兩日釋一卦，然日見官屬閱文書，又或校射慮囚往來報謁，三日不能成者有矣，則夜然燭補完之。是夏旱禱羣望者逾月，先生齋居焦灼申旦不寐，釋易最多，稿凡數改，舊所得者什不存三。晨出童子挈書囊從後，賓客或諫阻，先生笑不應。嘗曰：「吾讀易三十年，近始有所見。吾釋易唯從時來入手，唯求六爻字字著實。吾嗜易玩索日有味，覺世間一切無逾此樂者。」未幾福安大水，往督賑，旅視漳泉海防，歸而疾作，然釋易益勤。今春疾甚，語余曰：「吾未釋者獨乾坤二卦，然浹辰病臥，心靜悟乾坤包六十二卦，枕上歷歷體會，觸處皆是。倘旦暮死，必為作序述我半世苦心。」又語同里戚仍夫祖修曰：「吾所釋尚易之淺者，竊欲觀其深而今不可得矣。可名曰《周易淺釋》。未成稿，屬兒子呈合河師定之，吾目以瞑也。」於乎！先生于易可謂知之深而好之篤者矣，其用力勤而必欲自致理道之塗為不可及也。先生所與講易者，金匱錢予齡廣仁、南匯喬瓶城廷選、顧餘菴宏、休寧潘松谷偉、同里戚君、門人福唐林師實迪光，而余之闇陋亦時與焉。先生沒，興泉白憲副願刊行，林君校訖，即計偕北上，憲副以書請定于孫公。而余為述之如此，其書雖未成，其苦心可以質天下後世之學者矣。乾隆壬申莫春既望，雲間後學沈大成學子謹識。

◎跋：是書也，先生去年四月既成《學庸講義》，為之至今年二月易簀之前夕絕筆者也。初，先生注屯蒙至剝復諸卦授光，示曰：「易學言象者以穿鑿而象亡，談理者以附會而理晦，所幸孔子十翼佑啟後人，因傳味經，十得六七。惟傳義精微，探索不易耳。余於象爻詞偶疏其意，冀學者於此有牖可入，非敢擬注疏也。」又曰：「象多言象而變在其中，爻多言變而象在其中，不明

時來，不知卦之來處；不求爻變，不知卦之去處。則繫辭皆落空，不過就其字義解釋虛詞耳。況卦爻無所不包，舊說一槩講入身心政治上去，遺卻許多道理，不如就其淺處說，而深微亦可通。此區區注易之意也。」今先生歿，既成六十二卦，興泉憲副白公素愛民誨士，與先生同有功于吾閩者，將以書請定於大司空合河孫公然後授梓，時先生之執雲間沈君學子、同里戚君仍夫彙遺稿付光校之，見先生自顏是書曰《淺釋》。嗚呼！先生之作是書與名是書也，羽翼經傳開示來學之心已弗及自序以明於世，然觀先生疇昔之言，其亦大略可覩矣。校既畢，爰述之而不禁潸然云。乾隆壬申三月望後受業，福唐林迪光謹識。

◎沈大成《學福齋集》卷一《答徐雅宜論易七八義》：乃知漢學之可貴如此。曩客閩中，潘敏惠公喜談易，曾共言之。後來廣陵，復習聞于惠徵君松厓。

◎沈大成《學福齋集》卷十五《通奉大夫巡撫福建等處地方提督軍務都察院右副都御史贈光祿大夫敏惠潘公神道碑》：公治諸經尤邃于易，獨能探荀、虞之旨。嘗謂後世知有漢學者賴李鼎祚《易解》存耳。自建節即不攜眷之官。公餘日閱注疏及徐氏《經解》，箋釋塗乙，出入，一童抱畢牘自隨，有得即疏之。每語學者曰：「學必求有用，凡象緯方輿歷竿鍾律水利農政，何事不當留心？」又曰：「士君子當以砥行立身為要，若詞章撰著抑末耳。」故自去翰林，益講求經濟實學，雖以成之蕪陋一燈熒熒，相與考訂論辨反復如老書生，其虛懷好學有古人所難者。

◎何焯彥《易經遵孔八晢類稿》卷十二《集晢》：潘氏思榘《周易淺釋》，大旨即象明理，而即互體卦變以求象。每卦皆註自某卦來，謂之時來，此固漢易之支流也。

◎四庫提要：是書皆即卦變之法以求象而即象以明理。每卦皆注自某卦來，謂之「時來」，蓋易道廣大無所不該，其中陰陽變化宛轉關生亦具有相通之理，故漢學如虞翻諸家皆有是說，宋學即程子、朱子亦闡明是理。雖非易之本義，要亦易之一義也。前有白瀛序稱：「思榘點勘通志堂所刊易解四十二家，竭畢生之力以成此書。比其沒也，力疾屬草，尚闕乾坤二卦未注，遂以絕筆。」故此本所說惟六十二卦，其《彖傳》《象傳》則以用注疏本，附經並釋，而《文言》《繫辭》《說卦》《序卦》《雜卦》則未之及。蓋主理者多發揮十翼，主象、主數者多研索卦爻，其宗派然也。後有松江沈大成與其門人福唐林迪光二跋。迪光述思榘之言曰：「彖多言象而變在其中，爻多言變而象在其中。

不明時來不知卦之來處，不求爻變不知卦之去處。爻無所不包，舊說一概講入身心政治上去，遺卻許多道理，不如就其淺處說而深處亦可通也。」固足括是書之大旨矣。

◎《皇朝通志》卷九十七：《周易淺說》四卷（潘思榘撰）。

◎潘思榘（1695～1752），字絜方，號補堂〔註3〕，諡敏惠。江蘇陽湖（今武進）人。雍正二年進士，改庶吉士。八年授廣東南雄知府，十三年遷海南道。乾隆四年遷按察使，七年遷浙江布政使。

潘霨 韡園學易圖說 不分卷 存

國圖藏光緒十四年（1888）井養齋刻本

北大藏韡園刻本

◎潘霨（1816～1894），字偉如、賡紉，號韡園（居士）。江蘇吳縣（今蘇州）人。精岐黃之術。納粟得九品銜，需次直隸官、盧溝橋典史，補昌平州，累遷兩浙鹽運、山東按察、福建布政使副、湖北／江西／貴州巡撫。又著有《韡園自訂年譜》不分卷、《韡園歲計錄》不分卷、《牧令須知》四種、《東坡詩目韻編》一卷等。輯刻《韡園醫學六書》。

潘霨 鄭康成易注備考 一卷 存

清鈔本

潘咸 歸藏易蓍 一卷 佚

◎《四庫提要》著錄。

◎潘咸，生平不詳。著有《易蓍圖說》十卷、《尚書天地圖說》六卷、《音韻源流》五十卷。

潘咸 連山易蓍 三卷 佚

◎《四庫提要》著錄。

潘咸 易蓍圖說 十卷 佚

◎四庫提要：咸不知何許人，所著別有《音韻源流》，中引李漁《詩韻》，則其人在李漁後矣。是書凡《周易大衍蓍》六卷、《連山易蓍》三卷、《歸藏易

蓍》一卷，咸自為之序。其說謂讀易者當自知蓍始，易有三蓍亦有三。《周易大衍蓍》用四十九策，以四為揲，內含六百八十七萬一千九百四十七萬六千七百三十六卦，其用四千九十六卦，以象、爻二辭占《左傳》繇辭，皆四千九十六之卦辭也。邵子《皇極經世》為連山蓍，用九十七策，以八為揲，正卦一千一十有六，互卦一千一十有六，變卦三萬二千五百十有二，以數斷不以辭斷，其吉凶一定而不可易。後周衛嵩《元包》為歸藏蓍，用三十六策，以三為揲，以飛伏、世應、渾天、納甲、五行生克占吉凶，用十二支十干，為千有二百兆。又以焦贛《易林》、《參同契》、月卦《乾坤鑿度》軌數及讖緯諸占為《大衍》之遺意，以管輅《觀枚數》、《參同契》納甲及奇門遁甲、煇夢契響、鳥鳴辨音、拆字諸占為《連山》之遺意，以京房《火珠林》、翼氏《風角》、《素問》五運六氣、揚子《太元》及《元珠密語》杯珓洞靈、望雲省氣諸占為《歸藏》之遺意。其中惟《元包》云出《歸藏》，於古有徵，其餘大抵臆說，無所授受。如畫、為少陽畫：為少陰，易卦畫為點，多與古法相背。其《雜卦蓍數圖》以四象起卦，反易為義，本無甚奇特，而托之繙閱舊籍偶獲一帖，蓋又在豐坊偽經之下矣。

◎《皇朝通志》卷九十七：《易蓍圖說》十卷（潘咸撰）。

潘咸 周易大衍蓍 六卷 佚

◎《四庫提要》著錄。

潘相 周易尊翼 五卷 存

乾隆嘉慶刻潘相所著書本

山東藏乾隆四十一年（1776）刻咸豐遞修本

◎潘相《周易尊翼序》：尊翼者何？尊十翼也。《易》經三聖人手，至夫子翼之而其書始行。夫子言加年學易可以無過，是《易》為教人寡過之書也。何晏《論語集解》以五十學易即五十知命，程子以前皆用其說，是《易》又為窮理盡性至命之書也。蓋語乎寡過則人人宜學，而寡之又寡以至於無，非聖人之盡天道者不能，故夫子亦以為不易學。學易之法，兼乎象變辭占，故曰：「以言者尚其辭，以動者尚其變，以制器者尚其象，以卜筮者尚其占」，又曰：「君子居則觀其象而玩其辭，動則觀其變而玩其占。」夫子之易即文周之易，文周之易即伏羲之易。以象傳解象，以象傳解象，以爻傳解爻，要之，觀其象辭則思過半。不離象數，不厭事理，不專說卜筮，一卦一爻之詞不分某為象

某為占，由是以考河洛先後天之圖，莫不皆然，乃為尊十翼，乃為尊《周易》。古史有言：「辨黑白而定一尊」，學易者其寧勿尊吾夫子哉！

◎《湖南文徵》卷六十九潘相《曲阜縣志序》：見衍聖公，晤孔止堂昆季暨各氏裔，出《周易尊翼》《禮記釐編》《周禮撮要》《琉球入學錄》諸書相質正。

◎潘相，字潤章，號經峰。湖南安鄉縣東高田人。乾隆六年經州試選為拔貢，乾隆二十八年（1763）進士，入國子監琉球官學任教四年，歷知山東福山縣、曲阜縣，升任濮州知州。乾隆四十五年（1780）補授雲南昆陽州知州，未幾告歸。又著有《尚書可解輯粹》、《毛詩古音參義》、《春秋尊孟》、《春秋比事參義》、《澧志舉要》、《琉球入學見聞錄》四卷、《吾學錄》五卷、《事友錄》五卷、《礬文書屋集畧》八卷、《礬文書屋尺牘畧》一卷、《約六齋制藝》不分卷等。《湖南文徵》卷三十四收錄其《卦變考》一篇。

潘湘白　周易蠡測　一卷　佚

◎民國《順德縣志》卷十七《列傳》二：性嗜古，博通經史，閉門授徒，提倡實學。著有《周易刪要》二卷、《周易蠡測》一卷、《周易圖說》一卷、《禹貢圖說》一卷、《周禮撮要》三卷、《禮記撮要》四卷、《左串》二卷、《諸經圖說》六卷、《史長譜》一卷、《隆替譜》一卷、《賢奸譜》一卷、《得失譜》四卷、《沿革譜》二卷、《興亡譜》一卷、《災祥譜》一卷、《軒輊譜》二卷、《明史彙》一卷、《有明記事》一卷、《天文占候》一卷、《疆域沿革》一卷、《萬姓譜》六卷、《子史輯要補》二卷、《四書徵史》八卷、《篋遺編》《待裁編》七集共二十餘卷待梓。

◎潘湘白，字務滋。廣東順德高讚人。嘉慶己卯副貢。

潘湘白　周易刪要　二卷　佚

◎民國《順德縣志》卷十七《列傳》二著錄。

潘湘白　周易圖說　一卷　佚

◎民國《順德縣志》卷十七《列傳》二著錄。

潘湘白　周易愚猜　四卷　存

北大藏道光二十九年（1849）順邑潘氏刻本

潘應標 問義周易經傳 一卷 存

國圖藏清鈔本

◎乾隆《句容縣志》卷第九《人物志》：嘗訂正《周易》經傳約十餘萬言，自序而藏之。辨論古今，評次漢唐作者，至老得三百篇之微意，可補先儒所不及。

◎乾隆《句容縣志》卷末：國朝潘應標《易經傳註》。

◎潘應標，號白石山翁。江蘇句容人。家貧力耕。不喜習舉子業，三時之暇，耽玩書史。

潘永季 易輯義 佚

◎嘉慶《重刊荊溪縣志》卷三《人物志》：著有《易輯義》《易精義》《詩輯義》《詩精義筆述》《讀史劄記》諸書藏於家。

◎潘永季，字純甫，號方林。江蘇宜興荊溪人。嘗客遊江陰從楊名時，學日邃。後授國子監助教，轉兵部主事。丁母憂歸，絕意仕進。尤精字學，纂輯成編，音義詮次，精核淵雅，孜孜纂述。漢唐諸儒義疏泊宋賢理學源流，胥有條貫。年六十餘卒。又著有《詩輯義》《詩精義筆述》《讀史劄記》《讀明史劄記》等書。

潘永季 易精義 佚

◎嘉慶《重刊荊溪縣志》卷三《人物志》：著有《易輯義》《易精義》《詩輯義》《詩精義筆述》《讀史劄記》諸書藏於家。

潘永季 周易劄記 四卷 存

山東藏乾隆鈔本

◎欽定《國子監志》卷三十一：乾隆二年，兼管監事楊名時保舉進士莊亨陽，舉人潘永季、蔡德峻、秦蕙田、吳拔，拔貢生官獻瑤，監生夏宗瀾等七人，皆留心經學，可備錄用。奉旨著該部調取引見，以為該監屬員，聽楊名時等分委辦事。

潘欲仁 易象一說 六卷 存

南京藏光緒二十二年（1896）刻虞山潘氏叢書本（二卷）〔註4〕

〔註4〕《湖北省立圖書館舊籍目錄》作光緒七年（1881）刊本。

上海藏光緒十七年（1891）鈔本

上海藏稿本（不分卷）

臺灣文聽閣圖書有限公司 2010 年起林慶彰主編晚清四部叢刊第十編本

◎潘欲仁（1830～1891），字子昭。蘇州府昭文縣（今江蘇常熟）人。潘栻姪。少從兄芝佩遊，學益進。又師張璐受古文法。與桐城方宗誠交甚密。以廩生舉於鄉，道光二十九年（1849）副貢。凡十二試鄉闈不遇。同治七年（1868）任沛縣教諭，勗諸生以道德、經濟。晚有見於道之大原，嘗謂學者氣質未化，不免膠執一見。就其質之所近，如偏於沉潛、偏於高明皆未得聖人之中。欲事事求合於聖人，惟《論語》一書平易中正，身體而力行之可化偏倚之蔽。生平言動莫不誦法《論語》，雖遇病臥，猶默誦以觀道體。又謂詞章、考據皆為人之事，必致力於身心性命始能為已，否則博觀群書無益也。又著有《讀周禮隨筆》二卷、《理學辨似》一卷、《讀論齋雜著》四卷、《疏淪論》一卷、《惟是堂四書文》若干篇。

潘欲仁 易傳集說 三卷 存

上海藏稿本

◎常熟張瑛《知退齋稿》卷五《潘君子昭家傳》：著有《易象》四卷、《易傳集說》三卷。大旨謂六爻以重卦而成，弗察乎八卦之性，安能識六爻之象。八卦以三畫而成，弗辨乎八卦每畫之性，安能識八卦之性。欲識八卦之性，第觀於健順動入陷麗止說已無不該。欲辨八卦每畫之性，非觀於天地雷風水火山澤之性終不可析。《彖傳》、《大象傳》所以必取乾坤六子之象。非取其象，取其性也。易道至深至大，此書提綱挈領，可為學易者法。又撰《理學辨似》二卷。言為學必去我心之蔽，方可入道。其蔽有四：一為不具，二為不精，三為不融，四為不大。分綱列目，切中學人通病。

◎劉聲木《桐城文學撰述考》卷一「潘欲仁撰述」：《易象一說》四卷、《易傳集說》三卷、《理學辨似》一卷、《讀周禮隨筆》二卷、《國書肆》一卷、《疏淪論》一卷、《惟是堂四書文》□卷。

潘元懋 周易廣義 六卷 首一卷 存

上海藏康熙十一年（1672）刻本

北大、中科院、上海、南京、遼寧、西安文管所藏康熙十二年（1673）劉元琬武林刻本

山東藏乾隆四十七年（1782）一灣齋刻本

四庫存目叢書影印康熙刻本

◎是書正文為兩節版，下為《周易本義》，下為《勉齋纂序周易廣義》。

◎張尚秉序：易道之明也，孰為之？解易者為之也。然其明而猶有不盡明者，孰為之？解易者為之也。非解易者之能明經復能明解，易而專為制義設，則明之適以晦之也。易有卦爻，眾義兼舉，而訓詁之家強為條貫以立說，操觚之士獨取闊大以成文，於是六十四卦止為六十四事之用，而一爻一事之外更無餘事之可通矣，於易之義何居？夫以陰陽之奧，聖人憂世之心無窮，而欲盡之以一家之言，宜其夫人而言易夫人而不明易也。程子本義理以著《易傳》，紫陽不必然之，謂夫聖人之情在開物成務，不當復如諸經所云。然則學易者舍《本義》何從焉？誠知象占為全經之要，知德體時位復位象占之要，而朱子名《本義》之意昭然若揭矣。吾友潘子友碩克承家學，服膺《蒙引》《存疑》二書以推廣《本義》。猶不敢自謂已足也，乃備取眾說而參訂之；猶不敢自謂易讀也，乃屬其文辭而聯貫之，楗戶深思歷二十餘載而編始成。今試略舉其概：如易自庖犧氏而下，有文王、周公之易，有孔子之易，比而同之固不可，然竟謂其絕不相謀也，則凡《本義》中有先用《彖傳》《象傳》者，其將盡取而去之乎？《周易》古本尚有存也，而不及見古易者則不知傳中《本義》所云「凡言《傳》者倣此」六字為何語。至於卦爻之繫象者，不獨牝牛羸豕包桑白茅之為象，即乾之惕厲亦象也。言占者，不獨吉凶悔吝之為占，即直方大、不習無不利亦占也。他如《象傳》之不盡蒙上文也，若眾行、育德之類，不盡舉全之也。若或從王事之類，不盡蒙者而必欲蒙之，其失也支；其不當略者而必欲略之，其失也漏。此非習焉而昧其解，則求深得淺之弊也。潘子字比句櫛，不漏不支。載諸上者，詳哉其言之矣，而未嘗增益於《蒙》《存》之所無；載諸下者，詳哉其言之矣，而未嘗異同於《蒙》《存》之所有。至其採擇之慎、體之精，務使天下必由《本義》以見作易之原而後快，其功不在蔡、林二氏下也。海內同志者，而留意於是編，則以之玩辭而原始要終，條貫莫尚於此；以之應制而稽寔待虛，闊大莫尚於此。易道之明而無復有不明者，當自今日始矣。里中同學弟張尚秉爾超氏譔。

◎周易廣義序：甬江多經明行修之士，余膺簡命視學兩浙，考校茲土，蓋十得八九焉，而潘子元懋於易義為最優。一日獻所輯《周易廣義》一書，展卷讀之，因歎易學榛蕪久矣。自前此之以易名家者，略去象占渾淪立說，又

或執理而失之固、拘數而失之荒，遂使古聖人稽實待虛、存體應用之意泯焉不傳，易理之晦所由來也。余家世學易，奉考亭朱夫子《本義》而習之，而其說惟以蔡、林兩先生之旨為宗。每思舉平生所論定出而正當世學易者之訛，而不謂四海之內已有先我而獲之者。是書也，一本《蒙引》、《存疑》、《通典》、《大全》諸編以疏明《本義》，條分縷析，無微不闡。謂之《廣義》，良曰攸宜。爰授之梓以廣其傳，使四方之學易者，得共見作易之原而恪守乎象占之辨，與深求夫理數合一之故，以是副聖朝經明行修之選為不愧也。是為序。康熙壬子長至穀旦，督學使者汝陽劉元琬題。

◎史大成序：自來休明之治必以振興文教為先，而崇經學以正士趨，尤論治者所首尚。方今聖天子敦屬實學，重道尊經，海內士風翕然丕變，而於易理病其久為蒙錮，靡所適從，未嘗不期深見四聖源流者為之指述而登之覺路也。余友潘子友碩好學潛修，髫年輒脫穎采芹，為鄞庠領袖。己卯科幾先余著鞭，不意慍中副車。主考蔣虎臣先生稱其經義之淋漓洋灑，迄今猶為之扼腕不置，蓋其尋研於易者有年矣。茲乃以所著《周易廣義》一書受知於督學劉公，為出官俸而授之梓。公紹月旦評以衡文吾浙，蒐拔英俊無遺，政聲藉甚都下，而於表章經學尤為鼓吹休明之盛典，繄唯吾友潘子實嘉賴之。天下之士得以開蒙錮之心而共見夫四聖之源流者，舉公教思之所被也。余聞其剞劂將成，心焉喜之，走筆而為之序以郵寄焉。至於說易之大旨，潘子當自能言之，固毋俟余為之縷陳也。時康熙歲次癸丑仲春朔日，里中同學史大成拜譔。

◎周易廣義跋：蓋聞川嶽之精蘊陰而鍾，珠玉之瑞當其韞含，時人固未之知也。然而光氣所徹，上逮重霄，一遇識者，拭拂以登之，夫人而欽國珍也已。平之師勉齋潘先生《周易廣義》一書，其明徵矣。平生也晚，不克盡睹先生著書之始、分更刻漏之功。卯角甫受業時，先生以平為可教，授以《四書廣義》二十卷，日夕囑平以領會義理為制舉業第一喫緊工夫，且曰：「四子書自楊、顧《說約》行世，義理已如日之中天。吾之書雖有增損於中，要不越于《說約》以為之準。若夫《易經》諸書，莫善于《蒙引》《存疑》兩編，真是羽翼朱夫子之說，而四聖之旨，藉以大彰，吾唯服膺家學，奉兩編以折衷羣言，日有吐棄，歲有貫穿，雖經三脫藁而猶未盡釋也，歉于心，尚須脩餙之也。子其偕我較正之。」平敬謝不敏，弗獲固辭。因而日相商確，復經兩脫藁而即承督學劉公所鑑賞，捐俸梓行。平固知是書光氣，久矣上達重霄，終欲

蘊含而不可得，海內知有先生之學者，皆劉公拂拭以登之之功也。而習易之家盡得繼蔡、林兩編以求朱夫子之說，使四聖之旨藉以大彰，是書所以承先而啟後，曷有其極也哉！里中受經門人陸平百拜敬述。

◎胡文學《適可軒文集・周易廣義序》：漢儒始重說經，然他經猶易說也，惟易不易說也。夫子曰「吾述而不作」，述者謂述古人之義而立言，即說經亦猶是也。蓋自古作者伏羲氏一人而已，其後雖文王、周公俱述也。然文王奚所得于畫而即見有元亨利貞？周公奚所得于畫之一而即見有潛龍、于二而即見有見龍？此二聖人善說伏羲之易也。至吾夫子則顯然說經既已大言之、精言之，旁通而廣釋，使其義無不盡，此夫子善說三聖人之易也。自商瞿之後漸為施、京、馬、鄭之說，復一變而為輔嗣王氏之說，再變而為圖南陳氏之說，至於程朱之《傳》《義》而四聖人之道始大著。蓋由商瞿之後曠數千年，而世系止此，是則說經固誠不易也。然自考亭出而諸家之言遂廢，今《大全》所集，嵩取羽翼《本義》，亦皆說朱氏之易也。吾年友潘子友碩，少善易學，謂近世惟虛齋蔡氏、次崖林氏二家所說足以羽翼《本義》，因取其書為之條分縷析，合為一編，以廣《本義》所未及。凡二十年而書成，使學者得由蔡、林以見《本義》，由《本義》以上窺四聖人作述之旨，所謂由河以及海者也，其于說經亦誠不易矣。雖然，考亭先生之言曰：「學易當以簡治繁，不以繁御簡」，又曰：「諸聖賢之易各自為其易，學者且依古易次第先讀本文，則本旨自見」，是則今日此書既已廣《本義》所不及，吾猶願學者更由廣而復歸于本也，則益進之矣（序次源流簡而能該，原本經術之文，入之《南豐集》中亦當稱最）。

◎四庫提要：是書成於康熙壬子，以朱子《本義》為主，逐句發明，如注之有疏。又以章旨節旨及敷衍語氣者冠於上方，所謂坊刻高頭講章也。

◎曹寅《棟亭書目》：《周易本義》，本朝甬江潘元懋序輯，六卷，一函六冊。

◎潘元懋，字友碩。浙江鄞縣人。

潘運皞　頗遯齋易說　佚

◎康熙《江南通志》卷五十一《人物・潘運皞》：著有《遯齋易說》、《西沆雜記》。

◎潘運皞，字熙仲，號西沆。安徽滁州人。初隨父姓唐。順治丙戌年

（1646），以恩入成均，中戊子亞元。己丑（1649）登進士，拜中書科中書舍人，復本姓潘。丁酉（1657）順天府鄉試臨時充任主考官，中忌，放歸原籍。晚年益精研易學，至於手不釋卷。又著有《西沇雜記》《西沇遊記》《頗遯齋易說》《五待吟》《十讓一不讓說》等。曾撰修康熙《滁州志》，書未成而歿。

潘兆龍 周易析義 佚

◎乾隆《太平府志》卷二十八《人物志·孝義》：又潛心易理，於《繫辭》上下、《雜卦傳》，自為《析義》，手抄成帙，藏於家。

◎光緒《蕪湖縣志》卷十四《人物志》：又潛心易理，於《繫辭》上下、《雜卦傳》自為《析義》，手抄成帙。藏於家。

◎民國《蕪湖縣志》卷五十六《藝文志·經部》：《周易析義》（清潘兆龍著）。

◎民國《蕪湖縣志》卷四十七《人物志·孝義》：生平潛心易理，於《繫辭》上下、《雜卦傳》自為《析義》，手抄成帙。藏於家。

◎潘兆龍，字武玉。安徽蕪湖石硊鎮人。庠生。為學攻苦。

龐大堃 易例輯略 一卷 存

上海藏光緒十四年（1888）江陰南菁書院刻南菁書院叢書本

續四庫影印光緒十四年（1888）江陰南菁書院刻南菁書院叢書本

◎目錄：納甲、十二消息、卦氣、五號（以上孟氏），八宮世卦、八卦六位、卦主、應、伏、互（以上京氏），三義、易數、八卦用事、爻體、爻辰、三才、六位、中、據承乘、河圖洛書（以上鄭氏），乾坤升降、否泰終始、往來、前後、反卦（以上荀氏），太極生八卦、乾坤立八卦、六十四卦消息、爻變、兩象易、半象、元、時、爻位、筮、占（以上虞氏）。

◎龐大堃（1790～？），字子方，一字厚甫。江蘇常熟人。姚文田弟子。嘉慶二十四年（1819）舉人。道光中官國子監學錄。博通諸經，晚年專心《說文》。謂欲明古音，必先究《唐韻》，乃可定其分合。著有《周禮注疏節要》六卷、《儀禮注疏節要》四卷、《四書異同說》六卷、《說文校勘記》十五卷、《形聲類篇》二卷《餘論》一卷、《職方地理考》一卷、《恒星考》一卷、《琴韻軒文》一卷《詩》二卷、《自敘年譜》一卷《遺訓》一卷、《唐韻輯略》五卷《備考》一卷、《形聲輯略》一卷《備考》一卷、《古音輯略》二卷《備考》一卷、

《等韻輯略》三卷、《易例輯略》一卷、《形聲類篇校勘》一卷。

龐塈 周易集說 四卷 佚

◎乾隆《任邱縣志》卷九《人物志》：喜讀《周易》，精思微會至忘寢食。卒年七十有九。著《松間書屋詩集》六卷、《周易集說》四卷、《閒居錄》八卷。

◎龐塈，字信公，號紫崖。河北任邱人。龐克慎子。幼受詩法於兄堉，自漢魏以下無不講明切究，尤好少陵詩，生平心力畢萃於詩，觀《詩義固說》中兄弟論詩之旨，可知其家學淵源。康熙三十七年（1698）受知於安溪李光地，拔入國子學。雍正二年（1724）特旨召用授東陽知縣，尋以年老多病告歸，年七十九卒。晚年喜讀易，精思微會，至忘寢食。又著有《松間書屋詩集》六卷、《閒居錄》八卷。

裴祈生 四書周易講義 佚

◎光緒《重修奉賢縣志》卷十一《人物志》二《儒林》：著有《四書周易講義》傳世。

◎光緒《重修奉賢縣志》卷十七《藝文志》：《四書周易講義》（國朝裴祈生著）。

◎裴祈生，奉賢陳家橋人。婁學諸生，學優品端，士大夫家爭聘之。錢金甫等多出門下。康熙癸酉舉人宋漢章本姓裴，其後裔也。

裴希純 易箋 十卷 存

新鄉藏稿本

◎裴希純，河南人。裴日煥子。世職任河南守備，升都司。

彭鼎重 讀易管見 佚

◎乾隆《續修蒙化直隸廳志》卷五《人物志》：博極羣書，尤邃于易。獨居小樓，窮探理數，經三十稔，草《讀易管見》，質之大中丞楊文定公，許可刊刻未果。後以卒於官散佚，士林惜之。

◎彭鼎重，字鎮九。歲貢生。任建水訓導。

彭定求 學易纂錄 一卷 佚

◎彭蘊章《歸樸龕叢稿》卷五《先世著述記》：《學易纂錄》，南畇公著，

闡明易理，略於名象，依章附說，兼取錯綜。此書未刊，存本係公手書。

◎彭定求（1645～1719），字勤止，號訪濂，學者稱南畇先生。江南長洲（今蘇州吳縣）人。施道淵、湯斌弟子。康熙二十五年（1686）進士，累官至侍講。又著有《小學纂註》、《文星閣小志》、《明賢蒙正錄》、《南畇詩稿》二十五卷、《南畇文稿》十二卷、《南畇先生詩選》六卷、《陽明釋毀錄》、《儒門法語》、《治家格言》、《湯潛庵文集節要》、《周忠介公遺事》。

彭定求 易象附錄 不分卷 存

復旦藏清初彭氏傳鈔稿本（清彭聯祥、王大隆跋）

彭定求 周易集注 佚

◎羅有高《尊聞居士集》卷六《奉政大夫翰林院侍講贈光祿大夫吏部右侍郎加一級彭公行狀》：季夏上疏乞休歸里，作閒居謝客約，益沉潛經術，研味宋明先正遺書，時與同里樸學老生相磋切，放梁谿高子豆腐會，作蔬供。或出文星閣課同里諸生，集《儒門法語》。公嘗自識其簡耑，其略目為鄒魯日降，續自濂洛，朱陸設教，微分徑涂，然尋厥指歸本無異致，後來聚訟漸爾矯誣，躬行日微，口說滋熾，其于身心奚裨焉？又目潛莽湯公操履淵密，其言平粹明達可持循，采湯公書為《潛莽文節要》。初，公侍長寧君，出入愉愉，日有所聞，既貴，手朱子《小學》書紬繹反覆，目為範圍至廣大，又目為吾郰即日月既邁矣，而出入周旋仍當如童子始入小學時，庶幾知非改過，不至終身惑溺，復而不反，造《小學纂注》。閱明賢傳記，感《彖傳》「蒙目養正」之義，造《名賢蒙正錄》。又目生平讀明儒七賢書得開窹私淑之恩，于是為至作《高望唅》七章懷恩七賢講學之區。七賢者，白沙陳子、陽明王子、東廓鄒子、念菴羅子、梁谿高子、念臺劉子、漳浦黃子也。時有作書詆陽明者，公見而恫之，目為學術異同各因其所見，見淺見深，議論滋焉，曷怪矣。夫陽明先生為學本末、樹猷反正之勤甚明白，今據宵小一時悖誕蕪薉實錄，立浮議，訕明賢，是非之心果安在邪？鍛鍊舞文，甚于酷吏，而君子蹈之，豈不哀哉？且其論朱子之學陋彌甚，謂偏于窮理者則瀉之目主敬，偏于主敬者則瀉之以窮理，成何語邪？吾不知其所居何敬而所窮者何理也。夫謂陽明倡為自知之說，病其為禪，則自知兩言出于孟子，將並孟子而病之乎？程子有言「知者吾之所固有，然不致則不能得之」，又言「聞見之知非德性之知，德性之知不假見聞」，將並程子而病之乎？又謂明之亡不亡於朋郰，不

亡于寇盜，而亡于學術，意以此歸獄陽明。嗟夫！誠使明季臣工目自知之說互相警覺，互相提撕，則必不叚招權，則必不叚賢虐忠，則必不叚縱盜戕民，識者方惕陽明之道不行，不圖誣之者顛倒黑白，逞戈矛、弄簧鼓至于斯極也。又謂其間傳陽明之學者不無賢人君子，則由其天資之美，能勝其學術，此又矯揉不中之論也，從來未有學術既非猶得葆其天資者，不根游談層見疊出蠱道，真疑來學恐遂偏頗乖離。先生正直蕩平之道不叚，目默造《陽明釋毀錄》。長寧君晚歲竺信梁谿高子之學，目自得之怡授之公，公繹之，作《密證錄》。目寡過之方莫備于易，喜伊川《易傳》博攷論易書，決擇精研，纂《周易集注》。

彭端淑 集百家易注 六卷 存

川師藏乾隆二十三年（1758）彭氏石室刻本

◎彭端淑編，彭遵泗、彭肇洙訂。

◎彭端淑（1699～1779），字樂齋，號儀一。四川眉州丹棱（今丹棱縣）人。與弟肇洙、遵泗稱三彭。雍正四年（1726）舉人、十一年進士。任吏部主事，遷本部員外郎、郎中。乾隆十二年（1747）充順天鄉試同考官。乾隆二十六年（1761）隨船督粵西糧運，辭歸，隱於成都白鶴堂，主錦江書院二十年，李調元、張翯、鐘文韞等皆出門下。著有《白鶴堂文集》四卷、《雪夜詩談》二卷、《粵西紀草》一卷、《蜀名家詩抄》二卷、《曹植以下八家詩選》、《晚年詩稿》等。

彭任 周易解說 四卷 佚

◎光緒《江西通志》卷九十九《藝文略》一《國朝》：《周易解說》四卷，彭任撰（《贛州府志》）。

◎彭任，字中叔。江西寧都人。

彭申甫 易經圖說辯證 二卷 存

上海、南京、湖北、中科院、湖南社科院藏光緒十二年（1886）長沙彭氏刻周易解注傳義辯正附本

臺中文聽閣圖書有限公司 2011 年晚清四部叢刊第六編影印光緒十二年（1886）刻本

◎彭申甫（1807～1893），字麗崧（麗松、麗生）。湖南長沙人。彭永思

子，陶澍婿。舉道光乙未京闈，授候選通判。又著有《朵園文集》五卷、《詩集》二卷《詩集補遺》一卷、《楚辭注辯正序》、《講舍約說四則》。

彭申甫 周易解注傳義辯正 四十四卷 首二卷末二卷 存

國圖、南京藏光緒十二年（1886）長沙彭氏刻本

臺中文聽閣圖書有限公司 2011 年晚清四部叢刊第六編影印光緒十二年（1886）刻本

◎周按：彭申甫《中國古籍總目》誤作彭中甫。

◎目錄：

卷首之一例言。卷首之二姓氏〔註5〕。卷一上經彖傳象傳乾。卷二坤。卷三屯蒙。卷四需訟。卷五師比。卷六小畜履。卷七泰否。卷八同人大有。卷九謙豫。卷十隨蠱。卷十一臨觀。卷十二噬嗑賁。卷十三剝復。卷十四无妄大畜。卷十五頤大過。卷十六坎離。卷十七下經彖傳象傳咸恆。卷十八遯大壯。卷十九晉明夷。卷二十家人睽。卷二十一蹇解。卷二十二損益。卷二十三夬姤。卷二十四萃升。卷二十五困井。卷二十六革鼎。卷二十七震艮。卷二十八漸歸妹。卷二十九豐旅。卷三十巽兌。卷三十一渙節。卷三十二中孚小過。卷三十三既濟未濟。卷三十四繫辭上傳（一章至五章）。卷三十五繫辭上傳（六章至九章）。卷三十六繫辭上傳（十章至十二章）。卷三十七繫辭下傳（一章至五章）。卷三十八繫辭下傳（六章至十二章）。卷三十九文言傳。卷四十說卦傳。卷四十一序卦傳。卷四十二雜卦傳。卷四十一周子太極圖說通書、大程子定性書、張子西銘。卷四十四集說：鄭氏康成易贊、王輔嗣周易略例、陸元朗釋文易經注解、傳述人（附說）、李鼎祚周易集解序、陳圖南易龍圖序、程子易傳、程子易傳序、程子上下篇義、胡庭芳周易附錄纂疏翼傳序、何燕泉易疑初筮告蒙約。卷末：易經圖說辯正卷上：河圖洛書辨、萬氏更正河洛圖圖說、太極生兩儀四象八卦圖說、天地定位章卦位圖說、帝出乎震章位次圖說、乾坤生六子圖說、邵子六十四卦橫圖說、邵子六十四卦方圓圖說、朱子卦變圖、虞氏卦變圖、錢大昕虞氏六十四卦旁通圖、虞氏兩象易圖；易經圖說辯正卷下：七十二候六日七分圖說、八卦配納甲圖說、大衍全圖說、序卦表、雜卦表、互卦圖說、胡氏卦象爻象圖說、萬氏九德圖說、京氏世應圖說（附萬氏更正璧卦四圖）、鄭氏爻辰圖說、鄭氏爻辰值宿圖說、朱子筮儀、朱子啟蒙蓍策。

〔註5〕周按：此即其引用、參訂、分校姓氏。

◎例言：

一、是編以李氏《周易集解》、王氏《易注》、程子《易傳》、朱子《本義》為宗。蓋《集解》經唐李氏鼎祚搜輯，漢魏諸家易說殆遍。《王注》則通行之注疏本，《程傳》及《本義》皆通行之本，惟四家易各自為書，其說亦間多異同。《集解》於漢易得其全，王、程、朱之說為宋儒所宗，故取四書全錄之，不敢增減一字，其說有先儒所辯正者，則一切收輯之以附於四家之後，名曰《解注傳義辯正》。

一、《集解》所錄漢魏諸儒經說三十八家，攷漢儒說經者田何後分施、孟、梁邱三家，施梁邱易已無攷，孟易散見於許氏《說文》及《唐書》僧一行之《六卦議》，說者謂皆孟易也。如《漢書》趙賓釋箕子之明夷，當時訾為新義，實孟義也。惠定宇宗其說，蒙心契焉。其平湖孫步升堂為之搜輯者，茲編亦為補入。

一、京君明易為論消息之宗，而章句已亡，其見於《集解》及《釋文》、《漢上易傳》者所存無幾。孫步堂有補錄，亦附於《集解》存之，然所收輯者尚不過章句訓詁。如湯嫁妹辭錄於王伯厚《困學紀聞》，而《集解》遺之；至其積算、雜占實為卦氣之本，其爻占、世應、游歸，漢唐諸儒皆宗之，而今僅為《火珠林》之用。惟因《集解》未錄，不得擇入經注。至卷末《卦氣圖》則仍其原本附錄之。漢世易所存，此為最先，當不嫌繁雜也。

一、《子夏傳》，《七略》以為韓嬰書。說者謂《漢志》有韓氏二篇，即是書也。然《隋志》已云殘闕，或云唐張弧偽撰。宋李衡《義海撮要》取房書權舊本存之，中多偽語。茲編第取孔氏《正義》、李氏《集解》及《釋文》所引。他如朱子發及晁无咎所引者，則稍為節之，示慎也。

一、馬季長傳費氏易，又為鄭康成所師事，其說應有原本。而今所存者益少，且第有字句之異同，無甚義例。至引《論語》詁《觀象》未免太疏。然如釋「腊肉」、釋「天且劓」、釋「震蘇蘇」皆有新義。即豫六二扚于石、明夷夷于左般、艮不扚其隨、損德之循也其於人也為宣發，實可備古易之一助。而先後甲及參天兩地而倚數，則皆有精義，惜乎其不多見也。

一、荀氏為九家易之首，文中子曰：「九師興而易微」，考其說大抵皆本之慈明。慈明處漢末，容容保身，無足怪也。而仍京氏之消息，倡為升降之論，意在勸進董太師，故九十日而至三公，蓋有由也。歷二千餘年未有正其為邪說者，愚特於師二爻辭注著論以明其姦，友人馮樹堂以為深文，然實可

為人心世教之防，其得失可不必論已。

一、鄭氏易歷漢魏六朝立於學官，數百年無異議。乃貞觀中孔沖遠撰《五經正義》，黜鄭宗王，而鄭義遂亡。北宋時猶存《文言》《說卦》《序卦》《雜卦》載於《崇文總目》。故朱子發《漢上易傳》、晁无咎《嵩山易》尚引其說。至南宋而四篇亦佚，於是浚儀王伯厚始哀輯羣籍為《鄭氏易》。本朝惠定宇因其摭采未備，又補九十二條，更作十二月爻辰圖及所值二十八宿圖。平湖孫步升又別為補遺一卷。茲編又增錄一條，於鄭易可謂大備，然僅存者止爻辰卦氣及字句異同耳。鄭氏以禮說易，實易學之大宗，其云「河以通乾出天苞，洛以流坤吐地符」固河洛圖之先聲，其論五行生成卦位亦與邵圖無異。互卦本之《左傳》，惟爻辰非易，《正義》《集解》存其駁而遺其正，為可惜已。然當即其說引伸之，如萃卦之為盟會卦、觀卦之薦俎乃弟子之事，足正馬季長之誤。七日來復云「建亥之月純陰用事，至子建而陽氣始生」，亦與邵子方圓圖說相合。其他所說雖略有異同，究之精博，真不愧為經神。因爻辰之牽引而訾及鄭易，不可也。因求漢易而欲悉宗其說，又何為哉？

一、資州採漢說最多者，惟虞仲翔。仲翔漢末義士也，平時多憤時嫉俗語，故為吳太帝所擯斥。其說蓋欲力矯荀氏而未敢昌言，故於消息卦因旁通而創立之、正之名，其中牽附者特多。高郵王氏辨論之，是已，然尚未知其用意之深也。申甫依經辯正，亦不得不於其造象演象力駁其偏。然其孤憤感慨則實見其心，而亦頗條著其說，然不能悉也。至其卦位必依納甲，則尤為邵子之先導。故仍《集解》所錄，逐條詳諸本經傳注及圖說焉。

一、《集解》所引三十八家，孫步升仍其舊而綴拾異文。自《子夏傳》迄劉子珏，止二十一家。然如王子邕之不好鄭氏而多同於鄭氏，則仍還之鄭氏。陸公紀與仲翔同仕於吳，而說不同於虞，蓋用京氏說及九家易者。干令升《易注》，《釋文序錄》謂為十卷，蓋魏晉時說易一大宗也。其說本京氏世應，而以商周事互證之。令升為杜征南女夫，處曹、馬易代之際，其用意大抵與荀慈明同。天歷中，武原屠曾體乾得有注者三十卦，備六爻者止乾一卦，嘆為駿心雄理、遣詞英上，為東南易髓，不無過譽。茲從《集解》全錄之，間加辯正。其餘如劉景升表、宋仲子衷、何妥、侯果、崔覲、王世將廙、張璠、向秀、姚元直信、朱仰之所存，皆不過單辭隻句。李氏既存之，亦不敢略微有出入，亦不暇與之辯，存其人而已。至范長生自號蜀才氏，以逮翟子元，則五季唐初之說易者也。《集解》收採可謂亟詳。然如《正義》所採之

謝萬、桓元、卞伯玉、荀柔之、徐爰、顧懽、明僧紹、宋褰、何允、伏曼容，北朝之崔浩、盧景裕、關朗、王通、虞喜、莊氏，則皆從其闕。又《經典釋文》所載之褚仲都、張晏、呂沈、蘇林、劉炳，僅存其名字，則已不能無遺憾。而史微之《口訣義》、郭京之《易舉正》，今尚存全書，而略不道及，則尤不可解矣。

一、許叔重《說文解字》中多引《易經》文，然有一字兩收而未詳所宜從，有引經而彼此互異，後人紛生異義，則止得互存之。其有經先儒已論斷者，則仍存錄之。間竊附鄙意，以資質正大雅云爾。

一、王注全錄，惟注疏本有收入《集解》中與孔疏本兩歧者，即加案語辨明，其字句稍異者則概從注疏本。又輔嗣《略例》已別錄集說附經文後，惟下卷十一卦則各錄入本卦象爻傳注下，不復別錄。有與注疏同者即不復錄。

一、王注所未詳者，賴有孔疏。孔疏有承衍王注者，即不復重錄，其有語意輕重不同者亦必兼收之以示詳備。注疏所引儒先之說，均按《釋文》所錄姓氏及朱竹垞《經義考》，依時代先後，與《集解》所引相參錯，但注姓氏，不復分別李解孔疏，以免繁文。間有從他書引入者即注明原書以便查對，其在孔疏後依見本錄入者均於首引條內注明。

一、《程傳》《朱義》均照原本全錄，惟程《傳》本用王注例，與《集解》舊式不知何如。見行《集解》係盧雅雨用鄭易式所刻，《本義》用古易，不與三書相同。茲辯正亦用鄭易式，每卦以《彖傳》、大小《象傳》附後，與《本義》式稍異。其錄《程傳》及《本義》，以未能盡一，不得已頗移其舊式，而字句則不敢稍為增刪。且依時代先後與儒先次序，只中標明《程傳》《本義》，亦不能別立名目。閱者求其義蘊，不必訾及樣式異同，可也。

一、周子為兩程子所師事，《程傳·易序》胥宗其說。茲編取《太極圖說》及《通書》附經傳後，示道統之正傳。而以大程子《定性書》及張子《西銘》附之，諒不以附和宋儒見訾。

一、朱子記嵩山晁氏《卦爻象彖說》，謂古經始變於費氏，此據《漢書》。《儒林傳》云：「費直治易，無章句，徒以《彖》《象》《繫辭》《文言》解說上下經也。」又云：「卒大亂於王弼。」此據孔氏《正義》。夫子作象辭元在六爻經辭之後，以自卑退，不敢於亂先聖正經。王輔嗣之意，以為象者本釋經文，宜相附近，其義易了，故分爻之象辭各附其當爻下，故杜元凱注《左傳》，分經之年與傳相附也。顧亭林則謂：「今乾卦象曰為一條、象曰為一條，疑此費

直所附之元本。坤卦以小象散於各爻之下，其為象曰者八，餘卦單為象曰者七，此鄭康成所連，高貴鄉公所見之本。」蓋據《魏志》高貴鄉公幸太學與博士淳于俊問對之辭也。竊謂高貴鄉公所見本即費直所附之本，故俊對只云「恐與文王相亂」，不及周公。鄭康成傳費易，而鄭易時立學官，故對以為鄭氏所合，其實非也。王輔嗣自坤以下散《小象》於各爻下，孔疏已有明文，此無庸辨者。茲編以欲便於誦讀，故悉遵鄭本，而於輔嗣所增彖曰、象曰概從刪削，則仍遵朱子古本爾。

一、顧亭林曰：「荀爽、虞翻之徒，象外求象，而易之大指荒矣。王弼之注雖涉元虛，已掃易學之榛蕪而闢之大路，不有程子大義，何由而明乎？」然不自程子始也。宋初即有陳圖南、王昭素，而胡安定、周濂溪為程子所師事。石守道、范文正、劉長民固先程子而治易者，同時則張橫渠、邵康節、司馬溫公皆程子之交好，而大程子更不待言。故《易傳》義蘊精深，其取資固有自來。茲編於大程子、張子及溫公易說略登其全，周子已附經傳後，而范、胡、石、劉亦略登其詳，俾讀者知淵源之有自，而薪傳則有尹和靖、謝上蔡、游廣平、楊龜山、郭兼山父子，立說皆不背師說，而亦不泥師說，則為存其大半焉。朱子發之《漢上易》用程義而參以虞說，乃有百衲襖之誚。蘇長公文雄百代，《易傳》多攄發其胸臆。乃李衡《義海》搜採數十家而顧以其與程子不睦，遂擯之勿錄。聖道如天，可以私恩為去取乎？編中不敢稍存意見。

一、《本義》特宗《程傳》，而以《易》為卜筮之書，欲人之觀象玩占也。乃論者以為此占象滯本，何說之誕乎！朱子蓋匯易義而集大成者也。易者象也，漢儒於易主卦變，蓋欲因變以求象，所謂博觀於物以求之者也。邵子以神悟而超乎意象，於是不泥象而求數、而立數、而觀變而自得乎數。朱子乃以理御數，而不復滯於象。《本義》體大物博，情深文明，有包括漢魏諸家說易之意，而終不自滿。其與張敬夫書謂：「方知漢儒善說經語，以漢儒只說訓詁，使人就此訓詁玩索經旨，意味特深長也。」又序呂伯恭《音訓》，謂其「猶或有所遺脫」，又答劉君房滕琪書云：「《本義》有模印之戒。」昔賢惟日孜我不自滿假如此。然以此知朱子之特自立一說，不自謂能窮易之蘊也。自是以來，尊朱者既失之太過，攻朱者亦失之不倫。試取《語錄》較之，其與《本義》異者特多，固未知其說之先後也。朱子同時有敬夫、伯恭之友助，與蔡西山父子、黃勉齋、董叔重之在門牆，猶且不能窮極夫淵微，則信矣夫易之廣大也。故於《本義》後亦博取儒先之書以益之，其取錄不敢謂有合於易，特未

知有資於《本義》否。

一、邵子之易乃自漢魏以來別立一幟，然其卦氣本之京君明、方位本之《參同契》，並非無據之言。特創立先後天之名，以夫子之《繫辭》《說卦》不歸之夫子，而創分伏羲、文王。同時楊龜山已議之。朱子尊信不疑，而以河洛圖及伏羲、文王四圖冠之《本義》卷首。致攻朱者藉口不置，不知河洛不可攻者也。伏羲、文王四圖特立論太高之過，以還之夫子，即無可議。可議者其在《皇極經世》元會運世之書乎？子張問一世可知，夫子但舉夏殷已往告之，而前有千古後有萬年，誰能極其數而窮其變？朱子置而不道，此則《本義》之精矣。故於圖內僭易標題，願與讀易圖者共商之。

一、與朱子並世而一時尊之，與《程傳》並重者，無如楊誠齋之易。誠齋易貫串史事以發明易義。以史證經，非說經正體，蓋誠齋目擊宗社阽危已在旦夕，憂憤之沈無可發攄，而議論平實有過於蘇文忠。茲編特取其說附於《小象》注，意存經餘之論，且俾讀者知綜貫史學云。

一、《本義》而後，注易者不下千數百家，然大端有二：一宗漢儒以鬭程朱，一宗程朱以鬭漢儒。各揚其幟，幾同水火。自元明迄我朝，至乾道之交而最盛。然宋元以後，醇儒輩出，皆有不可磨滅之論。我朝經學昌明，安溪李文貞公親承虞廷聖訓，自附見知之倫，《觀象》《通論》二書，無異皋禹陳謨，故於經傳注多詳錄之。華容萬彈峰《易拇》一書，說雖甚簡而圖最明，亦多取焉。

一、注疏及程朱本經無音訓，以音義詳陸元朗《釋文》，不必重出也。而呂東萊乃於《本義》別為音訓，一遵陸氏，而增入晁无咎之說。顧亭林又有《易經古音》，援證最博。毛西河雖力與之辯，卒不能勝。茲編取陸、呂、顧三書合詳於經傳本文下，以便讀者之諧聲正韻。又以徵引太繁，僅可為辨論之所資，非佔畢之先務。故別刊讀本以便家塾之誦讀焉。

一、惠徵士云：「漢儒說易未嘗有圖。」其說非也，有圖而亡之耳。陳希夷始為老龍圖，邵子因之而為八卦次序方位圖。朱子取之以冠《本義》卷首，又自為《卦變圖》。自是而說易者必先有圖，重規疊矩。如明來翟塘至繪百三十餘圖，煩碎可厭，然皆不免如朱竹垞所譏「盤旋程朱腳底」而已。茲編於《本義》九圖外概從其略。而張皋文之虞義卦變圖實與朱子相發明，則以附於朱子圖後，而錢竹汀大昕之虞氏旁通圖及虞氏兩象易圖則附及之。惠定宇京房卦氣圖、納甲圖與邵子卦圖相表裏，遂特存之。至元熊季重之大衍圖、

胡氏庭芳之反對圖，皆依經立說，非空言可比。而萬彈峰之九德圖、互卦圖，無非遵經詁義。惟京氏易八卦世應圖、鄭氏爻辰圖，雖未免一涉術數一涉牽附，因二家為漢易之最先。惠氏、錢氏、萬氏皆有圖，遂錄而存之。至胡玉齋彖象爻象圖徵象考，實足破易說之穿鑿，故著錄之。而朱子《筮儀》及《啟蒙》尤為決嫌明微不可少之書，亦從而詳述焉。至元明逮本朝之易家，鮮藏書，讀之不及千一。而四十年未入都門，二十年不踰里閈，師友喪亡，故交零落，既無質正，亦鮮權商。年近耄齡，精力日竭，弇鄙固陋，閱者諒之。

　　◎易經解注傳義辯正序：陳簧簧於庭，過而知宮商之應者，師曠之聰也；而問笙鏞之形模，則莛撞者能言之。挹湍激於勺，嘗而辯淄澠之味者，易牙之口也，而問篘葅之酸咸，則指染者亦識之。六籍之燔於秦也，《易》以卜筮之書獨全，顧獨全而襲之者滋眾。決嫌疑、定猶豫者，《易》也，襲之而有孤虛、壬遁、飛伏、世應之術；數往知來者，《易》也，襲之而有方州部家、元會運世之數；无思无為者，《易》也，襲之而有丹竈火候、心齋坐忘之異；君子尚消息盈虛，天行也，易也，襲之而有辟卦、卦氣、爻辰、上下易之岐。夫子曰：「易有聖人之道四焉：以言者尚其辭，以動者尚其變，以制器者尚其象，以卜筮者尚其占。」聖人之情見乎辭，卦有小大，則辭有險易，辭不可為典要也。參伍以變，錯綜其數，上下無常，剛柔相易，變以極天下之至動也。聖人仰觀俯察，遠取近取而窮天地萬物之象。象以擬至賾之形容也，極數知來之謂占。將有利也，將有行也。問焉而以言，其受命也如嚮，占亦以利用安身崇德也。故曰君子居則觀其象而玩其辭嗎，動則觀其變而玩其占。此豈孤虛、壬遁、方州部家所得擬乎，亦豈丹竈、火候、爻辰、卦氣所得託乎？夫一陰一陽之道，漆園吏嘗言之：「一生二，二生三。」猶龍老子不已闢太極兩儀之橐乎？古今之變無窮，事物之象至賾，吉凶悔吝得失占不勝占，而聖人之辭則曰乾以易知、坤以簡能，易簡而天下之理得。以是知渺然一身所恃以參三才而立極者，自有在也。《傳》曰：「立天之道曰陰與陽，立地之道曰柔與剛，立人之道曰仁與義。」孟子之言曰：「雖存乎人者，豈無仁義之心哉？其所以放其良心者，梏之反覆，則其夜氣不足以存。」周子之言曰：「聖人定之以中正仁義而主靜，立人極焉。」有顏子之四勿，而後不遠復，無祇悔。有曾子之三省，而後敦艮不出其位。首腹足股耳目手口，吾身之象即吾身之易也。馬牛龍豕雞雉狗羊，物理之象即吾心之占也。守吾瓶、塞吾竇、鍵吾籥，運呼吸於風雷，藏天地於在宥，其機緘祇在吾目，其運量祇在吾心，而後水火交濟，山

澤通氣焉。故邵子曰：「先天圖，心學也。」彼拾藩沫於煦濡、弊精神於探索，曰「吾以觀象玩占」，鍥遺劍於行舟而已；驗詘伸於天符、騁雄辯於元理，曰「吾以玩辭觀變」，求元珠於罔象而已。自漢以來，言易者何啻千數百家，大旨不出辭變象占。然而何晏、荀羡之辭，虛車之辭也；管輅、郎顗之占，小道之占也。不足於應變，何與於制器？雖然，蕨嶰谷之莆，伶倫往矣，安求師曠？置元酒於室，和羹尚矣，豈必易牙？前哲之心有契先聖之心者，固能玩先聖之辭與占；即未能契先聖之心，而盡其心以求合夫先聖之心，雖不必動則觀變玩占，而居則亦觀象而玩辭矣。蒙賦質愚魯，幼從塾師受坊本朱子《本義》，於訓詁且茫無所知。先君子授以《程傳》及御纂《折中》，時方治帖括，取虞氏易讀之，如墮障霧。既又取京氏雜占博之，乃益茫然。而儒先之說，人人異辭，欲通而觀之，舉鑿枘不相入。如是者有年，反而求之《繫辭傳》，始恍然先哲之易各具聖人之一體，玩辭者未必不遺象，玩占者似未必盡變，然皆師曠之聰、易牙之口也。程子《易傳》，聖人之修辭也，而象與變則從其略。蓋原王輔嗣之埽象，而於京氏之消息、鄭易之互卦，胥闢之而易，祇尚乎辭已。李氏《集解》匯漢魏諸家之易，於象與變亦欲各求本末，而闢卦氣與互體則同於輔嗣。邵子神悟河洛之圖，於聖人之觀象觀變盡矣。而卦氣存乎圖，蓋原本乎玩占也。朱子意在通辭象變為一，而益以卜筮為玩占。《本義》一書，簡而該，博而大，故功令特取以試士。而村塾不得博涉羣書，即《啟蒙》《語類》亦罕見。故不揣愚陋，取四家書合編之。凡先儒議論與四家相比附者，遇有辯正，即錄而存之。歷寒暑二十餘年，稿或三五易，或七八易。非敢云學易，蓋聊效莛撞之力、染指之嘗，藉以收吾放心云爾。雖然，蒙於此竊有感焉。經術與治道，相為升降者也。我朝經學昌明，聖祖、高宗，易說如日麗中天。於時毛西河乃有《原舛編》，意在攻邵以攻朱；胡朏明《河圖明辨》亦有微辭。隆嘉朝，河間紀文達校《四庫全書》，於《易緯》鄭注錯簡正之、闕帙補之，又搜羅羣籍，刊聚珍板，俾儒生得讀未見書，嘉惠亦云勤矣。維揚阮文達倡言復古，彙刻《經解》於學海堂。時則有江氏藩沿而標漢學師承之幟，致經生家各立門戶，互相黨援。餘論所染，波靡未已，殊失治經正旨。愚於《辯正》雖略及之，而別黑白而定一尊，則所望於大有力者，非山人所敢及也。友人湘西李齬堂中丞、昌江李次青方伯憐愚衰老，佽百金，慫以稿本付梓。爰敘編輯始末，並述例言，藉以就正有道。有不棄衰老，訂正編內舛誤者，不勝厚幸。光緒乙酉歲二月穀旦，長沙彭申甫麗崧氏敘於青山朵園，時

年七十有九。

◎俞樾《春在堂襍文四編》卷七《彭麗崧易經解注傳義辨正序》：余嘗從事於羣經矣，竊謂《三禮》之學必以鄭氏為宗、《春秋》之學必以公羊為主，是二者皆未可以後儒之說參之也。至於《易》則漢學宋學各有所得亦各有所失，漢儒說《易》，自田何以來源淵有自，所得固多，然如卦氣、爻辰之說，求之於經，安有是哉？宋人惟創立先天後天圖、臆造伏羲八卦方位誣古亂經，未敢苟同；至其說經則深得孔子《繫辭》之旨。夫孔子《繫辭》言義理者十之八九、言象數者纔十之一二而已，然則以義理證《易》，孔氏家法也，安見荀、虞之是而程、朱之非哉！吾老友彭麗崧先生，耄而好學，於諸經皆有譔著，而尤深於《易》，刻其所著《易經解注傳義辨正》四十八卷寄示余於吳下。所謂解者，李鼎祚《集解》也；注者，王弼《注》也；傳，程《傳》也；義，朱《本義》也。合是四書以治易，使學者先讀《集解》以窺漢儒之門徑，再讀王氏之《注》為程朱道其先路；然後求之程《傳》、朱《本義》以求孔子贊易之精意，觀其合與不合而加辨正焉，自來治《易》之書莫要於此矣。其博采諸家之說至二百餘家之多，而以己意論定。如因荀氏二五升降之說，謂其以邪說阿世；因虞氏之正之說，許其為漢末義士。不特發明經義，而論世知人之學亦見於此矣。惟所采二百餘家，以余之膚淺而亦與焉，未免失之泛濫。其於井初爻取余水禽之說，謂禽字之解此為諦當，乃余近著《茶香室經說》則又變其說矣。蓋古之聖人多居北方，觀象繫辭皆是北方之事。南方隨處有水，北方則往往平原千里，惟有井水而已。有井之處，必刳木為槽，以桔槔取水灌注其中以飲牛馬，而禽亦飲焉。余驅車燕趙，每見飲馬之處無數飛鳥翔集其閒，御者舉鞭一揮乃始散去。王注所云「井不渫治，禽所不嚮」，正得其實，不必易也。蓋余說經之書，《平議》最先出而亦最疏，先生所抨彈者已聞教矣，其承謬許者亦尚多未愜，附報先生，亦見學問之無窮也。

◎摘錄引用姓氏（僅摘錄明清部分）：

明：蔣氏悌生（仁叔）、劉氏定之（主敬）、蔡氏清（介夫）、邵氏寶（國賢）、韓氏邦奇（汝節）、林氏希元（茂貞）、陳氏琛（思周）、來氏知德（矣鮮）、豐氏寅初（復初）、蘇氏濬（君禹）、錢氏一本（國瑞）、楊氏啟新（文源）、黃氏道周（幼元）、何氏楷（元子）、錢氏志立（爾卓）、喬氏中和（還一）、張氏振淵（彥陵）、谷氏家杰（拙侯）、吳氏曰慎（徽仲）。

國朝：顧氏炎武（亭林）、王氏夫之（而農）、刁氏包（蒙吉）、黃氏宗義（太

沖）、毛氏奇齡（大可）、毛氏錫齡（天與）、李氏光地（厚菴）、李氏文炤（朗軒）、胡氏渭（朏明）、包氏儀（羽修）、梅氏文鼎（定九）、惠氏士奇（仲孺）、任氏啟運（翼聖）、惠氏棟（定宇）、屠氏繼序（易門）、錢氏大昕（辛楣）、盧氏文弨（弓召）、臧氏鏞堂（在東）、段氏玉裁（茂堂）、余氏廷燦（存吾）、姚氏鼐（姬傳）、張氏惠言（皋文）、胡氏翹元、閻氏汝弼、王氏引之、鄧氏尚諶、萬氏年淳（彈峰）、王氏文潞（困翁）、唐氏敦謙、孫氏堂（步升）、丁氏希曾、張氏學尹、丁氏敘忠、陳氏鎔（雪鑑）、俞氏樾（蔭甫）、王氏廷植（實）。

◎參訂姓氏：懷宵陳雪鑑（鎔）、長沙熊羽臚列（少穆）、善化瞿春階（元霖）、德清俞蔭甫（樾）、武陵楊杏農（彝珍）、湘陰郭筠仙（嵩燾）、平江李次青（元度）、湘陰李黼堂（桓）、貴築傅青餘（壽彤）、吉安王實丞（廷植）、湘潭王壬秋（闓運）、永定胡若谷（先容）、平江黃少杜（森甲）、長沙馮樹堂（卓懷）、新化彭森陔（偉甫）。

◎及門分校姓氏：漵浦艾作模式丞，道州何慶鈺遜齋，新化劉炳光若華，龍山朱振鏞次江，涇縣朱榮曾稚泉，宜章鄔孝思曉菱，平江李昌祺熙仁、艾益暢華軒、李元音子韶、李煥敦仁、單光照主欽、周之德聖泉、李薪傳嘯村、鍾昌靈毓峰、歐陽濬滌源、嚴振凡端繡、毛宗典堯農、李懋勤琴舫、陳晞陸輔卿、黃農紀鶉、黃新穎仲幽、黃崇晄次六、毛清瑞晏寰、毛飛翰鄂秋、張子純彤賓、黃鐘銘佐臣、黃瑞松碧城、江詩伯少淹、凌烈瑨笛樓、嚴彭齡比軒，湘陰李兆蓉文閣、劉贊邦真生、寧樹衡惠生、鄭沺湘舟、劉鼎祺勵吾、王慕曾希廉、高國珩少卿、易光煌笙亭、賴本源少皋、朱佩蘅麗泉、范澤廉炳森、吳勛耀竹銘、李煥星寅谷、王汝明煦皆、任晉光介卿、黃永年苴階，武岡萬祖恕方琛、萬文錦渭青，衡山羅兆麟暘生、劉嶽鎮靜生，衡陽胡鎮中荔雲、王調鈞柏笙、馮由驥呈、左雛鱗庇生、羅太開燮唐、謝希尚幼安、王家樑磎舲、鄒桂生士林，清泉李長郁康侯、羅振志蓬仙、唐鳳章羽生，桂陽雷經品書三、彭政欽蕭齋、夏健人松亭、雷煥文郁庭、雷然庚小盤，東安李湘藩界丞、夏承虞萬青、李湘芸香洲，祁陽龍廷弼熙臣、劉鳳翔五樓，耒陽李華芬漱六、謝南式杞蓀，常寧廖鍾湘岷山、張雲農皋，長沙焦同嚴蔚初、葉源漢鑑泉、張達萬子善、善化楊廷瑞子杏、蕭文昭叔薇、唐祖培繼武、唐祖樹紹武、許維傑理齋、黃式谷鵠三，湘鄉陳瀚子潸、陳又新百勤，瀏陽陶龘莘農、劉信庚瑾笙、劉信桴穆吾、劉名鹽寅皆，甥體陵李運炎望之，壻黃道淵子璞、蕭曜逵心泉、馮忠杰實臣，外孫瀏陽瞿熙臣庶咸，族孫平江德勳藝圃、經世壯齋、焯樹民，湘陰

榮藻建吾、丁燿黼堂、運鋈魯林、煥甲筱坪、尚森若虛、彪炳珌垣，姪襄贊元，姪孫清藜少湘、清倬登綬、清簀海岩、清琳貢卿、清琯裕生，姪曾孫昌鋈碧珊、源燁丙臣，男樹森、樹炳、鋆、言笑、蕟、鐵禾、佑禨，孫瑞清、彝清、湜清、直清、時道、藝清，曾孫濂、夢麟、景範、衡全校。

◎郭嵩燾《郭嵩燾全集・日記》光緒五年十一月十一日：閱龔寶垓（南翹）、朱文通（次江）文數通。以朱生《矯諛齋記》為最勝。南翹之文客氣太甚，不如朱生。黃昌期、裴樾岑、彭麗生、袁予文、田蓉溪、姚庶侯、蕭子純、龍硯仙、張力臣過談，竟日奔馳，自顧無謂。硯仙糾正鄙人評校《史記》之文，精闢過於宿學，未易才也。麗生見示所著《易經解注傳義辯證》，博徵諸說，斷以己義，亦集易之大成矣。所著詩文亦絕佳。吾楚學問塗徑日闢，老成後進，相望而起，為之神王。

◎王闓運《湘綺樓文集・箋啟》卷二《致彭親家》（申甫）：正月一箋，六月乃達，看見湘、蜀之阻。循誦復書，慨然有志於本朝經學之編，闓運舊亦聞緒論，而以為知言矣。但經書須有師承，自通志堂之集為世所訾，阮集出而變本以加厲、矯枉而過直。今欲求諸老生能發明師說之書，杳不可覯，唯小學有佳者耳，豈得為鴻編鉅制耶？大著《易集說》近之，猶嫌有去取。闓運將俟弟子有特達者，各治一經，皆以集解體為之，非十年不能辦。孤身在蜀，捨己芸人，又無此心緒，田光所為發慨於銷亡也。吾湘校經生或能及此，故欲辭歸，為識塗之馬，又恐羅研丈以白簡從事、崔貞史於戲台相見、郭意臣以去就要君，則敗興矣。

◎李元度《天岳山館文鈔》卷十三《彭晉篏〔註6〕孝廉傳》：因果之說，儒者所不道，而易實賅之。朵園邃於易者也，原始反終之理，其必有以知之矣。

◎李元度《天岳山館文鈔》卷三十二《彭麗崧親家七十壽序》：晚益潛擘經學，註《周易》，取漢唐已來說易諸家，博觀而斈取之，都數十卷，殆所謂擇之精語之詳者邪！鳴虖！《易》為寡過之書，吾夫子加年學易之歎時，年幾七十矣，其曰五十以學易者，大衍之數五十，河圖中之所虛也。惟五與十參天兩地而成數，合參與兩成五，衍之則成十，五者十其五、十者五其十，參伍錯綜以盡之，理與數悉在是矣，不必如宋儒者之改經以就己說也。先生以七十之年學聖人之學，則所為窮理盡性以至命者，不即於學易得之哉？！

〔註6〕彭樹炳，字晉篏。長沙人。彭申甫仲子。

彭修 易指事 佚

◎同治《新化縣志》卷第三十五《藝文志》三《藝文補遺》:《易指事》
（彭修撰）。

◎彭修，湖南新化人，著有《易指事》。

彭學鏗 周易圖象解 一卷 佚

◎道光《寶慶府志》卷第百三十六《國朝耆獻傳》十一:學鏗亦深於易，
有《周易圖象解》一卷，亦無傳本。

◎彭學鏗，字德清。湖南新化人。年輩與譚愛蓮齒，邑人以兩明經稱之。

彭援 易經講義 佚

◎光緒《江西通志》卷九十九《藝文略》一:《易經講義》，彭援撰。

◎彭援，江西宜豐人。

彭焯南 周易指事 四卷 存

上海、湖南藏光緒二年（1876）古粿草廬刻本

湖南藏黃文中據光緒二年（1876）古粿草廬刻本鈔本

臺中文聽閣圖書有限公司 2011 年據光緒二年（1876）古梅草廬刻本影
印本

◎周易指事序〔註7〕:管幼安以成德在密，與邴原而躬習俎豆於遼東，非
學者勿見。史稱幼安高潔而熙熙和易，因事而導人以善。王船山先生謂此言
善傳君子之心。幼安嘗自惕以一日科頭三朝晏起，君子之心密課於退藏之際
而已。天地革而四時成，天地行而四時成，不仰觀俯察，安能熙熙和易哉？
既和易矣，若將退而無補於世，而船山謂漢宋三國之天下，非苟悅、諸葛孔
明之所能持，而幼安持之，非以其因事而導人以善耶？昔莊尊隱於卜，而與
人言必依忠孝；仲長子光佯瘖，而指畫老易二字示人。李二曲先生稱希夷當
五代時堅臥雲壑，遯世無悶，第述其踵息蛻飛之奇，不知其隱維人心風俗者
極厚。此數君子亦皆深於易而和易以與人為善，君子之心隱矣。焦先孫登朱
桃椎之類，船山謂其道窮而仁亦窮，余讀船山之書而得君子仁天下之心。又
得新化彭子笙陔《周易指事》一冊，深重其與人為善根乎至性。新化多續學

〔註7〕又見於嚴玉森《虛閣遺稿》卷六。

能文之士，而笙陔最樸厚，蓋有得於迹象之外也。文中子論易曰：「默而成之，不言而信，存乎德行。」彭子居山水奧區，細心藏密，澹視榮利，不得已而著此書，隱維人心風俗，垂老益勤。予來湖南，得賀生淇文，知其通經嗜學。詢之，果致力《尚書》古義，惜其年未四十遽歿。歿之日，屬其家人以所著書稿託余藏待梓。余每念之，因序彭子之書，益念賀生而感歎欷歔不能自已也。光緒五年九月。

◎郭嵩燾《郭嵩燾全集‧日記》光緒六年九月廿一日：彭笙陔見示《周易指事》、《明史論文》二書，朱青甫極嘉賞之。予於癸酉年曾見其《明史論略》而為之序，刻之簡端，今亦不復記憶也。

◎嚴蔚春《虛閣先生年譜》光緒五年己卯九月：為彭君笙陔作《周易指事序》。

◎彭焯南，字笙陔。湖南新化人。同治光緒間主講龍源、資江書院。又著有《江南遊草》一卷、《明史論略》六卷。

彭作邦 周易偶解 一卷 存

山東藏同治四年（1865）家刻本

民國山西省文獻委員會輯山右叢書初編據同治四年（1865）家刻本鉛印本

◎一名《易傳偶解》。

◎彭作邦（1779～？），字對山，號荷村。山西平陽（今臨汾）人。嘉慶十五年（1810）舉人，十九年（1814）進士。授內閣中書，遷宗人府主事。道光間任貴州、四川鄉試正考官及順天鄉試同考官。居京師二十年，惟以著述為事。後丁憂歸，遂隱林泉不復仕，主講簡城書院、晉陽書院。又著有《周禮詩》《使蜀日記》《使黔日記》《求放心齋文稿》《稚藤書屋詩草》《雜體詩存》。

彭作邦 周易史證 四卷 存

南京藏道光十六年（1836）刻本

山東、遼寧藏同治四年（1865）家刻本

民國山西省文獻委員會輯山右叢書初編據同治四年（1865）家刻本鉛印本

◎周易史證序〔註8〕：易之興，當殷之末世，周之盛德，當文王與紂之事，故其辭多危，其要無咎。其中如帝乙歸妹、高宗伐鬼方、箕子文王之明夷，經也。而以史緯之，而包犧神農黃帝堯舜之制作，又特詳於《繫辭傳》，蓋惟天道、明人事，至精至深、至繁至賾，於道無所不該，而六十四卦之大象皆有「君子以」之文，其三百八十四爻之吉凶悔吝則隱括數千百年得失善敗之林，以垂為炯戒，即以作史觀可也。自漢及宋，譚易者主象主數主理，派分為三，漢學中惟鄭康成間引古事以證爻象，迄宋李光作《讀易詳說》，卦爻之辭悉就君臣立言，證以史事。惟時光以論和議被謫嶺南，故於當世之治亂、一身之進退三致意焉。觀其所上疏云：「淮甸咫尺，了不經營；長江千里，不為限制」，未聞專主避敵如今日者。然則其退而著書，非隱以網維為己任，能深切著明若是哉？而或且以牽合病之，謬矣。其後與光書同例者，則惟楊文節公《易傳》，亦依程氏本旨，雜引史傳為證。文節於開禧間聞北伐起釁，憂憤以終。雖書之徵引不同，而其網羅宇宙之心則一也。後世講易諸家，非雜入禨祥則務窮造化，率於治平之要鮮所發明，其與佛氏傳心、道家丹訣亦何以異？視李與楊之綜綴人事以求實用，其得失為奚若哉？！今讀荷村先生所撰《周易史證》一編，於觀象玩辭之中，寓以古為鏡之意，大有裨於世道人心，使讀是編者隨時觀省，各存網羅宇宙之心，吾知其遠勝於高談元渺、無裨時事者非可以道里計矣。先生遭逢聖世，歸老林泉，扶世翼教，其所遇與李、楊異，然辭多危，而其要無咎。古聖人當周之盛德，猶時深兢惕之思，則隱括數千百年得失善敗之林以垂為炯戒，此其意未可一日廢也。先生是編，以之闡明經學也可，以之驅遣史才也可，即以之潤色我國家億萬年隆平之鴻業也亦無不可。讀竟，綴數言歸之以誌欽慕云。安化羅繞典謹識。

◎序：六籍莫古於《易》，又以卜筮之書未遭秦燹，故自兩漢以來，傳者相承，班、范書所載可考也。然多明象占，至王輔嗣始言理，而孫盛已非之。盛之言曰：「《易》之為書，窮神知化，非天下之至精，其孰能與斯世之注解？殆皆妄也。況弼以附會之辨，而欲能統元旨者乎？故其敘浮義則麗辭溢目，造陰陽則紗賾無間。至於六爻變化、羣象所駁，日時歲月，五氣所推，弼皆擯落，多所不闡。雖有可觀焉，恐將泥夫大道。」由盛之言，則以象數為重矣。夫聖人設卦觀象繫辭焉而明吉凶，則象數者作易之由而理實象數之本也，舍理而專言象數，如焦、京輩所習，其言亦不必盡驗，則易者只用之風角占卜

而已。聖人以為寡過之書，於卦爻之吉凶悔吝無不揭其故，以示後世，俾後世傳讀者因爻位所值以自考其行事之得失，是易乃脩身立德之書，豈僅占卜已哉？！昔鐘士季之母張夫人，涉歷眾書，特好《易》，每讀孔子說鳴鶴在陰、勞謙君子、藉用白茅、不出戶庭之義，使會反覆讀之，曰：「《易》三百餘爻，聖人特說此者，以謙恭慎密，樞機之發，行己至要，榮身所由故也。順斯術以往，足為君子矣。」嗟乎，可為讀易之法矣。竊思理寓於事，以事徵理則理愈顯而可據。邦自束髮受書，服習此經四十餘年，每思史傳所載事實，實有與爻義宛合者。若繁徵博引，連類比附，勒成一書，而卦爻之義愈覺印證詳明。以為漢魏以下注家林立，宜有此本，以家鮮藏書，又聞見甚尠，未之見也。乙未秋，遭鼓盆之戚，移寓棉花巷內，陋室數椽，湫隘偪側。丙申四月以後，亢陽為厲，殆不可支。因日取《易》讀之，不揣固陋，思成夙志。每讀一卦，徵引數事，伸解爻義，俾事與理互為發明，庶幾經旨非託空言，而聖人之言信而有徵，讀者因經以證史、因史以通經，於持身接物之道有所參稽，而歸於實用。較冥索象數者，其益於身心不已多乎？故解釋各爻一遵朱子《本義》，偶有與己意未愜者數爻而已。積兩月餘而六十四卦俱舉，分為上下二卷，名曰《周易史證》。寓邸存書寥寥，又以兒輩歸里，悉摒擋巾箱中。案頭惟前後《漢書》而已。故所徵引，兩漢為多。其中附會遷就，知所不免，擬再質諸博洽君子刪改就正。或當代已有其書，如得寓目，即以此覆醬瓿矣，姑藏之家塾以俟焉。道光丙申七月朔日，平陽彭作邦荷邨自序。

◎摘錄蒙卦注：自兩漢以來，經籍漸出，然老師宿儒多用力於章句訓詁，而修身齊家治國平天下之道或略焉。魏晉而後，詞華盛而本根拔，遂分文章政事為二。至末有道學、理學之名，學術益歧出矣。觀春秋時，名公鉅卿，勛業爛如，而會盟賦詩，溫文爾雅，有能文章而不能政事者乎？有高談性道，施之於事，迂闊無補者乎？春秋以後，惟兩漢吏治可觀，由於以德行為選舉，其能專稱自治者，皆能出而治人者也。自制科行，而士趨於無用之學，迨出而從政，所學與所行，枘鑿不入。

皮錫瑞 易經通論 一卷 存

山東、山西大學藏光緒三十年（1904）思賢書局刻師伏堂叢書本

山東藏 1923 年上海涵芬樓據光緒三十年（1904）思賢書局刻師伏堂叢書本

◎吳承仕《吳檢齋遺書・檢齋讀書提要》：統觀皮氏此書，凡論經傳緣起者，時有愚誣之談；評漢宋學術者，頗多持平之論。不以彼一害此一，亦初學者所宜參考也。

◎皮錫瑞（1850～1908），字鹿門，一字麓雲，學者稱師伏先生。湖南善化（今長沙）人。舉人。三應禮部試未中，遂潛心講學著述。光緒十六年（1890）年主湖南桂陽州龍潭書院講席。中日後極言變法不可緩。光緒二十四年（1898）任南學會會長。晚年長期任教，並任長沙定王臺圖書館纂修。著有《經學歷史》、《師伏堂叢書》、《師伏堂筆記》、《師伏堂日記》、《今文尚書考證》三十卷、《尚書大傳疏證》一卷、《古文尚書冤詞平議》二卷、《尚書古文疏證辯證》一卷、《尚書中候疏證》一卷、《史記引尚書考》一卷、《鄭志疏證》、《三疾疏證》一卷、《聖證論補評》二卷、《魯禮禘祫義疏證》一卷、《六藝論疏證》一卷、《孝經鄭注疏》二卷、《駁五經異義疏證》一卷、《五經通論》五卷、《春秋講義》二卷、《王制箋》一卷、《漢碑引經考》一卷、《自課文》三卷、《駢文》四卷、《詩草》六卷、《詠史》一卷。

蒲立德 易學匯解 佚

◎宣統《三續淄川縣志》：生平好古，自經傳子史以及百家二氏，與夫醫卜術數，無不究其義蘊。晚尤嗜易，著《易學匯解》，未竟而卒。

◎蒲立德，字毅庵，號東谷。山東淄川蒲家莊人。蒲松齡孫。乾隆歲貢生。又著有《修通考備採》一卷、《修志備採》一卷、《三字經註解》一卷、《古今年表》一卷、《道書會通》四卷、《家政彙編》四十卷、《東谷文集》四卷、《東谷詩》一卷。

浦龍淵 周易辯 二十四卷 首四卷 存

哈佛、國圖、上海、湖北、華中師範大學藏康熙十七年（1678）敬日堂刻本

四庫存目叢書影印康熙十七年（1678）敬日堂刻本（首二卷）

◎周按：《四庫存目叢書》所據底本不全，華師所藏此書首四卷，為海內孤本。其葉方藹序待查補。

◎目錄：卷首易考十篇易論八篇（另為一帙）。卷一上經乾。卷二坤。卷三屯、蒙、需、訟。卷四師、比、小畜、履。卷五泰、否、同人、大有。卷六謙、豫、隨、蠱。卷七臨、觀、噬嗑、賁。卷八剝、復、無妄、大畜。卷九頤、

大過、坎、離。卷十下經咸、恒、遯、大壯。卷十一晉、明夷、家人、睽。卷十二蹇、解、損、益。卷十三夬、姤、萃、升。卷十四困、井、革、鼎。卷十五震、艮、漸、歸妹。卷十六豐、旅、巽、兌。卷十七渙、節、中孚、小過。卷十八既濟、未濟。卷十九繫辭上傳一章至六章。卷二十七章至十二章。卷二十一繫辭下傳一章至六章。卷二十二七章至十二章。卷二十三說卦傳。卷二十四序卦傳上下二篇、雜卦傳十九節。

◎卷首目次：卷首之一伏羲重卦考、文王卦辭考、周公爻辭考、孔子贊易考、易字義考、六位考。卷首之二圖書考、象數考、卜筮考、卦變考。卷首之三易教歸重天子大臣論一、易教歸重天子大臣論二、天子學易三大要論、大臣學易論、士庶人學易論。卷首之四卜筮之例不可混施於明經論、四聖易教本同論、諸儒易學不同論。

◎凡例（九條）：

一、《周易》一書，微辭奧旨，鮮能窺測，其來久矣。所以然者，只為看得脈理不清，說得事情不透耳。然欲脈理清、事情透，要自有本領工夫，不從紙上勤襲。所謂本領者，須是卓然有立，志聖人之志；廓然無物，心聖人之心；惻然與民同患，情聖人之情。加以稽古達務，更練既多，自然胸有全易，所遇卦爻皆油然會心，迎刃而解矣。若無此本領，縱使學問淵博，終是眼中有障，難以下手。

一、解易一以孔子之言為主，孔子於《大象》解伏羲之卦象，於《彖傳》解文王之彖辭，於《小象》解周公之爻辭，此以聖傳解聖經，千古經師未有善於孔子者。若看得傳文明亮，則經義自是了然。朱文公嘗言「大概看易須謹守《彖》《象》之言，聖人自解得精審平易」，此文公見得極是處。若不宗孔子，別立意見者，不落小數即墮野狐，非正經也。不可不慎。

一、彖辭總全卦而舉其大綱，爻辭分六位而觀其施用。六位之中君臣上下各有攸司，等級分明，體統相維，聖人所以綱紀人倫轉旋世道者，其用在此。周公分位繫辭，正名定分，其義極嚴，蓋萬世不易之典禮存焉。昔人謂易有變易不易二義。變易謂諸卦之時用惟變所適，不可為典要者是也；不易謂六爻之定位各有典常者是也。世儒說易，于六位之典禮多所混淆，殊失經旨。今一一辯晰，方知周公立言自有分曉，關係甚大。別有考論，詳在卷首。

一、《大象》專解伏羲之卦象，然合於全象六爻，原無兩意，其間亦有文

辭若不相蒙而事理實相融貫者，乃知四聖人之易，先後同揆如出一口，豈可云各自有易以割裂聖統？

一、《繫辭》諸傳總論聖人作易君子學易之事，大要以易知簡能為入道之門，以崇德廣業、開物成務為體道之功用，辭變象占，條分縷析，本自明白易曉。然諸家之說頭緒茫然，原其受病，蓋有二端：一則看得易道太幽遠，不能親切理會，是以言之無味、閱之可厭；一則每章要牽入卜筮，及附會邵子先後天圖位等說，是以攪亂文義，尤為費解。不知言近旨遠方為善言，守約施博方為善道，若近裡著己，從人情物理、易知簡能處尋討入路，則灑掃應對便是精義入神，豈在索之幽遠？至于卜筮之說已于天一地二章明言之矣，其餘何必每章牽入以滋葛藤？況先後天圖位本于隱士陳搏，自是邵子一家之學，四聖之時並無此圖見于經傳，且其說實與傳文不相符合。今若撇開此等徑看傳文，何等直捷明爽，真所謂撥雲霧而見日月也。

一、諸家解易，明者甚少，明而首尾融貫者尤少，即使徧求千百種，亦是地丑德齊，莫能相尚，今只可節取，不可多錄，若多錄則不勝辯論，徒來聚訟之譏。惟節取其近似者，再加暢發，以表先儒翼經之功；又節取其可疑者，稍加翻駁，以發先儒未發之蘊。然愚所論次原只就經傳依文衍義，並非自出意見，第識淺學疏，恐有謬戾，望明眼君子不靳是正以攻吾過。

一、《易》之為書出自帝王師相之手，六十四卦無一非帝王師相之事，凡為天下國家者，皆所當熟講而周知、靜觀而動察者也。語曰「禍福無門，惟人所召」，《書》曰「惠廸吉，從逆凶，惟影響」，又曰「作善降之百祥，作不善降之百殃」，又曰「德惟一，動罔不吉；德二三，動罔不凶」，然所以求福免禍、趨吉避凶之道，其說莫詳于易，故明主所以治世、良臣所以致君，其要莫先于講易。易理既明，然後六經四子、歷代史書，一以貫之，無所不通矣。于以治天下致太平，亦何有哉？

一、自宋至今，皆以經義取士，欲其明經以致用也。但近世舉業家除擬題之外，上下文義不復記憶，經學之荒至今日而極矣。士子不知有經術，國家安得有人才？董子曰「夫不素養士而欲求賢，譬猶不琢玉而求文采也」，願仁人君子當塗柄用者，於養士之法少加意焉。

一、從來學易之家，有圖書、象數、卦變等說最為疑義，不可不為之鏟破，使學者葛藤盡斬，心眼一清，已詳于卷首，茲不再贅。

康熙十七年戊午重午日浦龍淵謹識。

◎卷首之一《易考六篇》小序：《易》為五經之首，習之者幾千百年，而其作書之旨，學者或未覩及，列聖異同之說，未有所折衷，又何以盡發全經之義蘊乎？愚著《易辯》，先著伏羲重卦考、文王卦辭考、周公爻辭考、孔子贊易考、易字義考、六位考共六篇，列為卷首，皆以孔子之言為定案，而旁引他經史傳以證之，則一經之大指、列聖之宗傳已可槩見，使學者開卷了然，而後諸卦之中，微言大義可以次第而求也。

◎卷首之二《易考四篇》小序：世儒談易有四大障焉，曰圖書也，曰象數也，曰卜筮也，曰卦變也。此皆昔之儒者以為必當究心，然其為說往往支離膠固，不可通曉。雖有聰明雄辯之士銳然願學，而一涉此四大障，鮮有不智窮力竭廢然而返者。余竊悼焉，嘗於此悉心推究，頗見分曉。以為今之學者誠能撥去此四大障，使心眼一清，則四聖之明文當有渙然冰釋者，然後知易之未始不易曉也。難之者曰：易果易曉，則孔子何用假年？余應之曰：孔子所以難者，體其道也；學人所以易者，解其文也。道非聖人不能盡，而文則人人可共曉。惟此四者之說有以障之，故見為難耳，障去而文自明，此必然之理也。且君子之欲體其道者，必自明其文始。文且不明，又何以體其道乎？故去障為尤急。余謹為之考論於左，與同志者共質焉。

◎周易辯序：自余束髮受書，專習《戴禮》。及釋褐後讀書中祕，乃兼肆《詩》《書》《三禮》及《春秋》五傳，雖說多異同而文義易曉，其是與否未為難辯。獨《周易》一經辭特簡奧，而說易之家言人人殊，雖欲辯其是否，而頭緒紛如，靡所折衷，難以置辯。余方欲博求名宿與共討論，會婁東浦子鷗盟從余遊，出其族父潛夫先生所著《周易通》見示，余受而讀之，辭義朗暢，豁人心目，方稱快不置，鷗盟曰：「此其初集耳。又有續著《周易辯》若干卷，今以就正宗工。」余又受而讀之，章分句析，采諸儒之說折衷於孔子，故其是非較然可辯，若堂上人辯堂下之曲直，鮮有不心折而詞伏者。種種妙義似乎創闢為前人所未發，而其實一遵十翼之明文，推闡卦爻之本意，未嘗自撰一說私出一見，舉千百年晦蒙之易義，忽若朗日中天，幽隱畢照，自非深造逢源、默契四聖之心、會通五經之理、眼中無障、筆下有神，豈能發揮論斷若斯之明白了當乎？蘇長公譏揚子雲《太玄》以艱深之詞文淺陋之說，故後世終以不行，今先生之書炳烺如是，是所謂旨遠而辭文者，宜乎讀之者始而悅繼而信而終乃大行業。昔洪文襄公經略五省，以先生為參軍，奏聞世祖章皇帝疏稱：「經術通明、操持端謹，前署學校，起敝維衰，文風克振，從征雲貴，

涉歷險阻，敏練有為，臣察其行足堪司牧。」遂奉俞旨拜湖南令，是則先生經明行脩、才優經濟，早已見知於君相，雖邊城小試，而能惠義兼盡，以廉能稱，可謂不負所學。惜不久丁內艱以歸，遂局戶著書，竟不復仕。然其為書明體達用，坐而言起而可行，且事事歸本五位，洵黼座之良箴、治平之寶鑑也。今天子明聖尊經稽古，日有孜孜，行將進是書於廣廈細旃之上，備儒臣之講，供乙夜之觀，兼以廣厲學官，具訓蒙士，其所嘉惠，寧有量乎？身雖隱而道彌彰，此余所以為先生喜，尤為天下後世慶也，故謹識之，附不朽焉。時康熙十七年戊午二月，賜進士出身通議大夫內閣學士禮部侍郎合肥李天馥容齋氏頓首題。

◎勸梓易辯小引：原夫聖人以易名書，合日月二字而成文，正欲使人易曉耳。後儒不得其意，而強為之解，往往支離影響，轉令人難曉，疑義相沿，數千百年未或析之。吳郡浦潛夫先生，績學久閱世深，從困衡拂亂之餘，默契聖真，通達事理，著有《易通》《易辯》二書，獨宗孔子之言，闡明三聖之旨，揭千古之日月，掃百家之雲霧，洗發六十四卦之精義，能一一道其所以然而各析其條理各究其指歸，無不了然於心與手者。蘇文忠公有云：「眼中無障故能洞見不傳之祕，筆端有口足以形容難言之妙」，此二書蓋兼之矣。且其文則出經入史，無鑿空杜撰之詞，其理則布帛菽粟，無詭誕不經之說，歷觀漢唐宋元以來解易之家，未有若此之明暢者。世運文明實兆於斯，非偶然也。豈特有資於舉業而已哉？宜速付梓人，公諸天下，令人人得洗清塵眼，洞見聖真，不亦快乎？今幸《易通》一書已經嚴顥亭喬梓及吳明府伯成刊行矣，而《易辯》一書，支分節解，兼及《繫辭》諸傳，比之《易通》更為詳細，共三十餘萬言，約計刻資不過二百金。余自恨久居林下，四壁蕭然，力難全任，惟願當道偉人留心世道者，或一人獨肩，或兩三家協濟，不過省一二事無名之費，便可垂千萬年有用之書，真高世之舉不朽之業也。夫與人為善善莫大焉，何必言自己出名自己成乎？凡我同志，自有不謀而合者，當不待余言之畢也。康熙丙辰八月望日，柏鄉魏裔介貞菴氏頓首謹書。

◎魏環溪先生手書：生幼而失學，老而廢學，四子一經，矻矻終身，於易則未之學也。況易理精微，學者難之。如生遲鈍，更難十倍。年來請教於崔太史玉墀先生，冀得梗概，稍開愚蒙，終以心粗事繁，不獲領略為憾。昨讀大著《易通》，生竊窺大意，頓豁心胸，深得古聖人扶陽抑陰之旨，大禪士君子趨吉避凶之功，每篇之中，橫說豎說一如飲食日用之常事，無論本經客經，

都可展卷了然，不待鈎深索隱，此書關於人心世道者不淺，他無可言矣。嗣得《易辯》一書，卷帙頗繁，僅於署務勞劇中涉獵數卦，登山望海，茫無畔岸，自愧平日於程朱《傳》《註》未嘗窺其淺深，而辯程朱者之得失亦何能遽定？然先生大指一以孔子之言為定，案以進退百家之說，是獨得易教之正宗，雖有異己者，又孰得而議之？先生生平之考究既深，三年之編摩更苦，正所謂好學深思心知其意者，此而不傳，又孰可傳？重辱下問，莫贊一詞，惟佩服今日學易之有人耳。象樞頓首。

　　◎致方伯丁奉巖公祖請刻《易辯》公啟：徐乾學、顧沂、顧藻、繆彤、徐元文、繆錦宣、徐秉義、馬鳴鸞、李柟謹啟丁老先生祖臺閣下，竊以聖人之道，六經盡之，而六經莫大於易。自有易以來，為之義疏者不可勝記，其得傳者僅而已。師家傳授，門別戶分，私智小辯，各自炫逞，四聖心傳往往而絕。先儒解易之書莫善於程朱二家，然程氏浩博而畧於象占，朱氏簡潔而專主卜筮，後之學者猶不能無遺議，其他言象者斥理、言理者斥象，紛紜之論，殆難折衷。甚至謂四聖各自為易，又或謂易為之幽聖人機權所寓。殊不知易以天地明人事，聖德王功無不具備，而於人心世道治亂消長之故，反覆見於辭象占變之間。四聖之意，引申而出，罔不同符開物成務，切於時用，非有冥冥茫茫新奇秘怪之事以惑耳目而夸後世，但其用至廣、其義至精，夫子聖人，編猶三絕，自非篤志苦心研學味道之士，烏從探其賾奧？而亦非名賢鉅公嗜古振奇孰為表章而發闡之乎？伏見吳江浦潛夫先生大文久蘊者，德可師曾宰百里，拂衣高謝，究心卦象，樂玩彌精，著有《易辯》一書，考論深詳，發揮明當，使四聖人合一心傳暢然表著，而於作君作師、正邦維俗之道、所以前民用而成人能者，反覆申言，曲盡蘊義，自程朱二家後誠未見有此書也。恭惟閣下以文學侍從之臣，當屏藩岳牧之寄，明達閎偉，卓然有聲部內，儒流承風慕仰，禮賢士，表遺經，非閣下之望而誰望耶？其人不遠，其書具存，試進其人而與之言，退而讀其書，當必恨得之晚而表章之恐後矣。治彤輩於閣下為後進，在講筵詞館親見當寧向學之殷，擬以《尚書》畢講，次及《周易》，而《易辯》一書於君相治天下之道為尤切，誠付之剞劂，非獨為學者窮經之助，他日上之經筵，實啟沃所必資。浦氏三十年之心力既可藉以不泯，而當代開太平萬世倡絕學，皆於是乎在。惟閣下圖之。臨啟祈切，願望之至！

　　◎周易辯自序：每見舉子家治易，泥于《程傳》《本義》之說，即其中有未是處曾經後儒辯正者，亦寧曲狥其說而不肯折衷以求其是，問其所以，則

曰遵功令也。此所謂知其一不知其二，盍亦思今之功令始于何時乎？蓋自漢武帝用董生之議表章六經，諸不在六藝之科孔子之道者，皆絕其術，勿使並進，遂著為令。以及于唐，經師相傳，代有訓詁，自是《十三經註疏》之名始著。至明興，成祖文皇帝詔令儒臣纂輯《五經／四書大全》等書，與《十三經註疏》並頒學官課習士子，此今之功令所由來也。夫註疏為漢唐諸儒所著而《大全》乃宋元各家之說也。無論宋元與漢唐，說多異同。即程子朱子均為宋世儒宗、魯鄒嫡派，然程子之說而朱子議其非是者多矣；朱子之說而諸儒議其非是、即朱子晚年定論亦自有所追悔欲改正而未及者又多矣，假使功令專宗《傳》《義》，則止頒行《大全》可矣，何以註疏並頒？即《大全》之中止錄程朱二家之言可矣，何以宋元各家並錄？良由成祖聰明蓋世，公聽並觀，正慮學者株守一家之言，未足發明經旨，故自漢至元諸解並列，欲使士子上下千古折衷考訂，歸于至是無非，然後聖教昭明，學術統而人心正，乃成天下大同之治耳。天啟之末，淵甫成童，入吳江學，學師薛其可先生諱邦獻者，上元孝廉也，一見相得，即令二子受業焉。每登尊經閣繙閱監板《十三經註疏》、《五經／四書大全》等書，以吳江一學觀之，則知天下郡縣學宮在在頒行，且書係監板，則知當時奉旨刊布，原板藏于國學之中，蓋先代所以造就人才廣屬學官者，道若是其備也。今大清御宇，百度維新，而成均如故，天下學校如故，則《十三經註疏》、《五經大全》等書並建立于學亦如故，雖兵燹之後散失者多，然功令未嘗偏廢，監板未始不存，學者苟能參考羣言以正傳義之得失，求合聖經之本旨，豈惟不得罪于功令，亦適得國家右文崇化之至意也。乃近世士子一語及此輒惴惴相戒，一似觸禁扞網者，即明知其非是，亦曲意以狥之。彼蓋局于所見，但知舉業之遵程朱而不知《註疏》《大全》為學校之所並傳、功令之所兼重也，愚故曰知其一不知其二也。其士子中稍能博覽者亦既見及此矣，又以為吾守一家之說苟可以取科名博青紫足矣，何必紛紛考訂，作此迂闊之事？且傳註之是非亦何預吾事而欲費吾心思煩吾口舌以辯之哉。愚以為士人立心如此，此世道所以愈趨愈下，如狂瀾之不可迴也。何則？不知其非而安之者，是謂失學；知其非而不肯明辨以求其是者，是謂昧心。即讀經一事而昧心若此，則以此立身能不同流合污閹然媚世，以此立朝能不阿意順旨長君逢君？又何以匡正人心，主張國是哉？夫子曰剝，窮上反下，嚴冬沍寒，萬卉剝落，而一線微陽復自下起，寒谷春回，嶺梅傳信，然則續前聖未盡之燈以俟後聖開天之燧者端必有在，淵不揣固陋，已述管

見，草就《易通》十卷。又自漢迄今，凡註易之家有合經旨者即為採錄，用彰前哲羽翼之功。其所未是處即徑據孔子之明文以發明羲、文、周之奧義，務使經義曉暢，則諸儒之是非較然可辨，若黑白之不可混矣。故名其書曰《周易辯》，約三十餘萬言，分為二十八卷，庶幾經正民興，俾紹明聖學之君子，即有以裨補聖治，是乃所以遵功令也。康熙十七年二月吉日，吳郡浦龍淵自序。

◎魏禧《魏叔子文集》外編卷八《周易辨敘》：浦子潛夫既作《易通》十卷，又取先代注易之家，其合經者錄之，不合者據經文辨之，雖程朱書一無所附會，凡二十卷，曰《周易辨》。間出其書示禧而屬之敘。古人於易終身焉而後能言，雖孔子之聖，韋編三絕猶願假年以學之，禧烏足知浦子哉？竊嘗聞諸師友，易之為義，變易而不易者也，故取象于日月，日月有定位，而晝夜寒暑之推遷其變無有窮極。惟變易，故天下之人可各以其意為說；惟不易，故眾說雜陳，無不可以明易而必有其獨是。知其是則明其非，知其獨是則其是而未全乎是者皆可以明，此辨之不可已也。且夫理數象占皆易之為道，然守一者遺二，主此者非彼，故其說皆可以明易，而執其說則皆不可以明易。辟諸人身，外而目耳口鼻足乎內而臟腑血脈，無一非人，使徒具其一，則皆不可以為人，故曰聖人之言如天，又曰如鐘鐘然，如鐘鼓然，聖人之言則然。浦子之辨，蓋欲通乎古人而不得不去其隔礙舂駁之說以求其獨是，古人不能禁浦子之辨，浦子亦不禁今後之人之辨，其辨而或以為出師心之智，欲求勝于古人，則豈浦子意哉？浦子歷世久，練于物務，隱約仕宦，安樂患難，無不身嘗試然後伏首蓽門，矻矻然窮年而著書。彼其所得固有異乎人者。吾伯子之言曰：「天下事理無有窮極，古人留不盡之意以遺今人而使今人盡之，今人亦知古人不盡之意，即于盡古人者而留不盡之意以遺後人」，此則浦子《易辨》之意也夫（伯兄善伯曰：易理至微，此獨得其大意，不為玄渺，不襲窠白，足稱明淨矣）！

◎四庫提要：茲編因《繫辭》「包犧氏王天下」之文，遂謂六十四卦無一非帝王師相之事，乃明主良臣所以致太平之書。因乾卦「六位時成」之文，謂六爻中君臣上下各有攸司，周公分位繫辭正名定分皆取諸此。歷來一切圖書、象數、卦變等說皆略而不論。夫人事準乎天道，治法固易理之所包，然謂帝王師相之學當求於易則可，謂易專為帝王師相作，則主持太過矣。朱彝尊《經義考》載此書作二十八卷，此本少四卷，疑亦《經義考》傳寫之誤也。

◎浦龍淵，字潛夫。江蘇吳縣（今蘇州）人。嘗佐洪承疇幕，薦授城步縣知縣。

浦龍淵 周易通 十卷 存

哈佛、湖北藏康熙十年（1671）敬日堂刻本

四庫存目叢書影印康熙十年（1671）敬日堂刻本

◎目錄：卷之一上經乾、坤。卷二屯、蒙、需、訟、師、比、小畜。卷之三履、泰、否、同人、大有、謙、豫。卷之四隨、蠱、臨、觀、噬嗑、賁、剝。卷之五復、無妄、大畜、頤、大過、坎、離。卷之六下經咸、恒、遯、大壯、晉、明夷、家人。卷之七睽、蹇、解、損、益、夬、姤。卷之八萃、升、困、井、革、鼎、震。卷之九艮、漸、歸妹、豐、旅、巽、兌。卷之十渙、節、中孚、小過、既濟、未濟。繫辭諸傳解分為四卷入《易辨》內嗣出。

◎卷首題：餘杭嚴沆顥亭、嘉興計東甫草參。卷末題：男方至、壽增校。卷十末又題：旌邑劉子美刻。

◎周易通序：管輅謂易安可註，此特憤經師之滯固穿鑿、妄為立說耳。使易必不可註，則孔子之十翼何以作哉？昔者庖犧畫卦而彖辭作於文王、爻辭繫於周公，皆緣象立義、因變成文，未有為之解說者。解說之自孔子《彖》《象》《文言》《繫辭》諸傳始，故曰言天下之至賾而不可惡也，言天下之至動而不可亂也。夫是之謂通也。孔子既沒，羣言淆亂，於是有田氏之易、有費氏之易、有焦氏之易、有高氏之易，其後康成、輔嗣接踵雲興，家異其說人岐其指。宋儒言易號為最精，然程朱不必一說，邵蔡不必同意，甚者舉庖犧之畫與文王、周公、孔子三聖人之言乃樹之藩而設之畛，謂庖犧尚象異於文周之文辭、文周尚占異於尼山之義理，屈聖言以從己說，窒礙齟齬，有卦自卦、經自經而傳自傳者，然則謂易不可註，其說豈為過哉？世徒見聖人論易，謂其不可為典要，惟變所適，遂謂《易》之為書不定一說不宗一義，而不知聖人之言又謂率其辭而揆其方，既有典常也。夫易之不可為典要者，止論其事變所適；而易之未始無典常者，乃論其制事之方，所謂觀會通以行典禮者是也。禮以典常為則，則六爻如一爻也，六十四卦如一卦也，四聖人之作如一聖也。推而廣之，六經無異於一經；精而極之，畫後無異於畫前。類而求之，即《連山》《歸藏》湮滅不傳，苟通其理度，非與《周易》為方圓冰炭者矣。噫，此潛夫浦子所以著《易通》一編而識者讀之嘆其有功於四聖人也。易又安可以無註哉？東漢《儒林傳》稱洼丹善言易，嘗作《易通論》七篇列於《藝文》，其命名正與浦子同，乃其書世無有見之者，其名書之意不可得而知。若潛夫是編，直宗孔子，以發明羲、文、周之奧義，盡掃各家滯固穿鑿之說，而卓然

為明體達用之書，雖無意為文，而理融詞暢，心到手隨，天下之至文生焉。吾邑顧旦兮氏稱為狂瀾一柱、暗室千燈，良不虛也。命名曰《通》，不亦宜乎？吾知其必傳，故樂得而序之，使後世讀其書者皆能知其意也。康熙十年辛未七月既望，年家眷弟玉峯李可汧題，長洲後學胡昌虞謹書。

◎周易通自序：隆古聖人，立言垂教，命名曰易。以上日下月合而成字，蓋取懸象著明、幽隱畢照云爾。又日在月上，月受日光為聖；明在上，臣民近光之象。蓋必上有道揆，斯下有法守；道明于上，斯教成于下。故凡卦皆以五位為統理羣生之主，而諸爻分位贊襄以成厥功。若麗五位者道不足以統之，則諸爻無以自效，而勢或幾乎裂矣。羣生之患，誰與教之哉？心之于人亦五位也，夫子曰：「果能此道矣，雖愚必明，雖柔必強。」而有必明必強之道為洗心浴日之功，使之日新而不倦，自足以振五位之權，救羣生之患，此廼羲皇畫卦、三聖繫辭，則揭大義以昭來世，亦如日月經天炳乎可見，曷嘗支離詭秘其說以愚後人哉？而世之讀易者，不出于支離，即入于詭秘，其故何也？解易者誤也。劉歆有言：「七十子終而大義乖」，秦漢之間，遞相口授，浸以失真，其來尚矣。故易如日月，解易者如浮雲，使讀者覩浮雲不見日月，因以浮雲當日月，又以浮雲解浮雲，宜乎童而習之，白首而不得其說也。淵自八歲受易於家庭，弱冠即授徒里中，口雖強解，中不自得，不勝憤悱，乃徧閱易解數十種，似于浮雲隙中稍見日影，明昧相半，終未曉暢，匪獨以資性暗劣，亦因六十四卦該方，至相隨屢質，所見亦多契合，遂以次疏解，始四月，至七月十五書成，名曰《周易通》，分為十卷，約十餘萬言。淵年踰知命，方操管時益覺氣清神旺，迎刃而解，若有陰相之者，乃知聖人作易，意在筆先，讀者亦必會其意于言表，乃能旁見側出，橫說豎說靡所不通，不然則死在句下，雖刻意鈎索，而去之遠矣。署中同志，有山陰宿學謝子非魚、莆田孝廉晉州牧林子二史、江都文學夏子大夏，皆繕寫成帙，披覽忘倦。淵竊以為心同理同，即以諸子之欣賞文裏之薦舉而推之，知同嗜者必多也。昔人有借傳以明經、勿驅經以從傳之論，足為通經者撥雲見日之法。淵服膺此意，故不立異亦不苟同。要之，直宗孔子以推文周之意，不敢背經而狥傳也。獨熒火微光，無當于日月，惟一生苦志所存，不敢自沒，謹錄之以就正有道云。時康熙六年丁未七月既望，吳郡浦龍淵自序。

◎周易通辯合序：古人之為學也，必由體以及用，故先經而後史，其治經也尤以易為根柢，此本末輕重之序則，然要之不徵諸史無以為經驗，而不兼五經則專家之學亦不能旁通而曲暢，此易學所以較難於他經也。予與郁子

計登衡宇相望，晨夕過從，郁子博於學而尤善為經，常與之上下古今考求六藝，顧退然若不勝者，亟稱吳門有浦子潛夫，紛綸腹笥，奪席解頤，真其人也，口之不置。予貫而佩之，識其姓氏於簡端。亡何，客有抱其書等身謁吾廬而請也，問其人則為浦子，視其牘則為《周易通辨》若干卷。乞一言以正之。予大喜過望，遂受而卒業焉，始知今日有浦氏之易勝於諸家遠矣。按漢初言易者三家，一為田何之學，丁寬、孟喜、梁丘賀皆宗之；一為焦延壽之學，東郡京房受之；一為費直之學，鄭康成、王輔嗣皆傳之。田氏源流最古，後為費氏所屈；而焦氏浸微，未幾亦廢；自唐以還，孔穎達特喜輔嗣，李鼎祚獨尚康成，陸德明復宗京氏。嗟乎，同一經也，習之者無甚相遠，而其說或傳不傳。即傳矣，而行之或久或不久，豈說之短長有異歟？抑天實為之也？沿流及宋，周程輩出，各有論著。及康節主圖，晦翁主筮，盡埽漢唐諸家之說，而易之不明蓋滋甚矣。大約漢唐主訓詁，雖近於穿鑿，而徵事考物、博稽弘覽，猶不失窮經致用之意。宋人主理學，務為鉤深索隱，推之於太極無極，別之為先天後天，旨非不渺也，而家國天下之理亂興亡以及人才之消長、政事之得失畧焉弗詳，豈羲、文、周、孔數聖人所以崇德廣業而為治世之大經大法者，僅託之空談性始、縣揣造化而已乎？《程傳》《本義》章分句析，似稍詳矣，又往往支離窒礙，難以推究，使世之學者不咎夫說之不明，而徒病夫經之難曉，此亦儒者之過矣。宜浦子曠焉有感，不憚為《通》、《辨》二書以發千古之蒙也。計登為予言潛夫少負管、葛之望，壯年筮仕，稍展驥足。其學易也，得諸經史之淹通者半，得諸人事之磨礲者亦半。自束髮受書，恥為章句，手錄五經三史，務探其指要，不溺於文辭。其受業於錢牧齋、劉念臺兩先生之門也，既因文以見道。其參預機務於洪太傅、佟中丞諸公之幕，而身試其治效於閩之造士、楚之牧民也。復即事以明理，其轍跡所至，必以書局自隨，有所聞見輒疏之赫蹏。及罷官歸，猶徧遊名山大川以助其曠覽、資其考驗。當其歷吳越、適燕齊、抵滇黔，溯洄於湖湘粵閩之區餘二十年。凡境之所接心之所會，無非易也：於都會見宮闕之壯麗、人物之繁衍，則易之豐亨萃聚也；於江山見岳瀆之崇深、谿谷之幽阻，則易之艮止坎流也；於命將專征見師貞之必歸長子；於會同輯瑞，見晉錫之首重康侯；於勦逆撫順、六合為家，見解之所以夙吉、比之所以後凶。以至主德昏昭之由、民生利病之故，與夫一切物情世態俄頃變幻、怪怪奇奇、可喜可愕者，悉舉而參之於易，故其為言，指事類情，通變適用，舉前此訓詁之習、理學之障廓焉埽除，而直宗孔子以溯羲、文、周畫

卦繫辭之本意，蓋不啻親承而口授之者。至唐宋以來諸家之說，有所鉤纂，務平心折衷無所偏主，苟於大義有乖，必侃然辨正，不為模稜兩可之詞，要歸於不悖孔訓而已。故通之《書》《詩》《禮》《春秋》而五經之旨趣莫不同歸也，通之二十一史而歷代之情形皆可考鏡也。此真古人由體及用之學，合內聖外王而融會以出之者，其言光明洞達炳若日星，雖使素不習易者讀之，未有不心目俱開者也。以之贊文治於聖朝，振微言於奕禩，沛乎有餘矣。天之所以復興易道而久其傳者，其在斯乎？其在斯乎？或謂浦子之才，不使雍容廊廟居鹽梅鼎鉉之地，良足惋惜。予以為不然。使潛夫長叨一命之榮，絆其身於朱輪赤軾之間，豈能白首橫經，為千秋不朽之業乎？其孰得孰失必有能辨之者。吾知寧為此不為彼矣。予既嘉潛夫之善言易，又喜計登之善於取友也。故為颺言以序之。康熙十年七月既望，國子監祭酒侍講學士梅村吳偉業頓首題。

◎周易通／辯合序：孔子傳六經以教萬世，于《詩》《書》曰刪、《禮》《樂》曰定、《春秋》曰修，獨于《易》曰贊，贊則于前三聖人之言無間然可知也，即易之為象為數為辭為意無所扞格亦可知也。自漢以後諸儒各守師說，或另出一意，紛紜聚訟，尚象數者不言理，尚辭意者略象數，支離乖隔，不合不公，求其說之通者，鮮矣。吳門浦子潛夫，學易既久，一旦于損之懲忿窒欲豁然有悟于洗心之旨、救世之方，遂貫通全易，獨推明孔子所以贊三聖人之意，而即以孔子之言折衷羣言之非是與似是而非者，譬之奉祖考以繩子孫、尊天王以令岳牧，鮮有不屈伏而聽命焉者。何也？諸儒之說有所通或有所不通，故不若孔子至聖之言為無所不通也。余家世讀易，古秋堂中，父兄師友夙夜討論，亦求其通而已。第未有著書可質天下。近于廣陵旅次得潛夫《易通》十卷、《易辯》二十卷，瀏覽卒業，美其善言易而果有得于洗心之旨、救世之方，推之六十四卦莫不會其意于言表，探其理于象中，朗暢條達，詞旨豁如。每讀一篇輒快人意，原其所以然者，良由直宗孔子之言而不滯于諸儒之說也。既有《易通》以疏通大義，又有《易辯》以辨晰微辭，使孔子之言了然分明，則三聖之意燦焉可覩。此真可以翼往聖而開來學者。斯書既出，易道復興，當有鉅公起而肩之。余謬忝禮垣，職司文教，方欲壽之梨棗以待其人，會匆匆赴召，未及舉行。適余子曾縈方候補臺員，暫歸省母，道經吳會，三復斯編，欣承余志，遂首倡捐助，召募梓人，且為之設法鼓舞，與諸同人共觀厥成。余喜斯道之興有日也，故為序以先之。潛夫本以通經嗜古為蕺山劉總憲、虞山錢宗伯兩先生高第，其司鐸閩南也，太傅洪文襄公經略西南，禮

致軍中，多奇計立功，奏為湖南令，有惠政。家居著書，有《五經通辯》，易其一也。康熙辛亥十月，賜進士出身內陞以四品頂帶食俸管禮科給事中事前吏科都給事中翰林院庶吉士禹航嚴沆頓首題。

◎周易通凡例：

一、《易經》自王輔嗣以來解者如林而通者甚少，何也？各以己意解之，不合卦爻之本旨也。惟不合卦爻之本旨，故解卦辭者或不通于爻辭，解下卦之爻者又不通于上卦之爻，一卦六爻，每多乖隔，其不通一也。又謂四聖各自為易，本不相謀。竊以夫子稱包羲氏作卦，近取諸身遠取諸物，通神明之德，類萬物之情，夫身與物與神明，此萬古所同，文、周孔安得立異？且文、周父子也，孔子憲章文武夢見周公者也，周公豈肯自異于其父？孔子又豈肯自異于文、周耶？其不通二也。淵謂四聖先後同揆，其言互相發明如出一口，一卦六爻原只一線，如人一身五官百骸原只一氣，若有乖隔便不成身，亦非聖人之文理矣。且夫子不云乎？智者觀其彖辭則思過半矣，六爻發揮，旁通情也，可見卦爻情辭本自貫通，特錯解者自為乖隔耳。淵解諸卦，或串說或分解，不拘一格，要以通為主，故名《周易通》。

一、五經道理本是一貫，皆聖人治身治世之書也，說者皆謂《書》道政事、《詩》存王迹、《禮》載王制、《春秋》明天子之事，遂淺顯視之謂易道陰陽，遂艱深視之別作理會，流入詭僻。不知四聖人志在經世，立六十四卦，一卦有一卦之時事、一卦之情理、一卦之人才、一卦之體統，以體統御人才，以情理酌時事，與《書》《詩》《禮》《春秋》諸經之旨皆顯而易見者也。諸經見諸行事，表治亂興亡之明驗；易道見諸象辭，著吉凶禍福之實理。有此實理即有此明驗，如鏡照形，如水涵月，似乎有二，其實一也。誠能會通諸經，則于易中事理自有渙然冰釋怡然理順者。愚解諸卦，每引諸經為證，所謂以經解經，則經旨更明。理本相通，非牽合也。昔韓宣子聘魯，觀書于太史氏，見《易象》與魯《春秋》，曰「周禮盡在魯矣」，然則易中爻象無一不準諸典禮，古人見之已審，特後儒不察，或以為不相通耳。

一、傳註中訛謬頗多，先代名賢多所辨正，第舉子家蔽于所見，因陋仍訛，曲狥其說，恬不為怪，殊不知經理不明即學術不正，內無以辨立心之是非，外無以審時務之得失，路頭一錯，終于背馳，意見誤人，害事不淺，是所貴于明眼之辨正也。今淵所論著，雖由心得，而本諸先賢者甚多，容另輯成一書，各標其姓氏，以彰前哲羽翼之功。

一先儒有云：「畫前有易」，夫畫前之易即夫子所云太極、周子所云無極也。究心至此，言思路斷，雖聖人亦難以示人，惟以乾易坤簡之理，變化于六十四卦時事之中，使人事事歸于中正耳。世間僅有上根利器，直捷了悟，領取畫前妙境。然或者自謂敏悟，已見畫前之易，而于六十四卦中經綸妙用漫無理會，此是虛悟，無濟于實事，不若且理會六十四卦明白後，再領取畫前妙境，未為晚也。

一、作易聖人與民同患，說法救世，全賴此書。而救世之權全賴五位。但因六十四卦向來解者未能逐一通達，是以未得盡備經筵之講、供丙夜之觀，良為可惜。茲若輯錄先賢妙論，曉暢經旨者，再經明眼君子潤色疏通，務使大義微言昭如日月，實可以資將來儒臣之啟沃，為聖學之指南，兼以教習儲君，具訓蒙士，則扶進人心挽回世運之大功用存焉。此區區一點婆心，謹畧陳其端，以俟後之君子。吳郡浦龍淵謹識。

◎四庫提要：其書名《易通》者，謂六爻之義本一理，四聖之旨本一貫，自說易者解以己意，遂致卦辭不通於象辭，下卦之辭或不通於上卦之辭，故六十四卦各立論發揮，於卦義、爻義或逐條剖析，或連類推闡，務使相通而後已，其說不為無見。然卦、爻之義宛轉相通，亦猶一人之身脈絡孔穴宛轉相通也，必從一脈以通百脈由一穴以通百穴，則必有所隔礙於其際。故龍淵所說有時而融洽，亦不免有時而穿鑿，至既欲牽合於理學，又欲比附於史事，縱橫曼衍辨而太華，是又作論之才，非詁經之體也。

浦文鳳 易義消息考 四卷 佚

◎光緒《嘉定縣志》卷二十四《藝文志》一：《易義消息考》四卷（浦文鳳著）。

◎浦文鳳，字賦泉。嘉定（今屬上海）人。浦有成子。諸生，以孝稱。著有《易義消息考》四卷。

溥僡 周易古誼 未見

◎溥僡（1906～1963），字叔明，號易廬。道光帝曾孫。又著有《蕉雪堂詩集》。